Inhaltsverzeichnis

Vorwort

Das Buch ist eine völlig überarbeitete Neuauflage des erstmals 1994 erschienenen Bandes. Unabhängig davon, in welchem Land oder Bundesland Sie unterrichten, will Ihnen dieses Handbuch eine Hilfe sein für einen kindgemäßen **und** sachgerechten Mathematikunterricht. In jedem Kapitel

- beschreiben Ziele und didaktische Hinweise, was gelernt werden soll;
- werden die benötigten Materialien und Arbeitsmittel angeführt;
- zeigen Bausteine für den Unterricht, wie gelernt werden kann;
- finden sich Kopiervorlagen für Arbeitsblätter zum Vertiefen, Üben und Differenzieren.

(Es empfiehlt sich bei den **Kopiervorlagen** eine **Vergrößerung auf ca 150 %** – entspricht in etwa DIN A4.)

Wie der Unterricht in allen anderen Fächern vermittelt auch der Mathematikunterricht **mehr** als nur die fachlichen Grundlagen für das Weiterlernen. Mathematik lässt sich auf vielfältige Weise mit anderen Fächern verknüpfen, ist im Alltag notwendig, regt zu schöpferischem Denken an, fördert die Fähigkeit zu einem sachlich-rationalen Dialog und zum Lernen des Lernens. Der Unterricht will jedoch nicht nur die Fachkompetenz des Kindes steigern, sondern auch seine Ich- und Sozialkompetenz. Wie lassen sich solch anspruchsvolle Vorgaben einlösen?

- Berücksichtigen Sie die *Umwelt und die mathematischen Vorerfahrungen der Kinder* und beziehen Sie diese in den Unterricht ein, wo immer es möglich ist.
  Raumerfahrung und Raumvorstellung zählen zu den Primärfaktoren der Intelligenz und gelten als Grundvoraussetzung für die Arithmetik.
- Bisher galt der Grundsatz: Neue Lerninhalte sind immer linear über die enaktive Darstellungsebenen (Handeln) und dann durch die ikonische Ebene (Abbildung) zu erschließen und zuletzt ist die symbolische Ebene (Zahlensatz) vorzustellen. Diese strikte Reihenfolge Handeln – Bild – Symbol ist nun nicht mehr bindend. Zwar sollen weiterhin alle Darstellungsebenen und vor allem das Handeln berücksichtigt werden, doch nicht als Einbahnstraße. Vielmehr ist die Reihenfolge vom Lerninhalt abhängig. Außerdem genügt es nicht, vor allem die ersten beiden Ebenen nur einmal zu durchlaufen, sondern sie sollen mehrmals in wechselnder Reihenfolge angesprochen werden, um jedem Kind Lernerfolg zu ermöglichen.
- Jedes Lernen ist individuell und geht auf verschiedenen Wegen vor sich. Beim *entdeckenden Lernen* sollen deshalb die Kinder ausgehend von einem Problem so oft wie möglich eigene Lösungsversuche finden und

beschreiben, die die anderen Kinder und die Lehrerin würdigen und zusammenfassen. Denn selbst gefundene Lösungswege haften besser im Gedächtnis als vorgegebene. Zugleich wird dabei deutlich, dass oft verschiedene Wege zu einer Lösung führen können. Umwege, Irrwege und Fehler lassen die Denkstrukturen der Kinder erkennen und lassen sich pädagogisch nutzen als natürlicher Bestandteil jedes Lernprozesses.

- *Strukturiertes Lernen* ist der notwendige Gegenpol zum entdeckenden Lernen und zu offenen Unterrichtsformen, der Kindern, Eltern und Lehrern die Gewissheit eines soliden, gemeinsamen Fundaments gibt.
- Entdeckendes Lernen erfordert auch das Lernen von Methoden und somit das *Lernen lernen.* Einige wichtige Methoden, die immer wieder eingesetzt werden, sind:
  - Schätzen von Anzahlen und Größenangaben und Überprüfen des Schätzens;
  - Suchen und Zeigen verschiedener Darstellungsformen einer Zahl oder Rechnung vorwiegend in Gruppenarbeit, da der gegenseitige Austausch anregt;
  - Finden, Begründen und Vergleichen verschiedener Lösungswege;
  - Kritisches Betrachten von Zahlen vor dem Ausrechnen (nach *S. Schütte,* Lehrerhandbuch 2002, S. 3: Schulen des „Zahlenblicks"), um Zahlbeziehungen zu erkennen und Rechenvorteile nutzen zu können;
  - „Intelligente Rechenpäckchen" (vgl. z. B. S. 48, 49, Kopiervorlage 7 und 8) sind nach einer Struktur aufgebaut, die die Kinder erkennen sollen. Damit nicht mechanisch gerechnet wird, ist eine nicht dazu passende Aufgabe, ein „faules Ei", eingebaut.
  - Sachgemäßes Formulieren von Beobachtungen, Schlussfolgerungen und eigenen Vorstellungen;
  - Finden von weiteren Zahlen- und Aufgabenbeispielen zu gefundenen Regeln;
  - Entnehmen von Informationen aus verschiedenen Darstellungen (z. B. Tätigkeiten, Bilder, Bild-Text-Kombinationen, Ablesen von Lösungswegen aus grafischen Darstellungen, Tabellen);
  - Übersichtliches Darstellen von Informationen (z. B. Lösungswege, Tabelle, Diagramm) auf Merkplakaten und auch im Heft.

Nürnberg, im Frühjahr 2003

Silvia Regelein
Margit Hagen

Auf Grund der Tatsache, dass in der Grundschule überwiegend Frauen unterrichten, und aus Gründen der leichteren Lesbarkeit wird im Buch der Begriff „Lehrerin" verwendet.

1. Herzlich willkommen im 3. Schuljahr

Ziele und didaktische Hinweise

- Auffinden von Zahlen in der Umwelt
- Mathematisieren von Sachsituationen und Formulieren von Sachaufgaben
- Addieren und Subtrahieren bis 100 (Wiederholung)
- Rechnen mit Geld (Wiederholung)
- Ausmessen der Länge und Breite von Räumen (Wiederholung)
- Darstellen von Zeitpunkten und „Terminen“ (Arbeit mit Stundenplan und Kalender)
- Rechnen mit bekannten Zeitmaßen

Der Beginn des 3. Schuljahrs bringt für viele Kinder meist einen gespannt erwarteten Lehrerwechsel und somit eine Umstellung mit sich. Überprüfen Sie deshalb, was die Kinder schon „können“ und zwar nicht nur im Fach Mathematik, sondern auch im Hinblick auf Arbeitstechniken, Sozialformen und Ordnungsformen. Da mitunter auch Kinder neu zugezogen sind, ist den Kindern genau zu erklären, welche Arbeitsweisen sie anwenden sollen. Klarheit beugt Unverständnis und Missverständnissen vor.

Bausteine für den Unterricht

1.1 Ermitteln des aktuellen Leistungsstandes

Zu Beginn des 3. Schuljahres wird festgestellt,

- ob und inwieweit die wichtigsten Lerninhalte des 2. Schuljahrs noch beherrscht werden;
- ob und in welchem Ausmaß eine Wiederholung nötig ist (Klasse, individuelle Förderung).

Mit Kopiervorlage 1 (KV 1, siehe S. 10) werden folgende Kenntnisse überprüft:

Nr.1: Addieren und Subtrahieren bis 100, ohne Zehnerübergang, Platzhalter am Ende

Nr.2, 3: wie Nr.1, Platzhalter nicht am Ende

Nr.4: wie Nr.1, mit Zehnerübergang, Platzhalter am Ende

Nr.5, 6: wie Nr.4, Platzhalter nicht am Ende

Nr.7: Bekannte Einmaleinssätze ausrechnen und die Tauschaufgabe aufschreiben

Nr.8: Bekannte Einmaleinssätze ausrechnen und die Umkehraufgabe aufschreiben, von der bekannten Aufgabe $5 \cdot 7$ die Nachbaraufgabe $6 \cdot 7$ ableiten

Nr.9: Ergänzen von Zahlenfolgen
Nr.10: Halbieren und Verdoppeln von Zahlen
Die Kinder sollten die Aufgaben ohne Anschauungshilfen lösen können. Wem dies nicht gelingt, darf sie verwenden. Die Lehrerin vermerkt dies auf dem Blatt als Hinweis für die weitere Förderung.
Wer alle Aufgaben bis Nr.11 gelöst hat, geht zur Lehrerin, die die ungefähre Arbeitszeit vermerkt.
Danach können die Kinder auf die Rückseite noch „schwierigere“ Aufgaben schreiben, die im Unterricht bisher nicht behandelt wurden, die sie aber u.U. schon lösen können, z.B. Aufgaben mit größeren Zahlen als 100 oder weitere Malaufgaben. Daraus kann die Lehrerin wertvolle Schlüsse ziehen, worauf sie beim Einführen neuer Inhalte achten sollte.
Vorschlag zur Bewertung: Für jede richtige Zahl sowie für jede Tausch- und Umkehraufgabe ein Punkt. Das ergibt insgesamt 90 Punkte. Da bis auf die Aufgaben 2, 3, 5 und 6 (Platzhalter nicht am Ende) nur Grundkenntnisse abgefragt werden, kann das richtige Lösen von wenigstens zwei Dritteln (60 Punkte) als Mindestleistung gelten. Wird diese Schwelle unterschritten, ist eine gezielte individuelle Förderung nötig (vgl. Kap. 2, S. 24) und ggf. ein Vorstellen bei Beratungsstellen.
Erfahrungsgemäß sind häufig Schwierigkeiten festzustellen

- beim Zehnerübergang,
- beim Verdoppeln und Halbieren,
- bei den Einmaleinssätzen.

Hilfen für Kinder mit Lernschwierigkeiten („kleine Rechenlöwen“)

- Fehler nicht „verteufeln“, sondern als Bestandteil eines Lernprozesses akzeptieren.
- Gezielt die Aufgaben üben, bei denen das Kind Schwierigkeiten hat.
- Nicht vielerlei Veranschaulichungsmittel verwenden, sondern das eingeführte Material konsequent verwenden, seine Handhabung mit dem Kind einüben und mit wiederkehrenden Sprachmustern begleiten. Die Kinder benützen individuell die Arbeitsmittel, mit denen sie am besten zurechtkommen.
- Zu Aufgaben zeichnen lassen und dabei die Fünferstruktur (siehe Abb. rechts) beachten.

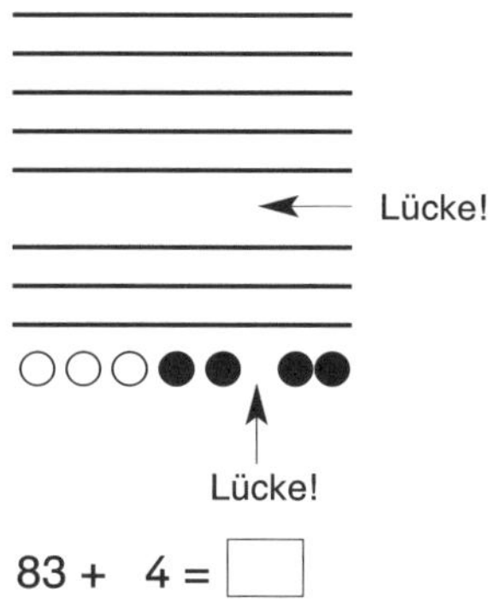

Arbeitsblatt KV 1

Name ______________________	Datum ______________

Kannst du das noch?

(1)
83 + 4 = ☐
99 − 5 = ☐
64 + 36 = ☐
78 − 52 = ☐

(2)
32 + ☐ = 37
48 − ☐ = 43
26 + ☐ = 100
57 − ☐ = 30

(3)
☐ + 6 = 69
☐ − 3 = 35
☐ + 22 = 86
☐ − 65 = 12

(4)
58 + 5 = ☐
24 − 6 = ☐
45 + 39 = ☐
92 − 48 = ☐

(5)
37 + ☐ = 43
74 − ☐ = 66
16 + ☐ = 51
83 − ☐ = 29

(6)
☐ + 7 = 96
☐ − 9 = 44
☐ + 28 = 76
☐ − 55 = 17

(7) T Schreibe die Tauschaufgabe auf.

10 · 7 = ☐ T ______
5 · 9 = ☐ ______
2 · 8 = ☐ ______
4 · 8 = ☐ ______

(8) U Schreibe die Umkehraufgabe auf.

2 · 6 = ☐ U ______
4 · 6 = ☐ ______
5 · 7 = ☐ ______
6 · 7 = ☐ ______

(9) Welche Zahlen fehlen in jeder Zeile?

5	10							50
20	18							2
4	8							40
8	16							80

(10) Halbiere und verdopple.

:	die Hälfte	20		11			13				17	
	die Zahl	**40**			14	18			48	30		
·	das Doppelte	80	100					64				92

Von … Punkten hast du … Punkte erreicht.	Arbeitszeit: Etwa … Min.	mit/ohne Material

(11) Kannst du schon schwierigere Aufgaben rechnen? Schreibe sie auf die Rückseite.

1.2 Zahlen- und Rechengeschichten aus den Ferien

Material

Mitbringsel, Fotos, Ansichtskarten, Landkarten, Prospekte ... aus den Ferien

Im Anschluss an das Zeigen von Mitbringseln, Fotos, Ansichtskarten, Landkarten, Prospekten ... sowie an das Erzählen, Zeichnen und Aufschreiben von Ferienerlebnissen sammeln die Kinder in Gruppenarbeit Rechengeschichten und schreiben sie auf. Als Anregung können einige Fragenanfänge an der Tafel dienen:

- Wie lange ... (waren die Ferien, warst du verreist, hat dein Ausflug, die Autofahrt, die Zugfahrt, der Flug, die Schiffsfahrt ... gedauert)? Hilfen: Kalender, Uhr
- Wie oft ... (hast du baden können am Tag / in der Woche; warst du wandern ...)?
- Wie viele ... (Muscheln, Steine, Ansichtskarten ... hast du) mitgebracht?
- Wie viele Kinder, Menschen etwa (waren im Bus, Flugzeug, Hotel, am Strand, in der Bergbahn, auf dem Schiff ...)?
- Wie viel hat ... (ein Eis, der Eintritt ins Schwimmbad, Museum ..., der mitgebrachte Sonnenhut ...) gekostet? Hilfen: Geld, Eintrittskarten ...
- Wie heiß ... (war es am Tag, in der Nacht, im Wasser)?

In einer Schreibkonferenz besprechen die Kinder die ersten Entwürfe und arbeiten Rechenanlässe heraus. Dabei wird angesprochen:

- In jeder Rechengeschichte muss es wenigstens zwei Zahlen geben, damit man rechnen kann.
  Beispiel: Wir waren bei meiner Tante und meinem Onkel in Griechenland. Onkel Wassili sagte, dass er ungefähr 70 Olivenbäume und 40 Mandelbäume hat.
- Damit man weiß, was zu rechnen ist, steht am Schluss der Rechengeschichte eine Frage.
  Beispiel: Wie viele Bäume hat Onkel Wassili insgesamt?

Die Lehrerin und die Kinder schreiben geeignete Rechengeschichten auf Karteikarten (Frage und Lösung auf der Rückseite), die die Kinder grafisch ausschmücken und die sie vielleicht zum Erfinden weiterer Rechengeschichten anregen. Nachdem einige Beispiele im Zahlenraum bis 100 gemeinsam gelöst wurden, lösen die Kinder die Aufgaben in Freiarbeit, je nach Fähigkeit auch mit größeren Zahlen.

Verbindung zur interkulturellen Erziehung: Wer hat sich Zahlen in der Sprache seines Urlaubslandes gemerkt? → Anfertigen eines Plakats mit fremdsprachigen Zahlwörtern und Zahlen in Ziffern, das die ausländischen Kinder in der Klasse erweitern.

1.3 Unsere neuen Schulsachen

Material

Die neuen Schulsachen, Hefte und Bücher der Kinder; Rechengeld
Lehrerin: Rechengeld zur Demonstration, eine Personenwaage (besser: für jede Gruppe eine Waage).
Gerade zu Schuljahresbeginn ergeben sich zahlreiche Anlässe zum Ordnen, Zählen und zum Vergleichen von Zahlen und Preisen. Auch wenn dabei der bekannte Zahlenraum überschritten wird, sollten geeignete Sachsituationen mathematisiert werden. Während „kleine Rechenlöwen" nur bis 100 rechnen, erproben sich „große Rechenlöwen" gerne an größeren Zahlen.

Der Kauf neuer Schulsachen

Die Kinder interviewen ihre Eltern und schreiben mit ihnen zusammen auf die neuen Schulsachen (Post-it, Klebeetikett) die Preise. Hat die Lehrerin die Schulsachen in einer Sammelbestellung beschafft, so wird dies gemeinsam im Unterricht durchgeführt. Oder: Die Preise werden aus Werbeanzeigen und Prospekten entnommen.

- Aufbau von Preisvorstellungen
  Einzelne Kinder nennen Preise, die die Lehrerin mit Rechengeld veranschaulicht. Die aus dem 2. Schuljahr bekannten Größenbeziehungen (bis 100 €) werden wiederholt, z. B.:
  Fünf/Zehn/20/50 Ein-Euro-Stücke kann ich in einen ... Euro-Schein umtauschen.
- Erschließen und Versprachlichen von Sachsituationen
  Gruppenarbeit: Die Kinder bilden aus einzelnen Preisen einfache Sachaufgaben und schreiben sie evtl. auf, z. B.: Meine fünf Schnellhefter haben 2,30 € gekostet und meine Schere 4, 80 €. Wie viel musste ich bezahlen?
  Sammeln der Informationen in einer Tabelle an der Tafel, z. B.:

	Lena	Jan	Deniz
fünf Schnellhefter			
Schere			
Malblock ...			

- Stellen von mathematischen Fragen
  Vergleichen von Preisen eines Kindes, z.B.: Um wie viel ist ... (der Malblock) billiger (teurer) als ... (die Schere)?

Vergleichen von Preisen zweier Kinder, z.B.: Lenas Schnellhefter kosten .... €. Um wie viel € sind Jans Schnellhefter ... teurer (billiger)?
Für „große Rechenlöwen“: Wie viel mussten Lenas Eltern für alles bezahlen?

- Festhalten der Preise in einer Liste
  Hefteintrag: Jedes Kind schreibt seine Schulsachen mit Preisen untereinander, legt sie mit Rechengeld und zeichnet evtl. den Gesamtpreis darunter. Rechenlöwen, die mit ihrem Eintrag fertig sind, gehen zu einzelnen Kindern, berechnen den Gesamtpreis und schreiben ihn, ggf. mit Lehrerhilfe, dazu.
- Gespräch über den erziehlichen Aspekt
  Die Eltern haben für meine Schulsachen viel Geld ausgegeben. Deshalb passe ich gut auf meine Sachen auf und behandle sie sorgsam.
  Vertiefung: Welche anderen Sachen hätten meine Eltern für das Geld kaufen können? Aus Katalogen schneiden die Kinder entsprechende Gegenstände aus und kleben sie ins Heft.

Meine neuen Hefte

Bewährt hat sich folgendes Heftsystem:

- Zwei kleine Übungshefte (DIN A5 ohne Rand; Heft 1 und Heft 2; während die Lehrerin z.B. Heft 1 zur Korrektur hat, schreiben die Kinder in Heft 2);
- ein Merk- oder Regelheft (DIN A4 ohne Rand), in das die Kinder auch Strecken zeichnen können;
- ein Schnellhefter für Arbeitsblätter.

Allen Heften und Materialien (z.B. Freiarbeitsmaterial) zum Fach Mathematik wird eine (möglichst am Schulhaus einheitliche) Farbe zugeordnet, z.B. blau. Damit der Rechenblock für Notizen papiersparend verwendet wird, wird seine Verwendung erklärt: Die Blätter werden fortlaufend und doppelseitig beschrieben.

Gemeinsames Einüben der Heftführung

- Die Kinder können nach Wahl mit Bleistift (damit sie ggf. leichter verbessern können) oder Füller schreiben. Zeigen Sie beim Schreiben mit Füller mögliche Korrekturarten: Falsche Zahlen durchstreichen oder mit kleinen Klebeetiketten überkleben.
  Wichtig: Gespitzte Stifte! Erklären Sie den Eltern, dass die tägliche Kontrolle der Hausaufgaben auch die Kontrolle des Federmäppchens umfasst, in dem immer zwei gespitzte Bleistifte und gespitzte Buntstifte sein sollten.
- Erster Hefteintrag: Die Kinder malen ringsherum eine Kästchenreihe farbig aus als Signal, den Rand frei zu lassen. (Dabei werden nur „ganze“ Käst-

chen gezählt.) Sie können auch bunte, geometrische Muster in den Rand malen.

- Jede Ziffer und jedes Zeichen wird in ein eigenes Kästchen geschrieben; zwischen jeder Zeile wird eine Kästchenreihe frei gelassen.
- Deutliches Schreiben der Ziffern: Zu Schuljahresbeginn empfiehlt es sich einen kurzen Ziffernschreibkurs durchzuführen.
- Bei Beginn eines neuen Heftes nummerieren die Kinder jede Seite fortlaufend. Dies erleichtert die schriftliche Kommunikation, z. B.: Auf S. ... fehlt noch etwas. – Besonders schön hast du auf S. ... geschrieben.
- Kopfzeile: Datum, (Buch) Seite ... Nr. ... (evtl. „Hausaufgabe“)
- Überschrift: Auch bei Übungsaufgaben verdeutlicht eine passende, auch aus dem Rechenbuch übernommene Überschrift das Lernziel, die sich durch farbiges Schreiben oder Unterstreichen mit Lineal und Buntstift hervorheben lässt. Die Vorgabe von Kopfzeile und Überschrift an der Tafel sollte immer der gewünschten Form im Heft entsprechen.
- Zum nächsten Eintrag bleiben drei Kästchenreihen frei, ebenso zwischen zwei nebeneinander stehenden Rechenpäckchen.
- Jede Seite ist voll zu schreiben (Papierersparnis!). Misslungene Seiten kann das Kind, wenn es will, neu schreiben und überkleben, jedoch nicht herausreißen.
- Jedes Heft wird voll geschrieben und anschließend der Lehrerin gezeigt.
- Am Schuljahresende kann jedes Kind seine Mathematikhefte an den Umschlägen aufeinander kleben, einen Umschlag mit Kleisterfarben gestalten und das „Jahresbuch“ mit einem Buchbinder-Band am Rücken zusammenhalten.

Gemeinsamer erster Hefteintrag (Vorgabe an der Tafel) und Orientierungsübung:

> Datum
>
> <u>Mein neues Rechenheft</u>
> Ich lasse immer einen Rand frei (→ anschließend ausmalen)
> Jede Ziffer braucht ein eigenes Kästchen.
> Mein Heft hat ... Seiten (→ Seiten durchnummerieren)
> In einer Zeile sind ... Kästchen.
> (→ Anzahl der Kästchen von links nach rechts zählen)
> In einer Spalte sind ... Kästchen.
> (→ Anzahl der Kästchen von oben nach unten zählen)

Hinweis: Die Begriffe „Zeile“ und „Spalte“ sollten die Kinder vom Rechnen mit Tabellen kennen. Wenn nicht, werden sie hier eingeführt (Zeile waagrecht, Spalte senkrecht).
Tipp: Die Lehrerin hängt ein großes kariertes Musterblatt aus, das genau zeigt, welche Form der Hefteinträge erwünscht ist.

Meine neuen Bücher

- Vor dem Austeilen der Bücher: Reichen die Bücher für unsere Klasse?
  Die Lehrerin hat die verschiedenen Bücher in großen Stößen ausgelegt.
  Gespräch: Wie kann man die Bücher schnell zählen?
  Nach den Vorschlägen der Kinder, zeigt sie es: Ich lege immer fünf Bücher Rücken auf Rücken und bei den nächsten fünf lege ich den Rücken auf die andere Seite (Fünfergliederung). So kann ich mich nicht verzählen (zwei Fünfer = ein Zehner) und habe einen schnellen Überblick.
  Gruppenarbeit: Jede Gruppe zählt eine Bücherart durch und notiert das Ergebnis.

  Tabelle an der Tafel:

	vorhandene Bücher	Anzahl der Kinder	übrige Bücher	fehlende Bücher
Mathematikbuch				
Sachbuch				
Lesebuch				
...				

- Schätzendes Vergleichen der Bücher nach ihrer „Dicke“
  Die Kinder legen ihre Schulbücher in eine Reihe, beginnend mit dem „dünnsten“ Buch.
- Überprüfen des Schätzens an Hand der Seitenzahl
  Anlegen einer Liste, z. B.:

	Seiten
Wörterbuch	...
Sprachbuch	...
Sachbuch	...
Mathematikbuch	...
Lesebuch	...
...	

- Betrachten des Mathematikbuches (Vorschau auf neue Lerninhalte)
  Partnergespräch: Die Kinder blättern im neuen Buch und tauschen ihre Eindrücke aus. Als wichtiger neuer Lerninhalt wird meist sofort erkannt: Wir lernen die Zahlen bis 1 000!
  Beim gemeinsamen Lesen des Inhaltsverzeichnisses lernen die Kinder, dieses als Informationsquelle zu nutzen, und fragen nach ihnen unverständlichen Begriffen, die andere Kinder oder die Lehrerin kurz erklären.
  Gruppenarbeit: Die Kinder legen so viele Bücher auf einen Stoß, dass diese zusammen etwa 1000 Seiten haben. – In der Gruppe wählen die Kinder passende Bücher aus. Einfach geht es, wenn man immer Bücher mit etwa je 100 Seiten nimmt.
  Gemeinsam zählt die Klasse dann 100, 200 ... 1 000, wobei ein Kind jeweils immer ein Buch auf den „Tausenderstoß" dazulegt.
  Tafelanschrift zum Neugierigwerden auf den Tausender:

$$\begin{aligned} 100 + 100 &= 200 \\ 200 + 100 &= 300 \\ &\dots \\ 900 + 100 &= 1000 \\ \\ 10 \cdot 100 &= 1000 \end{aligned}$$

  Langfristiges Projekt: Unser Tausendertisch (vgl. dazu Kap. 5.2)
  Bereits jetzt werden die Kinder angeregt, „Tausender" zu sammeln und auf dem Tisch auszustellen.
- Wie schwer ist unsere Schultasche?
  Die Kinder packen alle Bücher, Hefte und sonstigen Schulsachen in ihre Tasche, heben und wiegen dann die Tasche. Vermutlich ist sie viel zu schwer. (Das Gewicht der Schultasche mal zehn soll kleiner als das Körpergewicht sein.)
  Erziehliches Gespräch: Deshalb am Abend vorher immer auf den Stundenplan schauen und nur die Schulsachen einpacken, die am nächsten Tag gebraucht werden.

1.4 Steckbriefe

Material

Für jedes Kind ein Zeichenblatt, evtl. Fotos und ein Klemmbrett für Lerngänge (Auf einem Zeichenblockdeckel mit einer Wäscheklammer Papier befestigen.); für jede Gruppe ein ausrollbares Maßband (meist in der Turnhalle zu finden).

Steckbrief der Kinder

In Verbindung mit anderen Fächern (Deutsch, Kunst) erstellt jedes Kind einen Steckbrief, der ein erster interessanter Zimmerschmuck werden kann. Neben einem Foto oder gemalten Selbstportrait können z.B. folgende Angaben gemacht werden:

- Geburtsdatum mit einem kleinen Jahreskreis, bei dem das Viertel mit einer einheitlichen „Jahreszeitenfarbe“ (z. B. Winter blau) angemalt wird, in das der Geburtstag fällt.
- Größe
- Gewicht
- Meine Hobbys
- Meine drei liebsten Fächer

Statt des Namens kann auch jedes Kind seine Lieblingszahl aufschreiben. In Freiarbeitszeiten können die Betrachter auf einem Blatt neben der Zahl den vermuteten Namen notieren. Wer hat zuerst alle Namen herausgefunden?
Weiterführung: Anfertigen eines Geburtstagskalenders
Betrachten und Ordnen der einzelnen Blätter:

- Wer hat im Herbst, Winter, Frühjahr, Sommer Geburtstag?
- In welchem Monat haben die meisten Kinder Geburtstag, in welchem die wenigsten?
- Wer hat in den Ferien Geburtstag?
- Welches Kind ist das älteste Kind, welches das jüngste? Wie groß ist der Unterschied in Monaten?
- Wann hat deine Freundin oder dein Freund Geburtstag? Wie viele Monate seid ihr auseinander?

Rätsel-Poster mit Babyfotos

Die Kinder kleben ein Babyfoto auf ein Poster, die Lehrerin schreibt zu jedem Foto eine Nummer. In Freiarbeit schreiben die Kinder die Nummer des Fotos auf und den Namen des Kindes. Sie hängen ihre Liste neben das Poster, damit die anderen Kinder richtige Lösungen abhaken und falsche durchstreichen können.

Steckbrief der Schule

Bei einem Gang durch's Schulhaus (wichtig auch für „neue“ Kinder) ergeben sich viele Anlässe zum Schätzen, Zählen, Messen, Rechnen und Aufschreiben (Klemmbrett!), z. B.:

- Wie viele Klassen sind an unserer Schule? Wie viele Kinder sind in jeder Klasse? Größte Klasse? Kleinste Klasse? Wie viele Mädchen, Jungen, Kinder sind insgesamt an unserer Schule?

- Wie viele Lehrerinnen und Lehrer sind an unserer Schule?
- Wie viele Zimmer, Fenster, Treppenstufen ... kannst du zählen?
- Wie groß ist ein Zimmer? Wie hoch ist unser Schulhaus? (Hilfe: Ein Stockwerk ist etwa 3 m hoch.) Wie lang sind unsere Gänge? Wie groß ist unser Pausenhof?
- In welchem Jahr wurde unsere Schule gebaut? Wie alt ist das Schulhaus nun?

1.5 Ein neues Schuljahr beginnt

Material
Kinder: ausgefüllter Stundenplan, verstellbare Lernuhr;
für jede Gruppe einen Jahres- oder Monatskalender;
Lehrerin: verstellbare Lernuhr zur Demonstration, zwölf Tonpapierblätter in den Jahreszeitenfarben, zwei Lernuhren zum Einstellen mit möglichst zwei verschieden farbigen Zeigern (z.B. Stundenzeiger rot, Minutenzeiger grün), eine funktionierende Wanduhr, evtl. eine Sanduhr oder ein Küchenwecker zum Einstellen der Arbeitszeit.

Unser neuer Stundenplan
Gemeinsam lassen Lehrerin und Kinder für jeden Tag Schulstunde um Schulstunde sowie Pausen an der Lernuhr „vergehen“ und benennen die Zeiten, z. B.:

1. Stunde Deutsch	8.00 Uhr bis 8.45 Uhr
2. Stunde Sport	8.45 Uhr bis 9.30 Uhr
1. Pause	9.30 Uhr bis 9.45 Uhr
3. Stunde Mathematik	9.45 Uhr bis 10.30 Uhr
4. Stunde Sachunterricht	10.30 Uhr bis 11.15 Uhr
2. Pause	11.15 Uhr bis 11.30 Uhr
5. und 6. Stunde Werken	11.30 Uhr bis 13.00 Uhr

Dabei wird wiederholt: Eine „normale“ Stunde hat 60 Minuten, eine Schulstunde aber nur 45 Minuten.
Partner- oder Gruppenarbeit: Wie viele Schulstunden, wie viele „normale“ Stunden haben wir an jedem Tag, in einer Woche (z.B. 28/evtl. rechenfreundlich aufgerundet 30), in einem Monat (112/120), in einem Jahr, wenn ein Schuljahr etwa 38 Wochen (9 Monate 2 Wochen) hat (1064, also rund 1000/1140). Auch wenn der bekannte Zahlenraum überschritten wird, lassen Sie die Kinder einmal knobeln und selbst Wege finden, um sich auch einmal Unbekanntes zu erschließen.

Datumsdienst

Nach dem Morgenritual gibt ein Kind täglich das Datum an, stellt es am Kalender ein und nennt auch den gestrigen und morgigen Tag (Gebrauch der Ordnungszahlen) , z.B.: Heute ist Montag, der 19. September. Gestern war Sonntag, der ... Morgen wird Dienstag, der ... sein (Gebrauch der Zukunft). Außerdem kann es je nach Wunsch noch etwas erzählen, ein Gedicht vortragen oder seine Vorfreude mitteilen, z.B. : Ich freue mich wieder auf Mathe.
Die Lehrerin schreibt das Datum mit der entsprechenden „Jahreszeitenfarbe" an die Tafel.

Zeitleiste

Die Lehrerin heftet für jeden Monat ein leeres Tonpapierblatt in der entsprechenden „Jahreszeitenfarbe" an die Wand und klebt für jeden Tag einen Klebepunkt in Wocheneinteilung auf das Blatt (je sieben Punkte in eine Reihe, vgl. Kopiervorlage 2, S. 20).
Besondere Tage sowie Geburtstage der Kinder werden auf dem Klebepunkt oder darunter vermerkt, z. B.: 1. Schultag, Erntedank usw.

Kopiervorlage 2 (S. 20) auf DIN A3 vergrößern.
Die Kinder heben das Blatt in einer Klarsichthülle auf. Sie schummern täglich das passende Tagesfeld leicht mit Buntstift in der „Jahreszeitenfarbe" an und zeichnen evtl. noch Wettersymbole oder Symbole für besondere Tage in die Felder (erster und letzter Schultag vor allen Ferien; in das Geburtstagsherz wird der Anfangsbuchstabe der Person eingetragen).
Durch diese tägliche Arbeit nehmen die Kinder jeden Tag in seiner Besonderheit bewusst wahr und erfahren konkret Vergangenheit und Zukunft (Wie viele Tage des Schuljahrs sind schon vergangen, wie viele haben wir noch vor uns?).

Ferienkalender

Die Lehrerin schreibt die Daten der freien Tage und der Ferien an die Tafel.
Gruppenarbeit: Jede Gruppe bekommt einen Ferientermin zugeteilt, malt die betreffenden Tage in einem Kalender farbig an und zählt dann, wie viele schulfreie Wochentage diese Ferien haben (Tafelanschrift). Welche Gruppe kann ausrechnen, wie viele Tage insgesamt Ferien sind? (etwa 75)
Wenn die jeweiligen Ferien da sind, können sie noch auf Kopiervorlage 2 farbig eingerahmt werden.

Mein Schuljahr

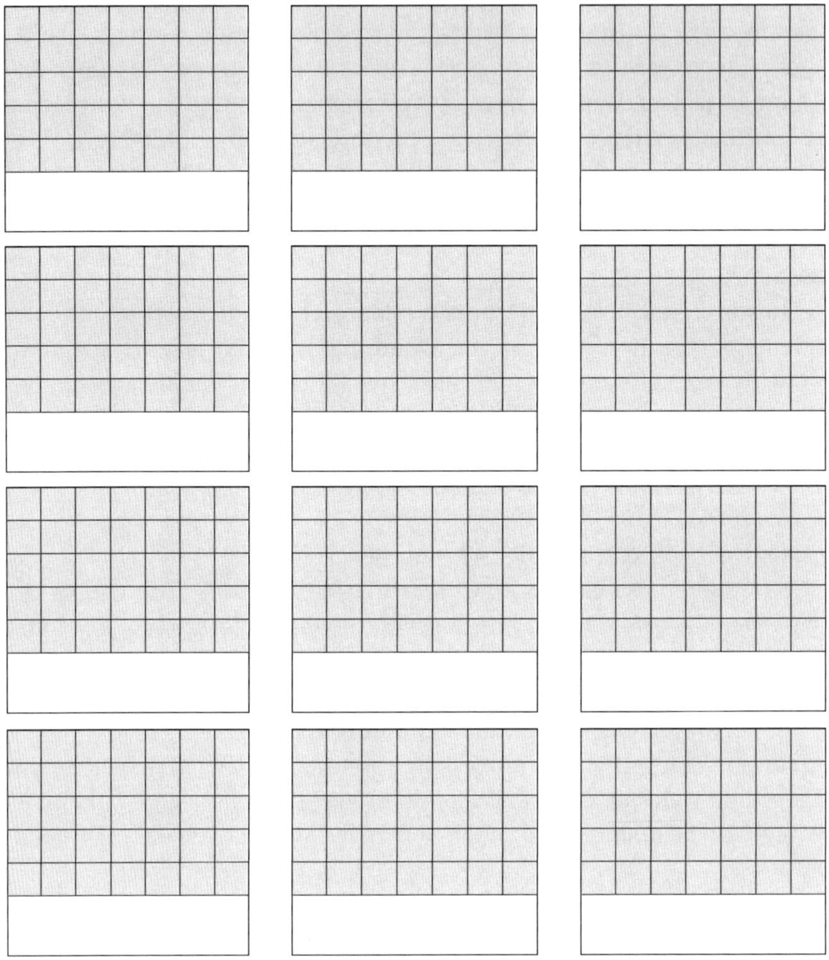

Zeichen für das Wetter

 Sonne

 Regen

 Wolken

 Schnee

Zeichen für besondere Tage

 1. Schultag 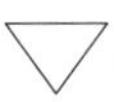 letzter Schultag

 Geburtstage

 Advent, Weihnachten

 Ostern

Unsere Arbeitsuhr

Nachdem die Lehrerin eine leicht zu überblickende Aufgabe gestellt und erklärt hat (z.B. das Abschreiben eines Textes), lässt sie die Kinder schätzen, wie viele Minuten sie wohl brauchen werden (Formulierungen: „Ich **schätze,** ich brauche **ungefähr** ... Minuten."). Jedes Kind notiert seine Schätzzahl.

Tafelanschrift:

> Vor einer Arbeit überlege ich:
> Ich schätze, ich brauche etwa ... Minuten.

An einer Lernuhr wird der Zeitpunkt des Arbeitsbeginns eingestellt, z.B. 9 Uhr, an der zweiten Lernuhr der von der Lehrerin geschätzte Zeitpunkt des Arbeitsendes, z. B. 9.15 Uhr.

Tafelanschrift:

> In dieser Zeit will ich meine Arbeit schaffen.
>
> + 15 Min.
> 9 Uhr ⟶ 9.15 Uhr
> Beginn Ende

Das Ende der Arbeitszeit wird mit einer Sanduhr oder einem Küchenwecker angezeigt.

Nach der Arbeit trägt jedes Kind seinen Namen an der Tafel in der entsprechenden Spalte ein:

So lange habe ich gebraucht.		
weniger als 15 Min.	etwa 15 Min.	mehr als 15 Min.

Gespräch, nachdem alle Kinder ihre Arbeit beendet haben:

- Die Kinder berichten über ihr Gefühl bei der Arbeit „unter Zeitbeobachtung", z.B.: Wenn ich zwischendurch auf die Uhr schaue, arbeite ich schon etwas schneller als sonst, werde ich nervös ...
- Sie berechnen, wie viel Zeit weniger oder mehr sie gebraucht haben als die Vorgabe.
- Sie überlegen, warum es gut ist, sich die Zeit bewusst einzuteilen, z.B.: Die Uhr erinnert mich daran, nicht zu trödeln, mich nicht ablenken zu lassen, stets auf meine Arbeit zu schauen ... So werde ich schneller fertig und habe Zeit für andere Dinge.

Weiterführung: Um einen langfristigen Erfolg zu erzielen, wird obige Phase in Kurzform vor jeder geeigneten Arbeit durchlaufen, zuerst einmal täglich, dann wenigstens einmal wöchentlich.

Kopiervorlage 3: Nach dem Erläutern (Beispiel auf Folie) zeichnen die Kinder im Zifferblatt die Zeiger passend ein (Stundenzeiger rot, Minutenzeiger grün) und tragen Zeitpunkte und Dauer ihrer gesamten „Hausaufgabenzeit" ein. Dadurch erhält die Lehrerin zugleich einen guten Überblick über den angemessenen Umfang der von ihr gestellten Hausaufgaben und kann auch bei möglichen Elternbeschwerden besser argumentieren.

Arbeitsblatt KV 3

Name ______________________ Datum ______________

Meine Hausaufgabenzeit

Tag	Beginn	Dauer	Ende

Montag

Min. →

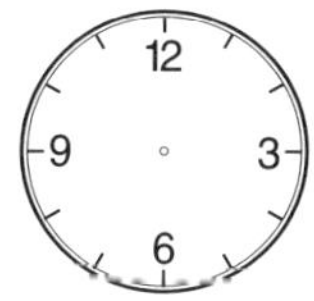

☐ Min. → ☐

Dienstag

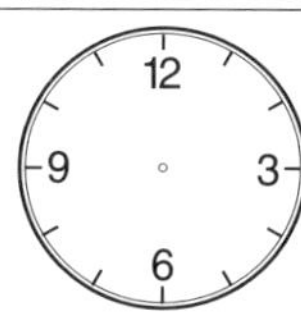

Min. →

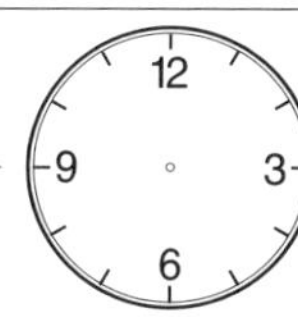

☐ Min. → ☐

Mittwoch

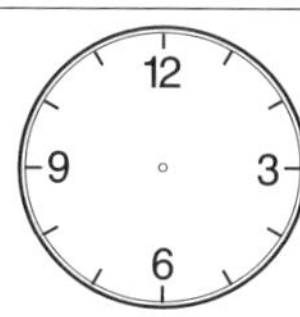

Min. →

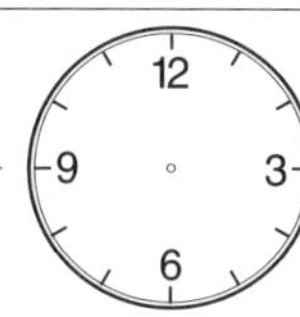

☐ Min. → ☐

Donnerstag

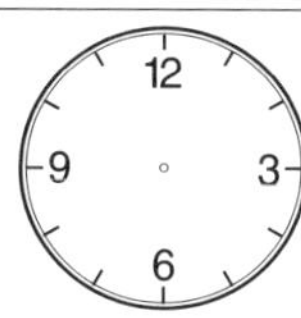

Min. →

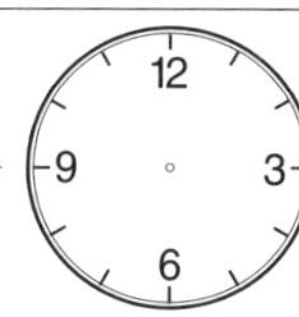

☐ Min. → ☐

Freitag

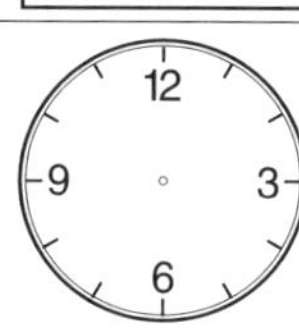

Min. →

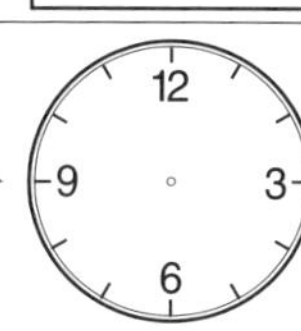

☐ Min. → ☐

2. Addition und Subtraktion bis 100

Ziele und didaktische Hinweise

- Anschauliches Wiederholen und Sichern der Zahlen bis 100 am Hunderterfeld und am Zahlenstrahl
- Addition und Subtraktion bis 100
- Erforschen, Erklären und Vergleichen von Rechenwegen
- Arbeit an Sachsituationen

Das Hunderterfeld lässt sich leichter überblicken, wenn es durch einen waagrechten Strich nach fünf Zehnerreihen sowie durch einen senkrechten Strich nach den Zahlen mit der Einerziffer 5 unterteilt ist (vgl. Kopiervorlage 5, siehe S. 30). Diese Fünferzäsur lässt sich auch durch unterschiedliche Färbung jedes Hunderterviertels darstellen (z. B. 1 – 5, 11 – 15, 21 – 25, ... 41 – 45 hellgrün, 6 – 10, 16 – 20, ... 46 – 50 hellrot, 51 – 55, 61 – 65, ... 91 – 95 dunkelgrün, 56 – 60, 66 – 70, ... 96 – 100 dunkelrot).

Die folgenden Übungen

- sind je nach dem Leistungsstand der Kinder zur Auswahl gedacht. Gerade Kinder mit Lernschwierigkeiten brauchen immer wieder anschauliche Hilfen. „Päckchenrechnen“ kann ihre Lernprobleme nicht mindern.
- sind auf den Zahlenraum bis 1 000 übertragbar, sodass die eingeübten Arbeitsweisen sich später auf den neuen Lerninhalt übertragen lassen.

Bausteine für den Unterricht

2.1 Unser Hunderterteppich

Material

Möglichkeiten zum Herstellen eines „Hunderterteppichs“:

- Auf zwei ausrangierte Bettlaken (ca.150 x 200 cm) wird mit schwarzem Filzstift jeweils ein halbes Hunderterfeld gezeichnet (Größe eines Feldes ca. 20 x 30 cm);
- Kunstrasenteppich (ca. 120 x 120 cm) mit Sprühlack in 100 Felder einteilen und mit den Zahlen 1 bis 100 beschriftete Bierdeckel;
- 100 Teppichfliesen;
- 100 mit den Zahlen von 1 bis 100 beschriftete DIN-A3-Blätter;
- für jedes Kind drei Karten mit beliebigen Zahlen zwischen 1 bis 100 (darunter die Zehnerzahlen 10, 20, ... 90, 100 sowie die Zahlen mit der Einerziffer 1 wie 1, 11, 21 ... 91), eine Hundertertafel, etwa ein halber Esslöffel mit Linsen oder kleine Plättchen, zwei Spielwürfel, Rechengeld;

- für jede Dreier- oder Verergruppe ein Bohnensäckchen oder ein Wurfring;
- zur Demonstration: Folie mit einer beschrifteten und leeren Hundertertafel und Plättchen zum Auflegen.

ÜBUNGEN IN DER TURNHALLE

Aufbau des Hunderterteppichs

Zum Aufwärmen laufen die Kinder 100 Schritte, springen nach je zehn Schritten hoch und zählen mit.

Im Sitzkreis erinnert die Lehrerin an das vom 2. Schuljahr bekannte Hunderterfeld. Die Kinder schließen ihre Augen und beschreiben seinen Aufbau:

- In jeder Reihe/Zeile sind zehn Felder.
- In der ersten Reihe sind die Zahlen von eins bis zehn. In der zweiten .../ zehnten Reihe ...
- Jede Reihe/Zeile endet mit einer Zehnerzahl.
- In einer Zeile bleibt die Zehnerziffer gleich (bis auf die letzte Zehnerzahl), nur die Einerziffer wird jeweils um 1 größer, z. B. 31, 32, 33 ... 39, 40.
- In jeder Spalte bleibt die Einerziffer gleich, die Zehnerziffer wird jeweils um 1 größer, z.B. 5, 15, 25 ... 95.

Die Lehrerin breitet die Laken aus. Oder: Jedes Kind legt drei bis fünf Fliesen oder Blätter in Zehnerreihen aus mit Fünferzäsur. Dann nimmt sich jedes Kind drei bis fünf beliebige Zahlkarten zum Auflegen. Hinter der letzten Zeile (100) bilden die Kinder einen doppelten oder dreifachen Halbkreis: die erste Reihe sitzt auf dem Boden, die zweite kniet oder sitzt auf einer Langbank, die dritte steht.

Schrittweises Auflegen und Betrachten der Karten mit den Zahlen:

- Zuerst legen die Kinder die Zahlen mit der Einerziffer 1, 11 ... 91 auf die leeren Felder und sprechen dazu: Am Anfang der ersten Reihe ist die Zahl 1. usf.
- Auflegen der Karten mit den Zehnerzahlen 10, 20 ... 90, 100: Am Ende der ersten Reihe ist die Zahl 10. usf.
- Hörzahlen: Die Lehrerin klatscht für jeden Zehner einer Zahl und schnippt mit den Fingern für jeden Einer (z. B. 37: dreimal klatschen, siebenmal schnipsen). Das Kind mit der Zahlkarte 37 legt seine Karte richtig auf und spricht dazu: 37 = 30 + 7. Auf diese Weise werden etwa zehn weitere Felder belegt.
- Die Kinder legen die übrigen Zahlkarten richtig auf.

Mit Bohnensäckchen oder Wurfringen auf Zahlen werfen
Die Kinder bilden Dreier- oder Vierergruppen und stellen sich hinter der letzten Reihe des Hunderterteppichs auf.
Kind 1 wirft ein Erbsensäckchen auf eine beliebige Zahl.
Kind 2 beschreibt den Platz, wo es gelandet ist, z.B.: 30 + 7. Oder: Das Säckchen liegt in der vierten Reihe auf dem siebten Platz (schwieriger).
Kind 3 nennt die zugehörige Zahl 37.
Dann wechseln die Kinder durch.
Bei Vierergruppen nennt Kind 4 noch die Nachbarzahlen 36 und 38.

Weitere Übungen
Gruppen, die mit dem Werfen fertig sind, denken sich weitere Übungen am Hunderterteppich aus und stellen diese anschließend vor. Möglichkeiten:
- Kind 1 der Gruppe denkt sich eine beliebige Rechnung aus, z. B. 34 – 16 oder 3 · 8. Welches Kind der Gruppe steht zuerst auf der richtigen Ergebniszahl im Feld? Dann nennt Kind 2 eine Rechnung usf.
- Die ausliegenden Zahlkarten werden umgedreht. Kind 1 der Gruppe denkt sich zu einer umgedrehten Zahl ein Zahlenrätsel aus, z.B.: Meine Zahl liegt zwischen 40 und 50. Sie ist gerade.
  Oder: Meine Zahl ist die Hälfte von 88. Meine Zahl ist um sechs kleiner als 50. Welches Kind der Gruppe kann zuerst die richtige Zahl umdrehen?

Zahlen abräumen
Die Lehrerin oder ein Kind gibt Anweisungen zum schrittweisen Abräumen von Zahlenreihen:
- Nimm alle Zahlen weg, die gleich viele Zehner und Einer haben („Schnapszahlen“ 11, 22, 33 ...).
- Nimm alle Zahlen weg mit der Einerziffer 5.
- Nimm alle Zahlen weg mit der Zehnerziffer 5 usf.

ÜBUNGEN AN DER HUNDERTERTAFEL

(vgl. Kopiervorlage 5, siehe S. 30, leere HT s. Kopiervorlage 17, S. 88)
Die Lehrerin zeigt eine Hundertertafel auf Folie, die Kinder haben ihre Hundertertafel vor sich.

Zahlenfolgen
Benennen der Zahlen in der ersten (1, 2 ... 10), zweiten (11, 12 ... 20) ..., zehnten Reihe (91, 92 ... 100).
Jede Zahlenreihe wird auf verschiedene Art gelesen, z. B. leise, laut, mit hoher, tiefer Stimme, langsam, schnell ... und bei der Zehnerzahl wird jeweils geklatscht. Es wird auch rückwärts gezählt.

Die Lehrerin oder ein Kind beginnt eine Zahlenfolge (z.B. 8, 18, 28, ...). Die Kinder legen auf diese Zahlen eine Linse, setzen die Reihe fort und nennen sie. Kontrolle an der Folie.

Gerade und ungerade Zahlen
Die Lehrerin tippt in der Hundertertafel auf beliebige gerade Zahlen: Wer weiß noch, wie alle diese Zahlen heißen? Wer kann die Besonderheit gerader Zahlen erklären?

Gerade Zahlen lassen sich in einer Doppelreihe auslegen (gerader Strich als Abschluss) und deshalb halbieren und durch zwei teilen. Gerade Zahlen haben als Einer die Ziffern 2, 4, 6, 8 oder 0.
Bei ungeraden Zahlen ist eine Reihe um 1 größer („ungerader" Abschlussstrich). Deshalb kann man sie nicht halbieren.
Partnerarbeit: Die Kinder nennen sich im Wechsel die geraden Zahlen eines Zehners und legen auf die geraden Zahlen der Hundertertafel Linsen auf.

Kopiervorlage 4: Zahlenmuster (Verbindung zur Geometrie), siehe S. 28
Die Kinder legen mit Linsen die vorgegebenen Muster nach, nennen die Zahlen und geben die Regel zur Reihenbildung an.
1: Immer 5 mehr.
2: Senkrecht: Immer 10 mehr. Waagrecht: Immer 1 mehr.
3: Von links oben nach rechts unten: Immer 11 mehr. Von rechts oben nach links unten: Immer 9 mehr.

Hunderterkartei für Freiarbeit:
Die Zahlenmuster von Kopiervorlage 5 (siehe S. 30) sowie von den Kindern erstellte weitere Muster werden auf Karteikarten geklebt.

Würfelspiel „Hunderterrennen"
Je zwei Kinder würfeln abwechselnd und rücken mit ihrer Spielfigur in der Hundertertafel bis 100 vor.
Varianten: Mit zwei Würfeln würfeln und die Augen addieren; von 100 rückwärts zur Eins ziehen. Von „Glückszahlen" (Einerstelle 5) aus darf man zur nächsten Zehnerzahl ziehen; von „Pechzahlen" (Einerstelle 4) aus muss man zur vorigen Zehnerzahl zurück (indirekte Vorübung zum Runden).

Name ______________________ | Datum ______________

Zahlenmuster

Wie heißen die Zahlen unter den dunklen Kreisen?

1
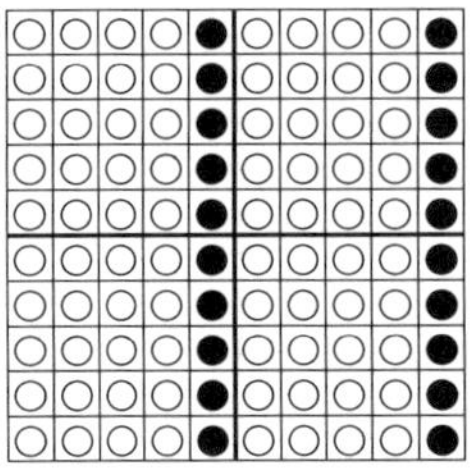

5, 10, ______________________

____

____

Regel: Immer ☐ mehr.

2
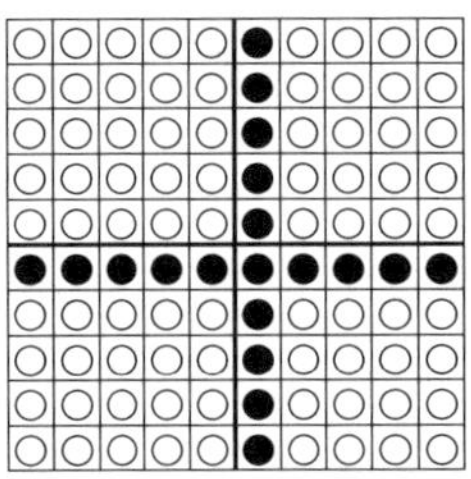

senkrecht: ______________________

____

Regel: Immer ☐ mehr.

waagrecht: ______________________

____

Regel: Immer ☐ mehr.

3
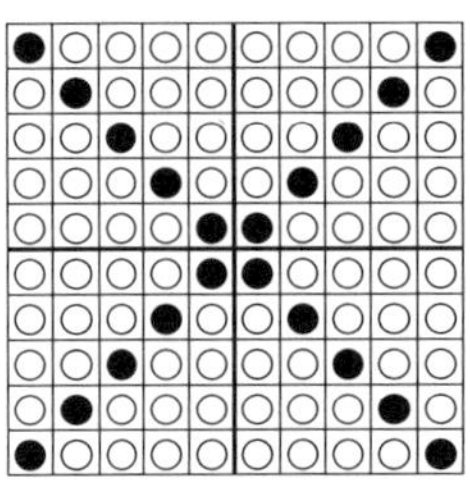

↘ ______________________

____

Regel: Immer ☐ mehr.

↙ ______________________

____

Regel: Immer ☐ mehr.

4
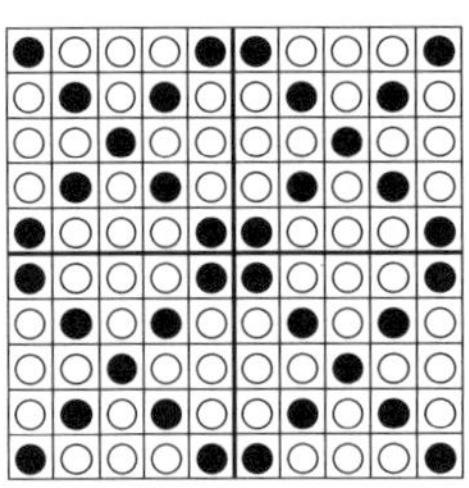

____

____

____

____

5 Rahme in deinem Heft 100 Kästchen ein.
Erfinde selbst ein Zahlenmuster.

Visualisierungsübungen (mit geschlossenen Augen)
zum Entwickeln *innerer Vorstellungsbilder von Zahlen,* z. B.: „Suche auf deinem ‚Inneren' Hundert-Punktefeld die Zahl 34. Wie viele volle Zehner siehst du, wie viele Einer? Gehe von dieser Zahl um 3 Einer weiter. Wie heißt die neue Zahl? Gehe von der neuen Zahl eine Zeile tiefer. Wie heißt diese Zahl?" (*H.-D. Gerster.* In: *A. Abele.* Band I. S. 71)

- Die zerschnittene Hundertertafel (Arbeitsblatt)
  In verschiedenen Ausschnitten (waagrechte oder senkrechte Reihe, „Treppe") mit einer Zahlvorgabe ergänzen die Kinder die fehlenden Zahlen.

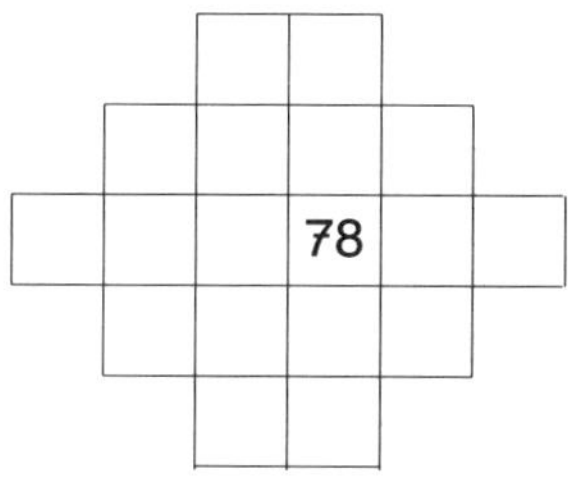

- Hunderterpuzzle
  Die Teile der Hundertertafel sind zusammenzulegen.

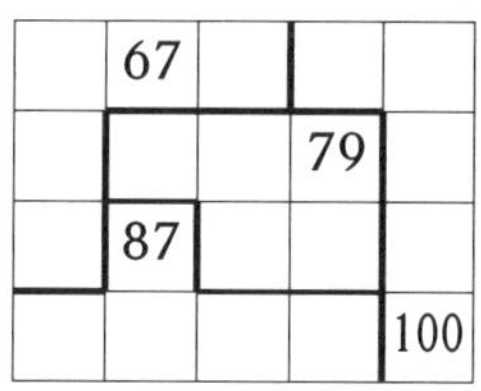

Kopiervorlage 5: Wege im Hunderterfeld (Verbindung zur Geometrie)
Vorarbeit: Klären der Bedeutung der Pfeile
Auf einer Folie mit einer leeren Hundertertafel zeichnet die Lehrerin vom Startfeld 32 zuerst einen Pfeil nach rechts (32 + 1 = 33) und dann drei weitere Pfeile nach rechts (33 + 1, 34 + 1, 35 + 1).

Tafelanschrift:

Immer 1 weiter!
Startzahl 32 → → → → Zielzahl 36

Analog werden weitere Beispiele an der Folie gezeigt und jeweils einige Beispiele mit Pfeilen nach links (1 zurück), nach oben (10 zurück) und nach unten (10 weiter) gezeigt.

Name ______________________________ Datum ______________

Wege im Hunderterfeld

										Ziel-zahlen zur Kontrolle
1	2	3	4	5	6	7	8	9	10	
11	12	13	14	15	16	17	18	19	20	
21	22	23	24	25	26	27	28	29	30	4
31	32	33	34	35	36	37	38	39	40	37
41	42	43	44	45	46	47	48	49	50	40
51	52	53	54	55	56	57	58	59	60	41
61	62	63	64	65	66	67	68	69	70	58
71	72	73	74	75	76	77	78	79	80	75
81	82	83	84	85	86	87	88	89	90	78
91	92	93	94	95	96	97	98	99	100	94

33 → → ↓ ← ↓ → → → ↑ 47

kurz 33 $\xrightarrow{2}$ ↓ ← ↓ $\xrightarrow{3}$ ↑ 47

Suche diese Wege und zeichne sie mit verschiedenen Farben.
Schreibe die Zielzahlen auf.

1

23 → ↑ → ↑ → ↓ ↓ ↓ → ☐

1 ↓ ↓ ↓ → ↑ ↑ → ↑ → ☐

91 → ↑ ← ↑ → → ↓ ↓ → ☐

84 ↑ ↑ ← ↑ ← ↓ ← ↑ ↑ ☐

2

70 $\xleftarrow{4}$ $\overset{2}{\downarrow}$ → ↑ → ☐

80 $\overset{2}{\downarrow}$ $\xleftarrow{5}$ $\overset{2}{\uparrow}$ ☐

6 $\xrightarrow{4}$ ↓ ← ↓ → ↓ ☐

17 ↓ → ↓ $\xrightarrow{2}$ $\overset{2}{\downarrow}$ $\xleftarrow{2}$ ☐

Kopiervorlage 5, Nr. 2 (für Rechenlöwen): Hier sind gleiche Pfeile hintereinander nicht mehrmals gezeichnet, sondern die Zahl über den Pfeilen gibt an, wie viele Schritte in diese Richtung zu gehen sind.
Anschließend werden an der Folie einige Wege mit Pfeilen in verschiedenen Richtungen gezeigt, die die Kinder mit einer Linse auf ihrer Hundertertafel „mitgehen“.
Start- und Zielzahlen zur Kontrolle:

23 – 37	70 – 78
1 – 4	80 – 75
91 – 94	6 – 40
84 – 41	17 – 58

Freiarbeit: Hunderterfeld zum Ertasten
Auf eine 40 cm mal 40 cm große Holzplatte werden 100 Punkte aus Pappe (Abfallprodukt, erhältlich z. B. bei der Firma Leitz; Durchmesser 2 cm) als Hunderterfeld geklebt (Lücke nach der Fünf und vor der Fünfzigerreihe) und mit Zahlen beschriftet. Mit verbundenen Augen ertastet ein Kind eine vom Partner vorgegebene Zahl, der Partner kontrolliert. Vorteil: Die Kinder nutzen schnell die Fünfer- und Zehnerschritte. (nach Flohs Ideenkiste Nr. 19. Domino Verlag. München 1998}

Einträge ins Merkheft
Zehnerzahlen
Die Kinder zeichnen neun Hunderterfelder (10 mal 10 Kästchen) in ihr Heft, malen beim ersten Feld zwei Zehnerreihen leicht mit Buntstift an und schreiben nach einem Muster an der Tafel darunter:

2 Z = 20 E
$2 \cdot 10 = 20$
zwanzig

Bei jedem Hunderterfeld schreiben sie analog, die Zahlwörter dreißig bis hundert sind an der Tafel vorgegeben.
Wer fertig ist, denkt sich zu jeder Zahl Rechnungen aus, z. B.:
[20] 10 + 10 = 20, 100 – 80 = 20, 40 – 20 = 20, 40 : 2 = 20 ...
(Beispiele zu einer Zahl an der Tafel)

Steckbriefe zu Zehner-Einer-Zahlen

Steckbrief zur Zahl 74

Gemeinsam wird besprochen, wie man zu einer Zahl einen Steckbrief entwickeln kann. Das sichert nicht nur das Zahlverständnis, sondern wiederholt zugleich wichtige Arbeitsbegriffe.

Beispiel an der Tafel:

Steckbrief zur Zahl 74

1) Zehner und Einer ins Hunderterfeld malen
2) Zehnerstriche und Einerpunkte zeichnen
3) Centmünzen (74 C) und Euroscheine (74 €) zeichnen
4) in Z und E zerlegen: $74 = 70 + 4$
5) Nachbarzahlen: $73 < 74 > 75$
6) Zehnernachbarn: $70 < 74 > 80$
   $74 - 4 = 70$
   $74 + 6 = 80$
7) Hälfte: $74 : 2 = \square$ $70 : 2 = 35$ $4 : 2 = 2$
8) auf 100 ergänzen: $74 + \square = 100$ $74 + 6 = 80$ $80 + 20 = 100$
9) Plusaufgaben suchen $\square + \square = 74$
10) Minusaufgaben suchen $\square - \square = 74$
11) Malaufgaben suchen $2 \cdot 37 = 74$
    $\boxed{10 \cdot 5} + \boxed{3 \cdot 8} = 74$

Da in der Grundschule keine Klammern verwendet werden und die Regel „Punktrechnung vor Strichrechnung“ noch unbekannt ist, werden Terme jeweils eingerahmt.

Gruppenarbeit:

Jede Gruppe denkt sich eine Zahl (Zehner > 5, Einer zwischen 2 und 8) oder zieht von der Lehrerin eine entsprechende Zahlkarte.

Zuerst überträgt jedes Kind Punkt 1 bis 9 in sein Heft, ggf. mit Partnerhilfe. Dann überlegt die Gruppe gemeinsam Plus-, Minus- und Malaufgaben. Wenn ein Kind eine passende Rechnung gefunden hat und die anderen diese überprüft haben, schreibt jeder sie sofort ins Heft.

2.2 Der Zahlenstrahl

Material

Band aus Karton (mit Folie überzogen) mit den Zahlen 1 bis 100 an der Wand (in Augenhöhe der Kinder), grüne Wäscheklammern;
Oder: Leine, an der mit Wäscheklammern Zahlkärtchen befestigt werden.
Durch Färben der Zahlfelder oder Karten lässt sich das Zahlenband übersichtlich in Fünfer strukturieren, z.B.: Je fünf Zahlen werden im Wechsel grün und rot gefärbt, also 1 bis 5 grün, 6 bis 10 rot, 11 bis 15 grün usf. Die Zehnerzahlen werden nochmals eingerahmt.
Arbeitsmittel für die Kinder: Schneidermaßband und bunte Miniwäscheklammern (in Bastelgeschäften erhältlich).
Karten mit Zahlrätseln; für jedes Kind eine Karte mit einer Zahl (Zehnerzahlen, aus jedem Zehner eine Zehner-Einer-Zahl > 20, < 100; die ZE-Zahlen sind zugleich die Lösungen zu den Zahlrätseln).
Für jede Gruppe eine Karte mit dem Zahlwort einer ZE-Zahl.

Aufbau des Zahlenstrahls

Die Kinder sitzen im (doppelten) Halbkreis vor dem Zahlenstrahl.
Zahlenband: Zuerst suchen die Kinder die Zehnerzahlen als Ankerpunkte, nennen sie und markieren sie farbig (eine Wäscheklammer aufstecken oder einrahmen).
Leine: Zuerst werden die Zahlen 1 und 100 sowie die Zehnerzahlen mit entsprechendem Abstand mit Wäscheklammern befestigt.
Feststellen: Je größer die Zehnerzahl ist, desto näher liegt sie bei 100; je kleiner sie ist, desto näher liegt sie bei 0.
Dann hängen die Kinder ihre Karte mit der ZE-Zahl an die Leine und sprechen z.B. dazu: Ich habe die Zahl 49. 49 liegt zwischen 40 und 50. $49 - 9 = 40$ (Dazu macht das Kind mit der Hand einen Bogen nach links von 49 zu 40.), $49 + 1 = 50$ (Bogen nach rechts von 49 zu 50).
Das Kind hängt seine Karte unmittelbar links von der Karte mit der Zahl 50.

Kurzübungen für gemeinsame und offene Lernphasen

In Fünferschritten bis 100 zählen, auf das große Zahlenband farbige Wäscheklammern stecken, auf das Maßband Miniwäscheklammern und dann die Zahlenfolgen ins Heft schreiben.
Rückwärts zählen: Die Lehrerin zeigt mit einem Stock auf die Startzahl (z.B. 74) und mit einem zweiten auf die Zielzahl (z.B. 65). Ein Kind zählt laut rückwärts, die anderen tippen auf ihrem Maßband mit.
Fehlende Zahlen: Die Lehrerin oder ein Kind entfernt einige Karten (Die

Klammern bleiben an der Leine.) und legt sie in eine Schachtel. Andere Kinder klammern die Karten wieder richtig an.
Vertauschte Zahlen: Die Lehrerin oder ein Kind vertauscht einige Karten, die wieder richtig anzuheften sind.

Spielmöglichkeiten mit dem Schneidermaßband, das bis 100 ausgerollt wird:
- Partnerarbeit: Kind ① zeigt eine Zahl am Zahlenband, Kind ② am Hunderterfeld.
- Wer trifft die meisten Zehnerzahlen? (Einzelspiel)
  Jeder würfelt mit einem Würfel und rückt mit seiner Spielfigur entsprechend vor. Wenn er auf eine Zehnerzahl kommt, schreibt er sie auf.
  Analog: Wer trifft die meisten geraden Zahlen?
- Wettrennen (Partnerspiel)
  Beide Kinder würfeln abwechselnd und rücken vor. Wer zuerst bei 100 ist, hat gewonnen.
  Mögliche Zusatzregeln (an der Tafel):
  - Wer auf eine Zehnerzahl kommt, darf nochmals würfeln.
  - Wer auf eine Zahl mit dem Einer 6 kommt, darf zur nächsten Zehnerzahl vorrücken (ohne jedoch nochmals zu würfeln). Wer auf eine Zahl mit dem Einer 4 kommt, muss zur vorhergehenden Zehnerzahl zurück. (Vorübung zum späteren Runden von Zahlen)
  - Es wird rückwärts von der 100 zur 1 gezogen.
  - Es wird mit zwei Würfeln gewürfelt und vor- oder rückwärts gezogen.
  - Die Kinder zeichnen ihren Spielverlauf (hier mit zwei Würfeln) auf einen unskalierten Zahlenstrahl, z. B.:

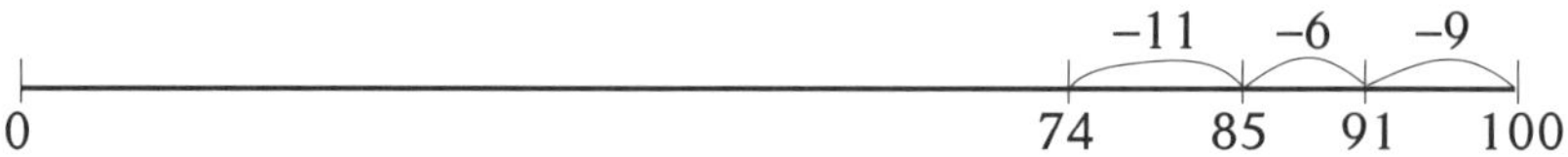

- Spiel mit Ereignisfeldern (Partnerspiel)
  Die Zehnerzahlen werden als Ereignisfelder festgelegt. Wer darauf kommt, zieht eine Karte mit einem Zahlenrätsel. Kann er es lösen, so darf er sechs Felder vorrücken. Wenn nicht, muss er auf seinem Feld bleiben.

Zahlenrätsel
Die Lehrerin stellt Zahlenrätsel, die Kinder stecken auf die entsprechende Zahl ihres Maßbands jeweils eine Miniwäscheklammer und nennen die Zahl laut. Zur sofortigen Kontrolle wird sie am Zahlenband oder der Leine gezeigt und an die Tafel geschrieben. Beispiele:
- Meine Zahl steht vor/nach 63? Meine Zahl ist links/rechts von der Zahl 75.

- Meine Zahl ist um 3 kleiner/größer als 55.
- Meine Zahl ist zwischen 61 und 63.
- Meine Zahl hat fünf Zehner und sieben Einer. Wie heißt meine Zahl?
- Meine Zahl ist gerade (ungerade). Sie ist das Doppelte von 20 (die Hälfte von 70).
- Meine Zahl hat vier Zehner und doppelt so viele Einer. (48)
- Meine Zahl hat vier Zehner und einen Einer mehr (weniger) als Zehner. (45, 43)

Partnerarbeit mit Karteikarten, auf denen analoge Zahlrätsel mit Lösung stehen: Kind ① liest ein Rätsel vor, Kind ② zeigt die Zahl am Zahlenband und nennt sie. Dann wird gewechselt. Richtig gelöste Karten legt jeder bei sich ab. Falsch gelöste Rätsel werden wieder unter den Kartenstoß geschoben.
Partnerarbeit: Kind ① steckt seine Klammer auf eine Zahl am Maßband und denkt sich selbst dazu ein Zahlenrätsel aus. Kind ② steckt seine Klammer darauf und stellt nach dem Vergleich mit Kind ① ein neues Zahlenrätsel.

Grafisches Darstellen
Merkheft: Die Kinder zeichnen mit dem Lineal einen Zahlenstrahl von 20 bis 100 (über eine Doppelseite im Heft) mit den Fünferzahlen als Ankerpunkte. Die anderen Zahlen werden nach je einem Kästchen nur mit einem Strich markiert.

Unskalierter Zahlenstrahl
Während der skalierte Zahlenstrahl zum Zählen verleitet, fördert der unskalierte Zahlenstrahl die Zahlvorstellung und bereitet auf das Rechnen am Zahlenstrahl vor.
Die Kinder zeichnen in ihr Merkheft nochmals mit dem Lineal einen Zahlenstrahl von 20 bis 100 ohne weitere Markierung.
Jede Gruppe erhält eine Karte mit einem Zahlwort (z.B. dreiundsiebzig). Die Kinder tragen diese Zahl an ihrem Zahlenstrahl ein und ebenso die „Verwechslungs- oder Spiegelzahl“ (z.B. 37 – 73), zeichnen die Vor- und Rückwärtsschritte zum nächsten Zehner ein und vergleichen beide Zahlen.
Tafelanschrift als Muster:

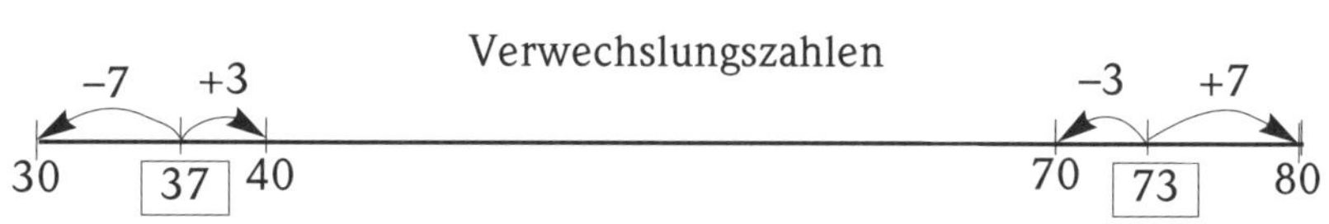

Ist ein Kind der Gruppe fertig, tauscht es mit einer anderen Gruppe die Karte.

Zahlwortkartei
Die Karten werden in einem Karteikasten gesammelt, sodass die Kinder in Freiarbeit oder bei individuellem Fördern die Übung wiederholen können.
Varianten:
- Sie markieren die Zahlen in einer Hundertertafel.
- Sie zeichnen Zehnerstriche und Einerpunkte in ihr Heft.
- Sie legen und zeichnen entsprechende Geldbeträge.

2.3 Zauberquadrate

In einem Zauberquadrat ist die Summe der Zahlen in jeder Reihe, in jeder Spalte und in jeder Diagonale gleich. Sind in einem Dreierquadrat (3 x 3) drei der neun Zahlen bekannt, die nicht in einer Reihe, Spalte oder Diagonale liegen, so lassen sich die fehlenden Zahlen durch Ergänzen bestimmen. Somit sind magische Quadrate reizvolle Anlässe zum Rechnen mit Selbstkontrolle. Magische Quadrate kann man auch selbst herstellen, z.B.: „Man schreibt die Zahlen 1 bis 9 (oder 2 bis 10, oder 3 bis 11 ...) auf die Schrägen des erweiterten Schemas und klappt die außen stehenden Zahlen dann auf die gegenüberliegenden Seiten nach innen. Durch Drehung des Quadrats um 90 °, 180 ° oder 270 ° und durch Spiegelungen erhält man dieselben Zahlen – auch in ungeändert ‚magischem' Verhältnis – in allen acht möglichen Lagen."

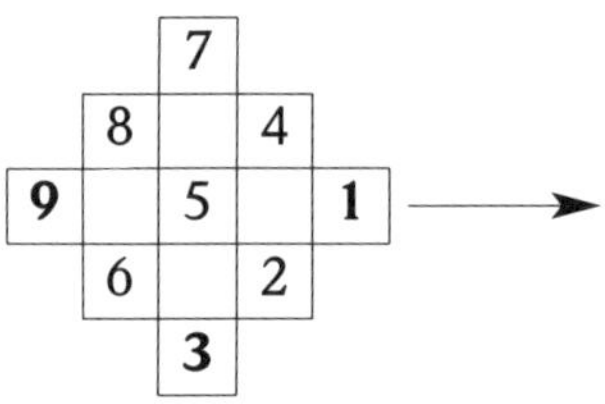

8	**3**	4
1	5	**9**
6	**7**	2

(aus: *A. Fricke/H. Besuden*, a.a.O. S. 96, Lehrerband)

Material
Für je zwei Kinder Karten mit den Zahlen zu den Zauberquadraten

Einführung
Sofern die Kinder noch nicht mit Zauberquadraten gerechnet haben, ist eine genaue Einführung nötig, ansonsten genügt eine kurze Wiederholung.

Tafelbild als Impuls:
Immer 90!

50		
10	30	

Im Gespräch wird geklärt: In jeder Zeile und Spalte und auf jeder Schräge (ggf. mit einem Stock oder Farbkreide die Richtungen verdeutlichen) muss die Zahl 90 „herauskommen".

Partnerarbeit: Die Kinder legen mit ihren Zahlkarten das Zauberquadrat nach und erproben mögliche Lösungen.

Rechenwege:

50 + 10 + ? = 90	60 + ? = 90	Tausch-aufgabe	? + 60 = 90	Umkehr-aufgabe	90 – 60 = 30
50 + 30 + ? = 90	80 + ? = 90	T	? + 80 = 90	U	90 – 80 = 10

Zum Berechnen der fehlenden Zahlen brauchen wir die Tausch- und Umkehraufgabe.

Lösung:

50	10	30
10	30	50
30	50	10

Lösen weiterer Zauberquadrate (Folie, Arbeitsblatt, Karten für die Rätselkartei)

A) Immer 21!

10		
	7	
	12	

B) Immer 30!

	10	
	18	7

C) Immer 30!

	11	7
		8

D) Immer 30!

		12
	6	11

E) Immer 36!

	12	
10	17	

F) Immer 39!

12		
	13	15

G) Immer 54!

	18	16
		21

H) Immer 60!

		19
	20	
		23

I) Immer 60!

22	21	
15		

J) Immer 60!

17		
	20	
21		

K) Immer 90!

32	30	
25		

L) Immer 93!

		30
32		34

M) Immer 99!

30	37	
	33	

N) Immer 84!

29		
30		31

O) Immer 99!

	33	39
42		

Lösungen:

A) Immer 21!

10	2	9
6	7	8
5	12	4

B) Immer 30!

13	2	15
12	10	8
5	18	7

C) Immer 30!

12	11	7
5	10	15
13	9	8

D) Immer 30!

9	14	7
8	10	12
13	6	11

E) Immer 36!

15	7	14
11	12	13
10	17	9

F) Immer 39!

12	17	10
11	13	15
16	9	14

G) Immer 54!

15	22	17
20	18	16
19	14	21

H) Immer 60!

17	24	19
22	20	18
21	16	23

I) Immer 60!

22	21	17
15	20	25
23	19	18

J) Immer 60!

17	24	19
22	20	18
21	16	23

K) Immer 90!

33	22	35
32	30	28
25	38	27

L) Immer 93!

28	35	30
33	31	29
32	27	34

M) Immer 99!

30	37	32
35	33	31
34	29	36

N) Immer 84!

25	33	26
29	28	27
30	23	31

O) Immer 99!

30	45	24
27	33	39
42	21	36

2.4 Rechenwege bei der Addition

Material

Für jede Gruppe sieben Karten mit Aufgaben von den Zauberquadraten (ohne Ergebnis, s.u.);
für jedes Kind sieben Klebeetiketten oder Post-its, einige unterschiedliche Plättchen und Rechenmaterial, Zeichenblätter;
für die Klasse Plakate zum Festhalten der Rechenwege: Es erscheint uns günstig, wenn auf jedem Plakat nur die Wege zu einer Aufgabenart festgehalten werden und jedes Plakat groß genug ist, dass es auch den Rechenweg für die passende Minusaufgabe aufnehmen kann (vgl. 2.5).

Ordnen von Aufgaben nach ihrem Schwierigkeitsgrad

Lehrerin: Bei den Zauberquadraten gab es leichtere und schwierigere Aufgaben zu rechnen.
Jede Gruppe soll die sieben Aufgabenkarten von leicht nach schwierig ordnen.
Sammeln der Ordnungsmöglichkeiten an der Tafel (oder auf Folie), die im Gespräch ggf. verfeinert oder zusammengefasst werden (Die Überschriften werden, wenn die Begriffe genannt werden, sofort angeschrieben. Werden sie

noch nicht genannt, regt die Lehrerin später durch Vergleichen der Aufgaben an, passende Überschriften zu finden.):

ZE + E Der Zehner bleibt gleich.	ZE + E Der nächste Zehner wird voll.	ZE + E Es geht über den nächsten Zehner: (Zehnerübergang)	Z + ZE ZE + Z Eine Zahl ist eine Zehnerzahl.	ZE + ZE = Z Die beiden ZE-Zahlen ergeben eine Zehnerzahl	ZE + ZE Ohne Zehnerübergang	ZE + ZE Mit Zehnerübergang
13 + 5	12 + 8	18 + 7	22 + 20	36 + 34	42 + 31	19 + 14
12 + 4	23 + 7	13 + 9	30 + 37	55 + 35	33 + 26	39 + 24
13 + 6	22 + 8	15 + 7	45 + 10	22 + 18	27 + 42	29 + 28
...	...	...	...	...	...	...

(Die Tabelle wird später auch für die Subtraktion gebraucht.)
Die Gruppen ordnen ihre Karten entsprechend der Ordnung an der Tafel an. Zum Überprüfen des Verständnisses der Ordnung schreibt jedes Kind auf einen Aufklebzettel (post-it) zu jeder Spalte eine passende Aufgabe, jedoch mit anderen Zahlen als auf den Karten und an der Tafel. Kinder, die ihren Zettel auf den Kartenrand geklebt haben, überprüfen die Aufgaben der anderen Kinder auf den Karten und helfen ggf. beim Richtigstellen.

Suchen, Beschreiben und Vergleichen von Rechenwegen
Um das Erkennen eigener Schwierigkeiten zu üben, sollen die Kinder auf die Aufgaben, die ihnen schwer fallen, ein Plättchen legen.
Die Urteile werden an der Tafel festgehalten. Dazu melden sich alle Kinder, denen die Aufgaben der ersten Spalte schwer fallen, und die Lehrerin macht unter dieser Spalte entsprechend viele Striche (Fünferbündelung: je vier senkrechte Striche mit einem Querstrich zusammenfassen). Analog wird jede Spalte abgefragt.
Das Eingehen auf Rechenwege richtet sich nach dem Erklärungsbedarf der Kinder. Hier (siehe unten) wird nur der Vollständigkeit halber für jede Aufgabenart ein Rechenweg angeboten.
Gruppenarbeit: Die Kinder suchen für jede Karte, auf der Plättchen liegen, einen Rechenweg. Sie zeichnen ihren Rechenweg auf ein Zeichenblatt oder auf eine Folie.
In der Mitte des Sitzkreises liegt ein leeres Plakat. Die Arbeitsweise zu Spalte 1 wird bei allen folgenden Aufgabenarten wiederholt, damit die Kinder lernen,

- vor dem Rechnen die Zahlen genau zu betrachten.
- an anfänglich einfachen Aufgaben Rechenwege zu beschreiben und zu vergleichen.

Da in der Grundschule keine Klammern verwendet werden, werden auf dem Merkplakat die folgenden Terme in Klammern jeweils in Rahmen geschrieben.

Weg zu Spalte 1 (13 + 5) : Die Gruppen, die diesen Weg bearbeitet haben, legen ihre Zeichenblätter auf das Plakat, oder es wird eine entsprechende Folie gezeigt. Ein Kind der Gruppe stellt den gefundenen Weg vor, die anderen Kinder äußern sich dazu. Danach fasst die Lehrerin nochmals zusammen. Dabei wird auch jeweils taktvoll auf Irrwege und Umwege eingegangen.
Gemeinsam überlegen alle, ob sich eine bereits vorgestellte Darstellung des Weges für das Merkplakat eignet oder ob es eine bessere Darstellung gibt, die mit dicken Filzstiften auf das Plakat gezeichnet wird, z. B. mit einem Zehnerstrich und Einerpunkten:

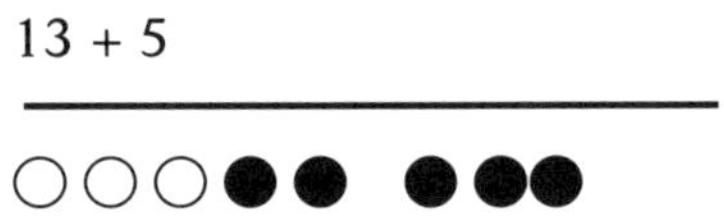

Weg zu Spalte 2 (23 + 7): Wie bei Spalte 1, um zu verdeutlichen, dass der Zehner „voll“ wird, wird über die zehn Einerpunkte ein Zehnerstrich gezeichnet.

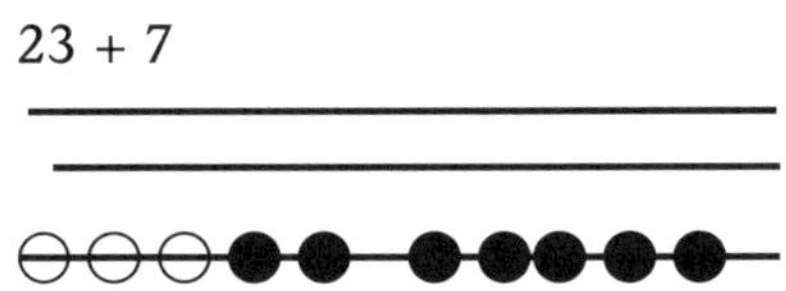

Wege zu Spalte 3 (13 + 9):

- Standardweg: Bis zur nächsten Zehnerzahl rechnen (13 + 7 = 20) und die zweite Zahl passend zerlegen, dann die restlichen Einer dazuzählen (20 + 2 = 22)

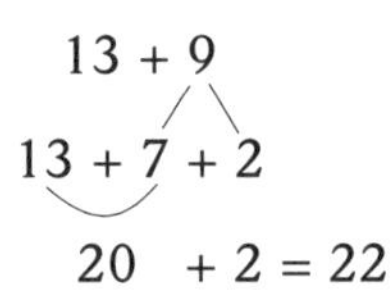

- Neunervorteil: 13 + 9 = 12 + 10
  Statt + 9 wird + 10 gerechnet. Da dabei 1 zu viel dazugezählt wurde, muss von der ersten Zahl wieder 1 abgezogen werden (gegensinniges Verändern der Zahlen).

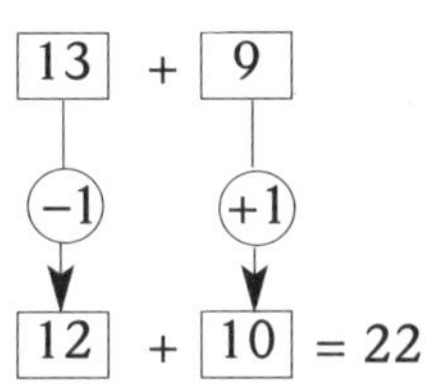

Wege zu Spalte 4 (30 + 37):

- Immer 10 weiterzählen, z.B.: 37, 47, 57, 67
- Die Zehner zusammenzählen und die Einer hinzufügen:
  30 + 37 = 30 + 30 + 7

Wege zu Spalte 5 (22 + 18):

- Die zweite Zahl in Zehner und Einer zerlegen, danach die Einer dazu und zum Schluss die Zehner oder auch umgekehrt:
  22 + 8 + 10 = 30 + 10 oder 22 + 10 + 8 = 22 + 8
- Zehner etxra, Einer extra und „über Kreuz“ rechnen:
  (20 + 10) + (2 + 8) = 30 + 10

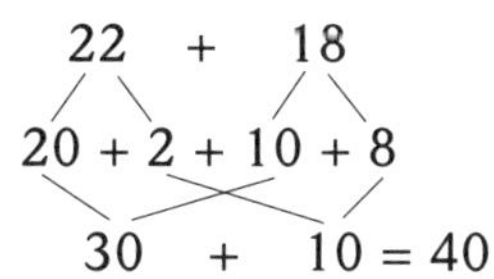

Wege zu Spalte 6 (42 + 31):

- Die zweite Zahl in Zehner und Einer zerlegen, dann die Einer dazu und zum Schluss die Zehner oder auch umgekehrt:
  42 + 1 + 30 = 43 + 30 oder 42 + 30 + 1 = 72 + 1
- Zehner plus Zehner (Zehner etxra), Einer plus Einer (Einer extra) und „über Kreuz“ rechnen: (40 + 30) + (2 + 1) = 70 + 3

Wege zu Spalte 7 (29 + 28):

- Erst die Zehner dazu, dann die Einer dazu: 29 + 20 + 8 = 49 + 8 = 57
- Erst die Einer dazu, dann die Zehner dazu: 29 + 8 + 20 = 37 + 20 = 57
- Zehner plus Zehner (Zehner etxra), Einer plus Einer (Einer extra) und „über Kreuz“ rechnen: (20 + 20) + (9 + 8) = 40 + 17 = 57
- Neunervorteil (vgl. Spalte 3): Die erste Zahl wird zu einer Zehnerzahl gemacht, von der zweiten Zahl muss anschließend wieder 1 abgezogen werden: (29 + 1) + (28 − 1) = 30 + 27 = 57

Merkheft: Die Kinder tragen die Wege zu den Aufgaben, die sie nicht „so gut können“ (Plättchen auf den Aufgabenkarten), in das Heft ein und rahmen bei Auswahl mehrerer Wege den Weg grün ein, der ihnen am meisten zusagt. Überschrift: Rechenwege bei Plusaufgaben.
Gemäß den Lehrplänen soll es den Kindern überlassen bleiben, welchen Rechenweg sie nutzen und auf welche Weise sie Rechenschritte und Zwischenergebnisse aufschreiben. Bei schwachen Rechnern allerdings ist es unserer Erfahrung nach günstig, gemeinsam einen geeigneten Rechenweg zu suchen und diesen einzuüben.

Kopiervorlage 6: Kopfrechenblatt (siehe S. 43)
Die Lehrerin stellt täglich weitere mündliche Aufgaben zu je einer Spalte und überprüft so schrittweise, ob die Kinder die Rechenwege als Voraussetzung für die folgenden Inhalte beherrschen.

2.5 Rechenwege bei der Subtraktion

Da beim Subtrahieren mitunter mehr Probleme als beim Addieren auftreten, sollten die einzelnen Rechenwege nochmals gründlich bearbeitet werden.

Material
Übersichtstabelle mit den Rechenwegen zur Addition, die Merkplakate zur Addition;
für jede Gruppe ein Zeichenblatt oder eine Folie.

Übertragen der Rechenwege auf die Subtraktion
Die Lehrerin zeigt die Übersichtstabelle mit den Rechenwegen zur Addition und regt die Kinder zum Überprüfen an, ob die Rechenwege auch bei der Subtraktion passen. Entweder denken sich die Kinder zu jeder Aufgabenart passende Beispiele aus oder sie bilden zu den Plusaufgaben die Umkehraufgaben:

ZE + E Der Zehner bleibt gleich.	Z–E Abziehen von einer Zehnerzahl	ZE – E Es geht über den vorigen Zehner zurück. (Zehnerübergang)	ZE – Z Eine Zahl ist eine Zehnerzahl.	Z – ZE Abziehen von einer Zehnerzahl	ZE – ZE Ohne Zehnerübergang	ZE – ZE Mit Zehnerübergang
18 – 5	20 – 8	25 – 7	42 – 20	70 – 34	73 – 31	33 – 14
16 – 4	30 – 7	22 – 9	67 – 30	90 – 35	59 – 26	63 – 24
19 – 6	30 – 8	22 – 7	55 – 10	40 – 18	69 – 42	57 – 28
...	...	...	...	...	...	...

Arbeitsteilige Gruppenarbeit: Jede Gruppe erhält ein Merkplakat mit den Wegen zu einer Art von Plusaufgaben, soll dies passend für die Minusaufgabe umformulieren und die Wege auf einem Zeichenblatt oder einer Folie festhalten.

Beschreiben und Vergleichen von Rechenwegen
In der Mitte des Sitzkreises liegt das Plakat mit dem Rechenweg zu den Plusaufgaben in Spalte 1. Die Arbeitsweise zu Spalte 1 wird wiederum bei allen folgenden Aufgabenarten wiederholt.
Zur Erinnerung: Terme einrahmen statt Klammern.

Kopfrechnen Name:

Datum	Ergebnisse															richtig

Weg zu Spalte 1 (18 – 5): Die Gruppe, die diesen Weg bearbeitet hat, legt ihr Zeichenblatt auf das Plakat, oder es wird eine entsprechende Folie gezeigt. Ein Kind der Gruppe stellt den gefundenen Weg vor, die anderen Kinder äußern sich dazu. Danach fasst die Lehrerin nochmals zusammen. Dabei geht sie auch jeweils taktvoll auf Irrwege und Umwege ein.
Gemeinsam wird überlegt, ob sich eine bereits vorgestellte Darstellung des Weges für das Merkplakat eignet oder ob es eine bessere Darstellung gibt, die sogleich mit dicken Filzstiften auf das Plakat gezeichnet wird, z. B. mit einem Zehnerstrich und Einerpunkten, wobei die wegzunehmende Zahl hier eingekreist wurde (analog im 2. Schuljahr).

18 – 5

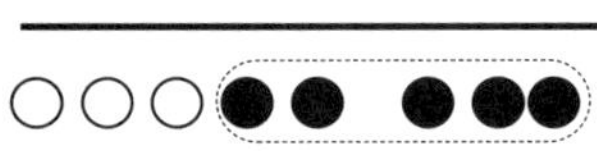

Weg zu Spalte 2 (30 – 7): Wie bei Spalte 1, um zu verdeutlichen, dass der Zehner „angebrochen" wird, werden über den Zehnerstrich die wegzunehmenden Einer als Punkte gezeichnet und wieder eingekreist.

30 – 7

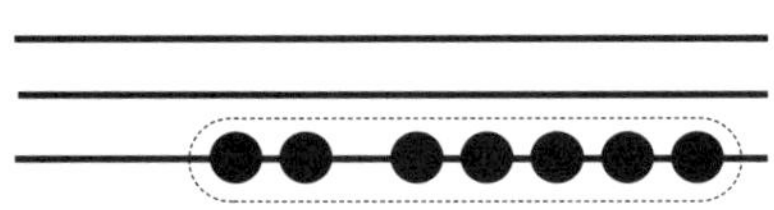

Wege zu Spalte 3 (22 – 9):

- Standardweg: Zur vorigen Zehnerzahl zurück rechnen (22 - 2 = 20) und die zweite Zahl passend zerlegen, dann die restlichen Einer wegnehmen. (20 – 7 = 13)

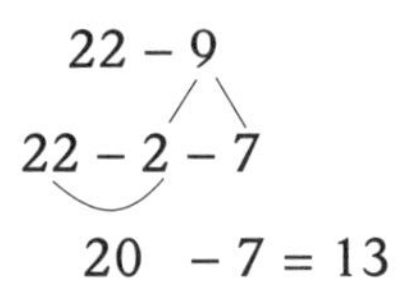

- Neunervorteil: 22 – 9 = 23 – 10
  Statt – 9 wird – 10 gerechnet. Da dabei 1 zu viel weggenommen wurde, muss zur ersten Zahl wieder 1 dazugezählt werden (gleichsinniges Verändern der Zahlen).

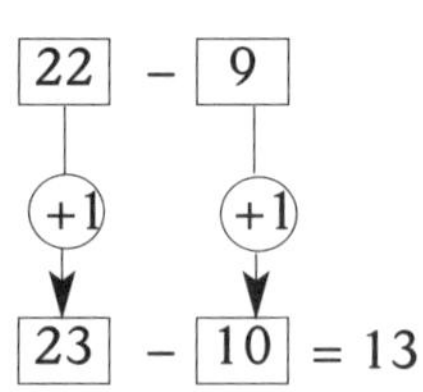

Wege zu Spalte 4:

- 67 – 30: Immer um 10 rückwärts zählen, z.B.: 67, 57, 47, 37
- 67 – 30 = (60 – 30) + 7: Die Zahl in Zehner und Einer zerlegen, die Zehner von den Zehnern abziehen und dann die Einer hinzufügen.

Wege zu Spalte 5 (40 – 18):

- 40 – 18 = (40 – 8) – 10 : Wie Weg zu Spalte 2, zusätzlich wird noch ein Zehner weggenommen und eingekreist.

40 – 18

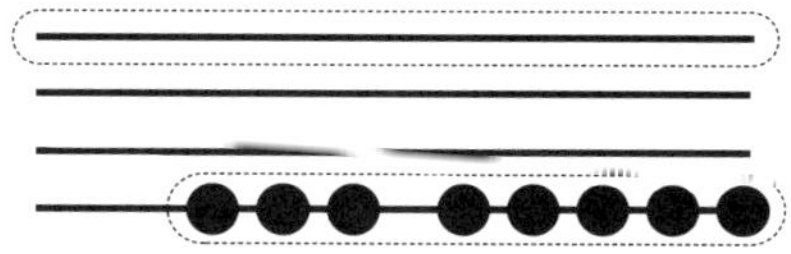

- Oder auch umgekehrt: 40 – 8 – 10 = 32 – 10 = 22

Wege zu Spalte 6 (73 – 31):

- Die zweite Zahl in Zehner und Einer zerlegen, dann die Einer weg und zum Schluss die Zehner: 73 – 1 – 30 = 72 – 30
  Oder auch umgekehrt: 73 – 30 – 1 = 43 – 1
- Zehner minus Zehner (Zehner etxra), Einer minus Einer (Einer extra): (70 – 30) + (3 – 1) = 40 + 2 (Vorsicht: Dieser Weg ist bei schwachen Rechnern fehleranfällig.)
  Hilfe: 73 – 31 = 40 + 2
  70 – 30 = 40
  3 – 1 = 2

Wege zu Spalte 7 (57 – 28):

- Erst die Zehner weg, dann die Einer weg: 57 – 20 – 8 = 37 – 8 = 29
- Erst die Einer weg, dann die Zehner weg: 57 – 8 – 20 = 49 – 20 = 29
- Zehner minus Zehner (Zehner etxra), Einer minus Einer (Einer extra):
  57 – 28 = 30 – 1 = 29
  50 – 20
  7 – 8
  Nach *E. Wittmann* (Lehrerband für das 3. Schuljahr, 1999, S. 58) ist dies kein Rechnen mit negativen Zahlen. Sondern: Von 50 werden 20 abgezogen, Ergebnis 30. Von 7 sollen 8 abgezogen werden.
  Man zieht 7 ab und nimmt dann noch 1 von 30 weg.
- Eine Zahl zu einer Zehnerzahl machen (vgl. Spalte 3):
  Die erste Zahl wird zu einer Zehnerzahl:
  57 – 28 = (57 + 3) – (28 + 3) = 60 – 31 = 29
  Zu beiden Zahlen wird 3 dazugezählt.

Die zweite Zahl wird zu einer Zehnerzahl:
57 – 28 = (57 + 2) – (28 + 2) = 59 – 30
Zu beiden Zahlen wird 2 dazugezählt (hier der leichtere Weg).

Merkheft:
Die Kinder tragen die Wege zu den Aufgaben, die sie nicht „so gut können" (Plättchen auf den Aufgabenkarten), in das Heft ein und rahmen bei Auswahl mehrerer Wege den Weg grün ein, der ihnen am meisten zusagt.
Überschrift: Rechenwege bei Minusaufgaben

2.6 Tipps zum Fördern und für Freiarbeit

Visualisierungsübungen, z.B.:
Stell dir die Zahl 68 vor. Wie viele Zehnerstriche? Wie viele Einerpunkte? Nimm 26 weg. Wie viel bleibt übrig?

Spiel „Umzingeln"
Material: Jede Gruppe (zwei bis vier Kinder) braucht Rommeekarten ohne Bube, Dame, König und Joker. (Auch ausrangierte, unvollständige Kartensätze lassen sich verwenden.) Ass zählt 1, die anderen Karten nach ihrem Zahlenwert. Man kann auch entsprechende Karten mit den Zahlen 1 bis 10 verwenden.
Verlauf: Die Karten werden gemischt und verdeckt auf einem Stoß in der Mitte gelegt. Das erste Kind wählt eine beliebige Zielzahl zwischen 40 und 60 aus, z.B. 35. Reihum nimmt jedes Kind eine Karte vom Stoß und legt sie nebeneinander offen aus. Im Kopf rechnet jeder mit, ob durch Addition die Zielzahl 35 erreicht wird. Wird eine größere Zahl erreicht, wird subtrahiert. Wer zuerst die Zielzahl erreicht, hat gewonnen und erhält einen Punkt.
Beispiel:

Kind 1	Kind 2	Kind 3	Kind 4	Kind 1	Kind 2	Kind 3	Kind 4	Kind 1
3	6	8	10	4	2	7	– 9	4
	9	17	27	31	33	40	31	35

(nach *H. Radatz* 1983, S.169)

Zahlenrätsel und Erweitern der Kartei (vgl. S. 34)
Die Kinder denken sich Rätsel zu ihrer Hausnummer, ihrem Geburtstagsmonat, ihrem Gewicht, ihrer Schuhgröße aus, z.B.:
Addiere zu meiner Hausnummer die Zahl 39 und subtrahiere dann 14. Nun erhältst du die Zahl 40. Wie heißt meine Hausnummer?

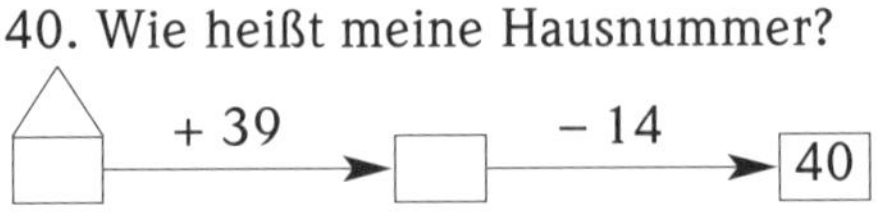

Lösung mit den Umkehraufgaben:

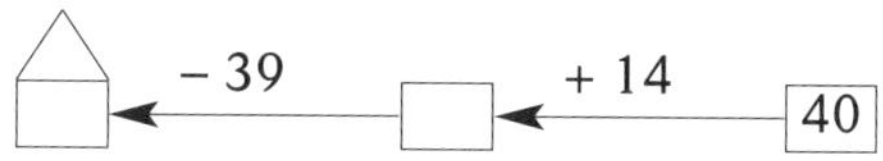

Dabei kann man die Begriffe „addieren“ und „subtrahieren“ einführen.

Rechenschlange (Übungsform mit Selbstkontrolle)

Die Kinder schreiben die Rechnungen von Aufgabenkarten (Kartei) in der richtigen Reihenfolge ins Heft ab, z. B.

Lösung:

95 – 51 = 44 Mit der „Kopfzahl“ beginnen.

44 + 33 = 77 Das Ergebnis einer Aufgabe
77 – 64 = 13 ist die erste Zahl der
13 + 46 = 59 folgendenAufgabe.
59 – 27 = 32 Das letzte Ergebnis muss mit der
32 + 32 = 64 „Schwanzzahl“ übereinstimmen.

Laufaufgaben

Analog dem Laufdiktat werden etwa zehn Aufgaben einzeln auf einen Zettel geschrieben und im Zimmer an verschiedenen Stellen ausgehängt.
Wegen der einfacheren Kontrolle hat jede Aufgabe eine Nummer in einem Kreis links oben. Die Kinder schreiben in ihr Heft untereinander die Nummern 1 bis 10 im Kreis, gehen nun zu einer beliebigen Aufgabe, rechnen sie aus, merken sich das Ergebnis und notieren es im Heft. Wer alle zehn Aufgaben gelöst hat, überprüft mit einem ausliegenden Lösungsblatt.

Kopiervorlage 7 (siehe S. 48)

Die Kinder sollen Zahlbeziehungen erkennen und in jedem Päckchen die Aufgabe einrahmen, die nicht dazupasst.

Aufgaben-Nr.	1. Zahl	2. Zahl	Ergebnis	„Faules Ei“
1	um 10 größer	gleich	um 10 größer	78 + 7
2	um 10 kleiner	gleich	um 10 kleiner	99 – 9
3	gleich	um 2 größer	um 2 kleiner	72 – 9
4	gleich	um 2 größer	um 2 größer	68 + 29
5	um 11 kleiner	gleich	um 11 kleiner	44 – 36
6	um 3 größer	um 3 kleiner	gleich	50 + 26
7	um 4 größer	gleich	um 4 größer	92 – 47
8	um 1 größer	um 2 größer	um 1 kleiner	90 – 27
9	gleich	um 11 größer	um 11 kleiner	100 – 34

Name	Datum

Addition und Subtraktion bis 100

In jedem Päckchen passt eine Aufgabe nicht zu den anderen. Rahme sie ein.

①	②	③
49 + 7 =	76 – 9 =	72 – 2 =
59 + 7 =	66 – 9 =	72 – 4 =
69 + 7 =	99 – 9 =	72 – 6 =
78 + 7 =	56 – 9 =	72 – 8 =
79 + 7 =	46 – 9 =	72 – 9 =
89 + 7 =	36 – 9 =	72 – 10 =

④	⑤	⑥
68 + 13 =	96 – 36 =	37 + 38 =
68 + 15 =	85 – 36 =	40 + 35 =
68 + 17 =	74 – 36 =	43 + 32 =
68 + 19 =	44 – 36 =	46 + 29 =
68 + 21 =	63 – 36 =	49 + 26 =
68 + 29 =	52 – 36 =	50 + 26 =

⑦	⑧	⑨
74 – 47 =	91 – 23 =	100 – 11 =
78 – 47 =	92 – 25 =	100 – 22 =
82 – 47 =	93 – 27 =	100 – 33 =
92 – 47 =	90 – 27 =	100 – 44 =
86 – 47 =	94 – 29 =	100 – 34 =
90 – 47 =	95 – 31 =	100 – 55 =

⑩ Erkennst du die Regel der Päckchen?

	①	②	③
1. Zahl			
2. Zahl			
Ergebnis			

Zeichne auf die Rückseite noch zwei Tabellen zu den Aufgaben ④ bis ⑨.

Name ______________________________	Datum ______________

Veränderte Zahlen – gleiches Ergebnis

Wie gehen die Reihen weiter?

	1	2	3
	40 + 40 =	50 + 50 =	50 + 50 =
	42 + 38 =	54 + 46 =	53 + 47 =
	44 + 36 =	58 + 42 =	56 + 44 =
	54 + 26 =	78 + 22 =	71 + 29 =
1. Zahl	Um 2 größer		
2. Zahl	Um 2 kleiner		
Ergebnis	gleich		

	4	5	6
	60 – 30 =	100 – 50 =	100 – 50 =
	64 – 34 =	95 – 45 =	97 – 47 =
	68 – 38 =	90 – 40 =	94 – 44 =
	88 – 58 =	65 – 15 =	79 – 29 =
1. Zahl			
2. Zahl			
Ergebnis			

Kopiervorlage 8 (siehe S. 49)
Die Kinder sollen Zahlbeziehungen erkennen, die Gesetzmäßigkeiten notieren und die Aufgabenreihen fortsetzen. Zur Kontrolle ist die letzte Aufgabe der Reihe angegeben.

Gesetzmäßigkeiten

1. Zahl	um 2 größer	um 4 größer	um 3 größer	um 4 größer	um 5 kleiner	um 3 kleiner
2. Zahl	um 2 kleiner	um 4 kleiner	um 3 kleiner	um 4 größer	um 5 kleiner	um 3 kleiner
Ergebnis	gleich	gleich	gleich	gleich	gleich	gleich

Ableiten der Regel zum *gegensinnigen Verändern* der Zahlen *bei Plusaufgaben:*
Wenn ich zu den Zahlen der Aufgabe einmal eine Zahl dazuzähle (addiere) und die gleiche Zahl einmal abziehe (subtrahiere), so bleibt das Ergebnis gleich.
Ableiten der Regeln zum *gleichsinnigen Verändern* der Zahlen *bei Minusaufgaben:*
Wenn ich zu den Zahlen der Aufgabe die gleiche Zahl dazuzähle (addiere), so bleibt das Ergebnis gleich.
Wenn ich von den Zahlen der Aufgabe die gleiche Zahl abziehe (subtrahiere), so bleibt das Ergebnis gleich.
Anwendung: Zur Erleichterung des Rechnens eine Zahl zur Zehnerzahl machen.

Kopiervorlage 9: Rechenmauern (siehe S. 51)
- Je zwei nebeneinander stehende Zahlen ergeben als Summe die Zahl darüber (25 + 19 = 44).
- Durch Ergänzen (18 + ? = 44), Bilden der Tauschaufgabe (? + 18 = 44) sowie Bilden der Umkehraufgabe (44 – 18 = 26) – also durch Abziehen – wird eine fehlende untere Zahl bestimmt.

Im Anschluss legen Rechenlöwen aus Zahlenkarten neue Rechenmauern und schreiben sie auf Karteikarten zum Lösen in Freiarbeit (Lösung auf der Rückseite).

2.7 Auf dem Volksfest (Arbeit an Sachsituationen)

Material
Für jedes Kind etwa zehn kleine Zettel oder Kärtchen, Wörterbuch ;
für jede Gruppe ein Plakat mit dem Wort „Volksfest“ und einem kleinen passenden Bild in der Mitte, ein Zeichenblatt;
Lehrerin: Texte (s. u.) und zugehörige Fragen auf Karten und Folie.

Name ______________________ Datum ____________

Rechenmauern

(1) Rechne von unten nach oben.

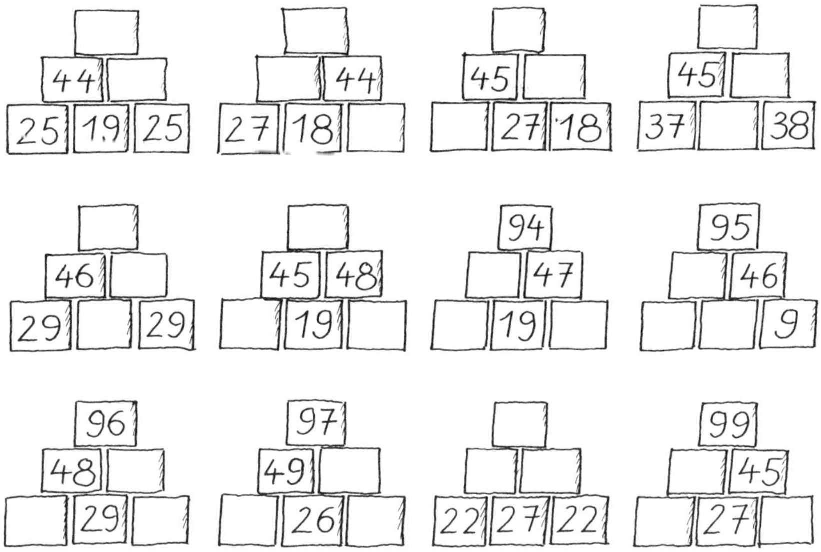

(2) Die Prüfzahl ganz oben zeigt dir, ob du richtig gerechnet hast.

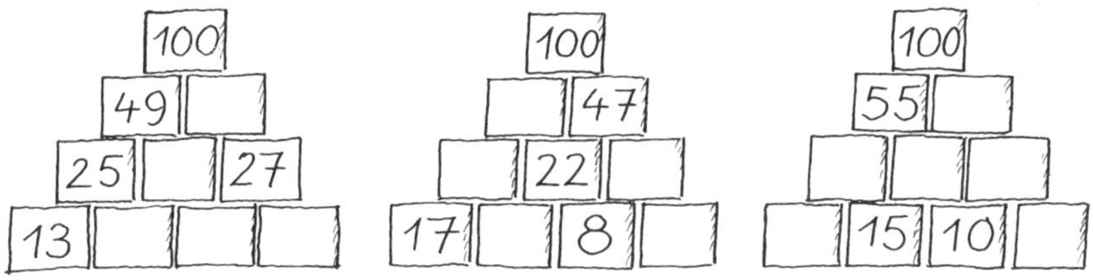

(3) Findest du die fehlenden Zahlen?

Name ______________________________	Datum ______________

Rechenmauern

1 Rechne von unten nach oben.

88	89	90	91
44 44	45 44	45 45	45 46
25 19 25	27 18 26	18 27 18	37 8 38
92	93	94	95
46 46	45 48	47 47	49 46
29 17 29	26 19 29	28 19 28	12 37 9
96	97	98	99
48 48	49 48	49 49	54 45
19 29 19	23 26 22	22 27 22	27 27 18

2 Die Prüfzahl ganz oben zeigt dir, ob du richtig gerechnet hast.

100	100	100
49 51	53 47	55 45
25 24 27	31 22 25	30 25 20
13 12 12 15	17 14 8 17	15 15 10 10

3 Findest du die fehlenden Zahlen?

100	100	100
58 42	54 46	50 50
37 21 21	27 27 19	34 16 34
29 8 13 8	9 18 9 10	26 8 8 26

Vorarbeit im Fach Deutsch

- Wörter sammeln: Jedes Kind schreibt je ein Wort auf einen Zettel, das ihm zum Wort „Volksfest“ (bzw. dem entsprechenden regionalen Wort) einfällt und benutzt dabei sein Wörterbuch.
- Herstellen eines Clusters in Gruppenarbeit
  Wer seine zehn Zettel beschrieben hat, legt sie auf das Plakat um das Wort „Volksfest“ herum.
  Gleiche Wörter werden aufeinander gelegt und mit einer Büroklammer zusammengehalten.
  Wenn eine Gruppe fertig ist, erklärt die Lehrerin, wie ein Cluster hergestellt wird:
  In der Mitte steht „unser Thema“. Darum herum liegen die Wörter, die uns dazu eingefallen sind.
  Manche von diesen Wörtern gehören zusammen, z.B. Auto-Scooter, zusammenstoßen. Deshalb legen wir diese Wörter in eine Reihe und verbinden sie mit einem Strich.

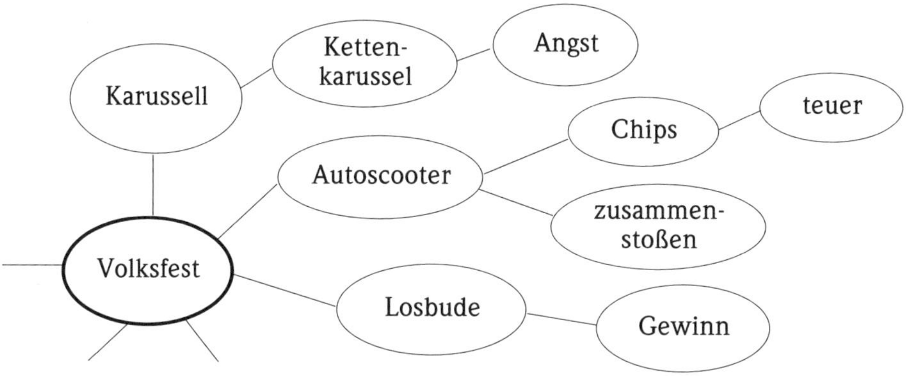

  Die Kinder legen zusammenpassende Wörter zueinander, kleben sie nach der Kontrolle durch die Lehrerin auf und schreiben an geeignete Stellen noch weitere Wörter, die ihnen bei der Arbeit einfallen.
  Die Plakate der Gruppen werden ausgestellt und gemeinsam betrachtet: Welche Wörter finden sich auf allen Plakaten? Welche Wörter werden nur ein- oder zweimal genannt?
- Jedes Kind wählt ein Wort aus und schreibt dazu einen kurzen Text, je nach Wahl beschreibend oder über ein kurzes Erlebnis. Kinder, die fertig sind, sammeln sich in einer Ecke, lesen sich gegenseitig ihren Text vor und nehmen von den anderen Verbesserungsvorschläge entgegen, die sie anschließend in ihren Text einarbeiten.

Unterscheiden von Texten mit und ohne Zahlen, von mathematischen und anderen Texten

Lehrerin: Können wir eure „Volksfestgeschichten" in unsere Kartei mit Sachaufgaben aufnehmen?

In der Gruppe überprüfen die Kinder, ob die „Volksfestgeschichten" Zahlen enthalten, und ordnen die Texte in zwei Stößen: Texte ohne/mit Zahlen. Falls Texte mit Zahlen dabei sind, werden sie vorgelesen. Dabei wird wieder überprüft und begründet, ob sie sich für die Sachrechenkartei eignen würden. Vermutlich enthalten nur die wenigsten Kindertexte Zahlen. Deshalb hat die Lehrerin für jede Gruppe Karten mit weiteren Texten vorbereitet, z.B.: (s. S. 55)

Gruppenarbeit: Die Kinder ordnen die Texte in zwei Gruppen:

- Texte, bei denen man rechnen kann, und die sich für die Sachaufgabenkartei eignen.
- Texte, die zwar Zahlen enthalten, aber keine Sachaufgabe.

Danach liest jede Gruppe ihre Texte vor und begründet ihre Zuordnung.

Zusammenfassung an der Tafel:

Volksfestgeschichten

Bei Texten ohne Zahlen kann man nichts rechnen.
Auch bei Texten mit einer Zahl kann man nichts rechnen.
Zum Rechnen brauchen wir mindestens zwei Zahlen,
die in einem Zusammenhang stehen.

Möglichkeiten für Gruppenarbeit zur Vertiefung:

- Die Kinder unterstreichen auf den Textkarten die Zahlenangaben, mit denen man rechnen kann.
- Sie formulieren die von der Lehrerin erhaltenen Texte so um, dass man „etwas rechnen kann".
- Sie formulieren ihre eigene Volksfestgeschichte so um, dass man „etwas rechnen kann".
- Sie erfinden neue Volksfestgeschichten, die später in die Sachrechenkartei aufgenommen werden.

1 An Saschas Schaschlikstand kostet ein Schaschlik nur 3 €.	2 Sascha verkauft prima Schaschliks. Sascha ist 28 Jahre alt. Um 22 Uhr schließt er seinen Stand.	3 In fünf Minuten kann Schaschlik-Sascha 30 Schaschliks braten.	4 Auf jeden Spieß steckt Sascha sechs Fleischstücke, vier Zwiebelstücke und drei Paprikastücke.
5 Frau Ferrari hat das Autoskooter-Geschäft schon 20 Jahre.	6 Frau Ferrari hat 18 bunte Fahrzeuge. An der Kasse warten 25 Personen.	7 Wer Autoskooter fahren will, muss einen Chip für 7 € kaufen. Dafür darf er dreimal fahren.	8 Wer zwei Chips zu je 7 € kauft, darf einmal umsonst fahren.
9 Clown Peppino ist nur 1 m 65 cm groß und hat aber Schuhgröße 42.	10 Eine Vorstellung vom Clown Peppino dauert 45 Minuten.	11 Clown Peppino jongliert mit roten, gelben und blauen Bällen. Von jeder Farbe hat er drei Bälle.	12 Clown Peppino hat am zweiten Oktober Geburtstag.
13 Zauberer Samson hat drei Hüte. Aus jedem Hut zaubert er vier Tauben.	14 Die Zaubervorstellung beginnt um 15.30 Uhr und endet um 16.15 Uhr.	15 Zauberer Samson ist groß und schlank. Er wiegt 70 Kilogramm.	16 Am Ende der Zaubervorstellung darf jedes Kind, das jünger als zehn Jahre ist, auf einem Esel reiten.
17 Herr Schreck ist der Besitzer der Geisterbahn. Am Nachmittag helfen ihm seine drei Kinder beim Kassieren.	18 Die Geisterbahn hat zehn Wagen mit je sechs Plätzen. Eine Fahrt mit der Geisterbahn dauert sieben Minuten.	19 Die Geisterbahn ist 25 m lang und 5 m hoch.	20 Am Abend zählt Herr Schreck sein Geld in der Kasse. Es sind zwei 100-Euro-Scheine, sieben 10-Euro-Scheine und Münzen im Wert von 30 Euro.

Unterscheiden von Informationsfragen und mathematischen Fragen (Rechenfragen)

Lehrerin: Manche Sachaufgaben haben am Schluss eine Frage. So wisst ihr gleich, was ihr rechnen sollt. Manche Sachaufgaben haben jedoch keine Frage. Dort ist es gar nicht so leicht, die passende Frage zu finden. Deshalb sollt ihr das Finden von passenden Fragen heute mit den Volksfestgeschichten üben.

Gruppenarbeit: Jede Gruppe legt unter jede Textkarte die passenden Fragekarten, z. B.:

1) Was verkauft Sascha?
1) Wie viel kostet ein Schaschlik?
2) Wie alt ist Sascha?
2) Wann schließt Sascha seinen Stand?
2) Warum schließt er seinen Stand um 22 Uhr?
3) Wie viele Schaschliks kann Sascha in fünf Minuten braten?
3) Wie lange braucht Sascha, um 30 Schaschliks zu braten?
4) Was steckt Sascha alles auf einen Spieß?

Die „Schaschlikgruppe" liest ihre Texte und die passenden Fragen vor und beantwortet dabei jede Frage sofort. Zugleich zeigt die Lehrerin Texte und Fragen auf Folie und schreibt hinter Fragen nach Zahlenangaben die entsprechende Zahl . → Die Kinder stellen fest: Auf manche Fragen wird mit einem Wort oder einem Satz geantwortet, auf andere Fragen mit einer Zahl.

Gruppenarbeit: Die Kinder schreiben hinter die Fragen, die sich mit einer Zahl beantworten lassen, die entsprechende Zahl und unterstreichen das Fragewort.

Beim Vorlesen der Texte und Fragen durch die anderen Gruppen werden die Fragewörter an der Tafel gesammelt:

Mit diesen Fragewörtern fragen wir nach Zahlen:

Wie viel ...?	Wie lang ...?
Wie viele ...?	Wie hoch ...?
Wie alt ...?	Wie groß ...?
Wie lange ...?	Wie schwer ...?
Wie oft ...?	
Wann ...?	

Gruppenarbeit: Die Kinder schreiben zu den als Sachaufgaben geeigneten Texten die passende Frage dazu und ergänzen weitere Texte (mit Frage) so, dass daraus eine Sachaufgabe wird, z.B.:

1 An Saschas Schaschlikstand kostet ein Schaschlik nur 3 €. Herr Lustig kauft für sich, seine Frau und die drei Kinder je ein Schaschlik. **Wie viel** muss er bezahlen?	2 Sascha verkauft prima Schaschliks. Sascha ist 28 Jahre alt. Um 22 Uhr schließt er seinen Stand. —	3 In fünf Minuten kann Schaschlik-Sascha 30 Schaschliks braten. **Wie viele** Schaschliks kann er in zehn Minuten braten?	4 Auf jeden Spieß steckt Sascha sechs Fleischstücke, vier Zwiebelstücke und drei Paprikastücke. **Wie viele** Fleischstücke braucht er für zehn Schaschliks?
5 Frau Ferrari hat das Autoskooter-Geschäft schon 20 Jahre. —	6 Frau Ferrari hat 18 bunte Fahrzeuge. An der Kasse warten 25 Personen. **Wie viele** Personen bekommen kein Fahrzeug?	7 Wer Autoskooter fahren will, muss einen Chip für 7 € kaufen. Dafür darf er dreimal fahren. Leon kauft vier Chips. **Wie oft** darf er fahren?	8 Wer zwei Chips zu je 7 € kauft, darf einmal umsonst fahren. Leon kauft vier Chips. **Wie oft** darf er umsonst fahren?
9 Clown Peppino ist nur 1 m 65 cm groß und hat aber Schuhgröße 42. —	10 Eine Vorstellung vom Clown Peppino dauert 45 Minuten. An jedem Nachmittag macht Peppino zwei Vorstellungen. **Wie lange** arbeitet Peppino an jedem Tag?	11 Clown Peppino jongliert mit roten, gelben und blauen Bällen. Von jeder Farbe hat er drei Bälle. **Wie viele** Bälle hat Peppino beim Jonglieren?	12 Clown Peppino hat am zweiten Oktober Geburtstag. —
13 Zauberer Samson hat drei Hüte. Aus jedem Hut zaubert er vier Tauben. **Wie viele** Tauben zaubert er insgesamt herbei?	14 Die Zaubervorstellung beginnt um 15.30 Uhr und endet um 16.15 Uhr. **Wie lange** dauert eine Vorstellung?	15 Zauberer Samson ist groß und schlank. Er wiegt 70 Kilogramm. —	16 Am Ende der Zaubervorstellung darf jedes Kind, das jünger als zehn Jahre ist, auf einem Esel reiten. —
17 Herr Schreck ist der Besitzer der Geisterbahn. Am Nachmittag helfen ihm seine drei Kinder beim Kassieren. —	18 Die Geisterbahn hat zehn Wagen mit je sechs Plätzen. Eine Fahrt mit der Geisterbahn dauert sieben Minuten. **Wie viele** Plätze hat die Geisterbahn insgesamt?	19 Die Geisterbahn ist 25 m lang und 5 m hoch. —	20 Am Abend zählt Herr Schreck sein Geld in der Kasse. Es sind zwei 100-Euro-Scheine, sieben 10-Euro-Scheine und Münzen im Wert von 30 Euro. **Wie viel** Geld hat Herr Schreck eingenommen?

Jede Gruppe liest ihre Sachaufgabe und die Rechenfrage vor. Die Lehrerin schreibt die Fragen auf Folienstreifen:

1) **Wie viel** muss er bezahlen?
3) **Wie viele** Schaschliks kann er in zehn Minuten braten?
4) **Wie viele** Fleischstücke braucht er für zehn Schaschliks?
6) **Wie viele** Personen bekommen kein Fahrzeug?
7) **Wie oft** darf er fahren?
8) **Wie oft** darf er umsonst fahren?
10) **Wie lange** arbeitet Peppino an jedem Tag?
11) **Wie viele** Bälle hat Peppino beim Jonglieren?
13) **Wie viele** Tauben zaubert er insgesamt herbei?
14) **Wie lange** dauert eine Vorstellung?
18) **Wie viele** Plätze hat die Geisterbahn insgesamt?
20) **Wie viel** Geld hat Herr Schreck eingenommen?

Beantworten von Rechenfragen
Die Lehrerin zeigt folgenden Folienstreifen und zerschneidet ihn: Wer kann aus den Wörtern der Frage die passende Antwort legen?

1) **Wie viel** muss er bezahlen? ⟶ Er muss ... bezahlen.

Ein Kind legt die Wörter entsprechend um.

Erkenntnis:

> In der Antwort verwenden wir die Wörter der Frage.
> Für das Fragewort „wie viel" setzen wir die errechnete Zahl ein.

Die Kinder zerschneiden die weiteren Folienstreifen, nennen die Frage und legen die passende Antwort (ohne Zahlen).

Lösen der Sachaufgaben in Gruppenarbeit
Zuerst lösen je zwei Kinder in Partnerarbeit eine Sachaufgabe (Textkarte). Dann vergleichen sie in der Gruppe ihre Lösungen, übertragen zutreffende Zeichnungen und Lösungen auf ein großes Zeichenblatt und befestigen mit einer Büroklammer die entsprechende Textkarte daran, z. B.: (s. S. 59)

Möglichkeit für Freiarbeit: Zuordnen der abgenommenen Textkarten und entsprechenden Zeichenblätter.

An Saschas Schaschlikstand kostet ein Schaschlik nur 3 €. Herr Lustig kauft für sich, seine Frau und die drei Kinder je ein Schaschlik.
Wie viel muss er bezahlen?

Wichtig: ein Schaschlik 3 €, 5 Personen
Zeichnung:

Tabelle:

1 Schaschlik	2 Schaschlik	3 Schaschlik	4 Schaschlik	5 Schaschlik
3 €	6 €	9 €	12 €	15 €

Rechnung: $5 \cdot 3 = 15$
Antwort: Er muss 15 € bezahlen.

Schritte beim Lösen einer Sachaufgabe
Die Zeichenblätter der Gruppen liegen in der Mitte des Sitzkreises. Durch ihre bisherige Arbeit, Vergleichen der Lösungsschritte auf den Blättern und angeregt durch Impulse der Lehrerin stellen die Kinder die Lösungsschritte zusammen, die die Lehrerin auf einem Merkplakat festhält, z. B.:

So löse ich eine Sachaufgabe
1) Genau lesen
2) Wichtige Zahlen und Wörter suchen
3) Frage suchen
4) Zeichnen, Tabelle
5) Rechnung
6) Antwort

Im Gespräch werden die einzelnen Schritte genauer beschrieben, z. B.:
1) Genau lesen
Mindestens zweimal still lesen; Unverstandenes mit Bleistift unterstreichen und nachfragen.
Dem Nachbarn leise vorlesen; den Text mit eigenen Worten wiedergeben.

2) Wichtige Zahlen und Wörter suchen
   Wichtiges farbig unterstreichen, mit Leuchtstift markieren oder herausschreiben.
4) Zeichnen, Tabelle
   - Umsetzen des Sachverhalts in eine einfache Zeichnung, evtl. mit Sprechblase
   - Zahlen und Rechenoperation grafisch darstellen

Sicherung: Kopiervorlagen 10 und 11 (siehe S. 61 + 62)
- Nach dem Lösen von Kopiervorlage 10 können die Kinder die zusammengehörigen Teile der Sachaufgaben ausschneiden und in ihr Heft kleben.
- Sie können die Sachaufgaben in Erzählform in ihr Heft schreiben (Alina hat 3 € ...).
- Zu Kopiervorlage 11 erfinden Rechenlöwen neue Rechengeschichten und schreiben sie auf. Nach der Kontrolle durch die Lehrerin werden sie in die Sachrechenkartei übernommen (Vorderseite: Aufgabe mit dem Namen des Erfinders, Rückseite: Lösung).

2.8 Halbieren und Verdoppeln – Wiederholen der Kommaschreibweise beim Geld

Material
Folie von Kopiervorlage 11, Rechengeld

Einstieg
Zeigen der Folie: Am vorletzten Tag, am Kindernachmittag, kostet auf dem Volksfest alles nur die Hälfte.

Beispiel an der Tafel:

Die Hälfte
1, 20 € : 2 = ?
1 € : 2 = 0, 50 € = 50 Cent
0, 20 € : 2 = 0,10 € = 10 Cent

Wiederholung:
- Vor dem Komma stehen die Euro, hinter dem Komma die Cent.
- Wir halbieren schrittweise: Zuerst die Euro halbieren, dann die Cent. Danach werden beide Beträge zusammengezählt.

Halbieren von Geldbeträgen
Partnerarbeit: Die Kinder legen bei Bedarf die Geldbeträge, halbieren handelnd und notieren in ihrem Heft entweder die Kurzform oder die Langform analog dem Tafelbeispiel.

Arbeitsblatt KV 10

Name ______________________________ Datum ______________

Auf dem Volksfest

Suche für jede Person die passende Frage, Zeichnung, Rechnung und Antwort. Schreibe den richtigen Buchstaben dazu.

Fragen

Wie oft kann ich reiten? ☐

Wie viele Leute passen insgesamt in das Riesenrad? ☐

Wie viel Geld habe ich dann noch? ☐

Wie viele Luftballons habe ich noch? ☐

Zeichnungen

 ☐

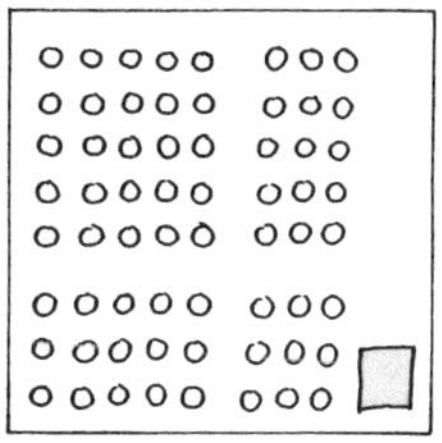

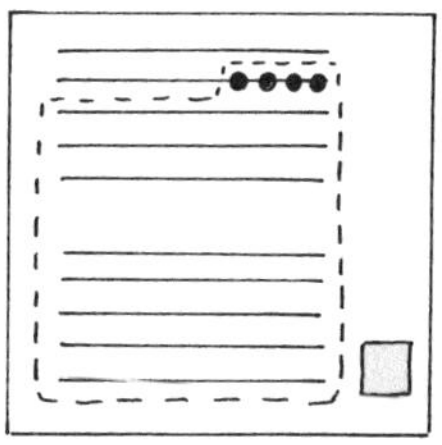

Rechnungen

100 – ☐ = ☐
☐

12 : ☐ = ☐
☐

☐ € – 2,50 € = ☐ €
☐

☐ · ☐ = ☐
☐

Antworten

In das Riesenrad passen ☐ Leute. ☐

Ich habe noch ☐ Luftballons. ☐

Ich kann ☐ mal reiten. ☐

Ich habe dann noch ☐ €. ☐

Arbeitsblatt KV 11

Name ______________________________	Datum ______________

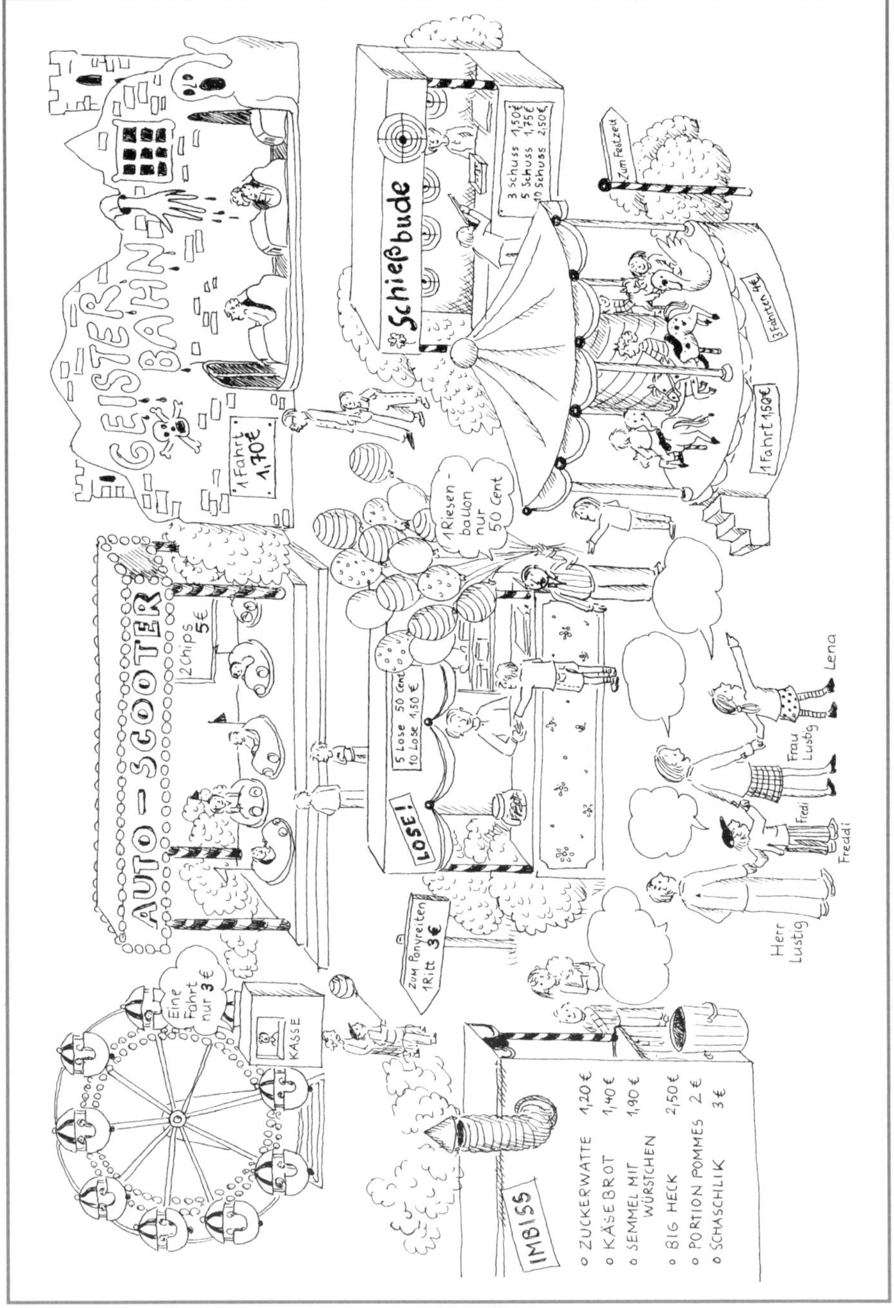

Kontrolle durch Vorlesen: Die Hälfte von 1, 40 € ist 0, 70 € = 70 Cent.
Gespräch: Nicht alle Geldbeträge konnte man halbieren. 95 Cent und 1,75 € konnte man nicht halbieren, weil das keine geraden Zahlen sind. Wie hoch könnten die halben Preise sein? → Die Preise aufrunden und halbieren, also: 1 € : 2 = 0, 50 €; 1, 80 € : 2 = 0, 90 €

Halbieren von Zahlen
Impuls: Manche Zahlen sind leicht zu halbieren. → Tafelanschrift:

Die Zehnerzahlen sind leicht zu halbieren:

10	20	30	40	50	60	70	80	90	100
5									

Impuls: Bei den Zehner-Einer-Zahlen müssen wir in zwei Schritten rechnen.
→ Zuerst die Zehner halbieren, dann die Einer.
Die Kinder rechnen einige Beispiele vor. Tafelanschrift:
Bei den Zehner-Einer-Zahlen zuerst die Zehner halbieren, dann die Einer:

Bei den Zehner-Einer-Zahlen zuerst die Zehner halbieren, dann die Einer.

36 : 2 = ?   36 = 30 + 6 (: 2, : 2) → 15 + 3 = 18

Verdoppeln von Zahlen
Die Kinder übertragen den Rechenweg auf das Verdoppeln. Tafelanschrift:

Zuerst die Zehner verdoppeln, dann die Einer:

29 · 2 = ?   29 = 20 + 9 (· 2, · 2) → 40 + 18 = 58
29 = 30 − 1   60 − 2 = 58

Rechengeschichten auf Karten:

Am Samstagvormittag waren in der Geisterbahn 39 Besucher, am Nachmittag waren es doppelt so viele.	Am Imbissstand wurden an einem Tag 92 Brötchen mit Würstchen verkauft, aber nur halb so viele Käsebrote.	Mit Pony Max sind am Samstag 27 Kinder geritten, mit Pony Moritz doppelt so viele.
Schaschlik-Sascha hat am Samstagvormittag 48 Schaschliks verkauft und am Nachmittag doppelt so viele.	Herr Balloni hat 24 grüne Luftballons verkauft, doppelt so viele rote und doppelt so viele gelbe wie rote.	Alina hat am Samstag auf dem Volksfest 26,90 € ausgegeben und am Dienstagnachmittag noch einmal die Hälfte.

Name ______________________ | Datum ______________

Halbieren und Verdoppeln

① Halbiere mit einem Strich und rechne.

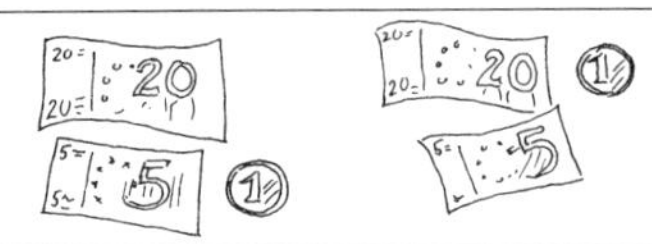

52 € : 2 = ☐ €

② Zerlege in Zehner und Einer und halbiere.

: 2

36 = 30 + 6	15 + 3 = 18
58	
72	
48	
92	
74	
96	
78	
54	
98	
56	
34	

③ Verdopple, zeichne und rechne.

16 € · 2 = ☐ €

④ Zerlege in Zehner und Einer und verdopple. · 2

26 = 20 + 6	40 + 12 = 52
17	
39	
38	
46	
37	
19	
48	
36	
18	
49	

3. Multiplikation und Division

Ziele und didaktische Hinweise

- Erkennen von multiplikativen Situationen in der Umwelt
- Wiederholen von Kernaufgaben ($1 \cdot x$, $2 \cdot x$, $10 \cdot x$, $5 \cdot x$) und Quadratsätzen ($2 \cdot 2$, $3 \cdot 3$, ...)
- Wiederholen von Strategien zum Lösen von Einmaleinsaufgaben:
  Tauschaufgaben $3 \cdot 4 = 4 \cdot 3$;
  Nachbaraufgaben $6 \cdot 4 = 5 \cdot 4 + 1 \cdot 4$;
  Verdoppeln und Halbieren $4 \cdot 4 = 2 \cdot 4 + 2 \cdot 4$;
  additives Zusammensetzen von Kernaufgaben $5 \cdot 3 + 2 \cdot 3 = 7 \cdot 3$;
  Zerlegen von Malaufgaben in Kernaufgaben $9 \cdot 3 = 10 \cdot 3 - 1 \cdot 3$
- Wiederholen der Division als Aufteilen und Verteilen
- Automatisieren von allen Einmaleinssätzen und ihrer Umkehrung
- Erkennen von Beziehungen zwischen den Einmaleinsreihen
- Angeben von Teilern und Vielfachen einer Zahl
- Anwenden von Regeln zur Teilbarkeit von Zahlen durch 2, 10 und 5
- Kennenlernen der Primzahlen
- Lösen von Divisionsaufgaben mit Rest

Während bisher die Einmaleinssätze als Reihen gelernt wurden ($1 \cdot 10$, $1 \cdot 5$, $1 \cdot 2$, $1 \cdot 4$, $1 \cdot 8$ usw.) wird bei einem ganzheitlichen Zugang mit anschaulicher Hilfe von Anfang an mit allen Reihen gearbeitet, damit die Kinder ein tragfähiges Verständnis der Multiplikation aufbauen. Aus wenigen einzuprägenden Kernaufgaben (s. o.) werden weitere Aufgaben durch Verdoppeln, Halbieren, Zusammensetzen und Zerlegen abgeleitet, sodass die Beziehungen zwischen den Reihen deutlich werden und die Kinder Strategien erlernen, sich selbst Aufgaben zu erschließen. Da die Regel „Punktrechnung vor Strichrechung“ noch unbekannt ist, werden die Terme jeweils eingerahmt, z.B.:

$$9 \cdot 3 = \boxed{10 \cdot 3} - \boxed{1 \cdot 3}$$

Die folgende Übersicht zeigt die Zusammenhänge zwischen den Einmaleinssätzen (aus *Staatsinstitut für Schulpädagogik und Bildungsforschung München* 2001, S. 62):

Da das Beherrschen des kleinen Einmaleins Voraussetzung für das schriftliche Malnehmen und Teilen ist, ist es unumgänglich, dass die Kinder die Einmaleinsaufgaben täglich über Wochen und Monate hinweg wiederholen und auswendig lernen.

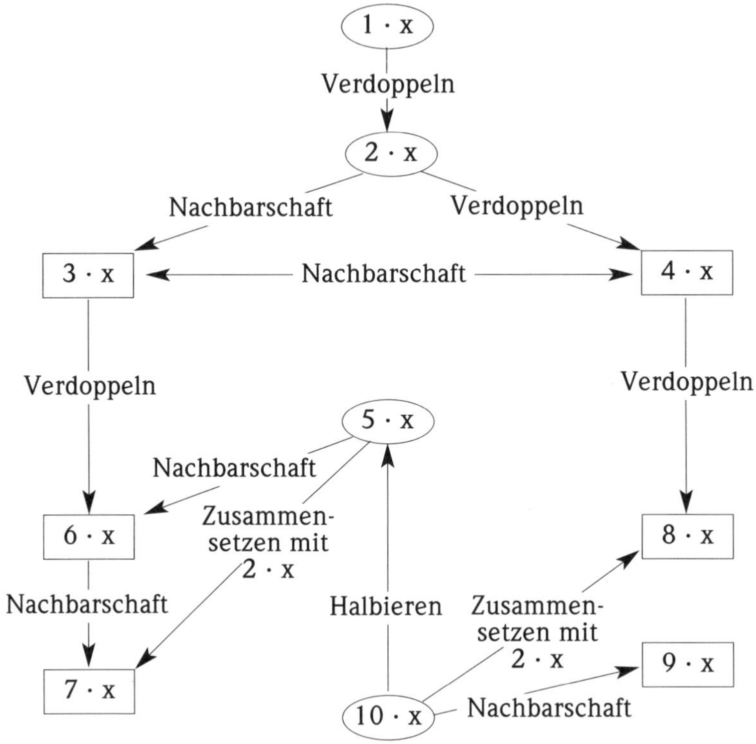

Im zweiten Schuljahr haben die Kinder folgende Kernaufgaben (grau) gelernt sowie Strategien zum Ableiten (Tausch-, Nachbar- und Verdopplungsaufgaben, Zerlegen und Zusammensetzen von Aufgaben) der weiteren Aufgaben (weiß):

	1	2	3	4	5	6	7	8	9	10
1 mal	1 · 1	1 · 2	1 · 3	1 · 4	1 · 5	1 · 6	1 · 7	1 · 8	1 · 9	1 · 10
2 mal	2 · 1	2 · 2	2 · 3	2 · 4	2 · 5	2 · 6	2 · 7	2 · 8	2 · 9	2 · 10
3 mal	3 · 1	3 · 2	3 · 3	3 · 4	3 · 5	3 · 6	3 · 7	3 · 8	3 · 9	3 · 10
4 mal	4 · 1	4 · 2	4 · 3	4 · 4	4 · 5	4 · 6	4 · 7	4 · 8	4 · 9	4 · 10
5 mal	5 · 1	5 · 2	5 · 3	5 · 4	5 · 5	5 · 6	5 · 7	5 · 8	5 · 9	5 · 10
6 mal	6 · 1	6 · 2	6 · 3	6 · 4	6 · 5	6 · 6	6 · 7	6 · 8	6 · 9	6 · 10
7 mal	7 · 1	7 · 2	7 · 3	7 · 4	7 · 5	7 · 6	7 · 7	7 · 8	7 · 9	7 · 10
8 mal	8 · 1	8 · 2	8 · 3	8 · 4	8 · 5	8 · 6	8 · 7	8 · 8	8 · 9	8 · 10
9 mal	9 · 1	9 · 2	9 · 3	9 · 4	9 · 5	9 · 6	9 · 7	9 · 8	9 · 9	9 · 10
10 mal	10 · 1	10 · 2	10 · 3	10 · 4	10 · 5	10 · 6	10 · 7	10 · 8	10 · 9	10 · 10

Die Division lässt sich handelnd als Zerlegen in gleichmächtige Teilmengen durchführen. Dabei können ein und derselben Geteiltaufgabe (12 : 3) zwei völlig unterschiedliche mathematische Strukturen zu Grunde liegen:

Aufteilen oder Einteilen	Verteilen
Eine Grundmenge wird in gleich große Teilmengen eingeteilt, z. B.: 12 Äpfel, auf jedem Teller sollen 3 Äpfel sein. Gegeben ist hier die **Größe der „Portionen"** (3 Äpfel), gesucht ist die Anzahl der „Portionen". 12 Äpfel aufgeteilt in Dreierportionen ergibt vier Portionen. 12 : 3 = 4 (ohne Benennung)	Eine Grundmenge wird auf eine vorgegebene Anzahl verteilt, z. B.: 12 Äpfel sollen gleichmäßig an 3 Kinder verteilt werden. Gegeben ist hier die **Anzahl der „Portionen"** (3), gesucht ist die Größe der „Portionen". 12 Äpfel verteilt an 3 Kinder ergibt 4 Äpfel für jedes Kind. 12 : 3 = 4 (ohne Benennung)

Weitere Situationen zum Handeln	
12 Kinder teilen sich in Gruppen zu je 3 Kindern auf. 12 Bonbons, Luftballons ... pro Teller, Tüte, Schachtel ... 3 Bonbons, Luftballons ... 12 Blumen in Sträuße zu je 3 Blumen binden Aus 12 Steckwürfeln Dreiertürme bauen 12 Spielkarten, jedes Kind erhält 3 Karten Am Zahlenstrahl bis 12 Dreiersprünge machen	12 Kinder verteilen sich gleichmäßig auf 3 Gruppen. 12 Bonbons, Luftballons ... werden gleichmäßig an 3 Kinder verteilt. Aus 12 Blumen 3 Sträuße binden Aus 12 Steckwürfeln 3 gleich hohe Türme bauen 12 Spielkarten in 3 gleich große Reihen legen Am Zahlenstrahl bis 12 drei gleich große Sprünge machen

Die Sprechweise ergibt sich jeweils aus der konkreten Handlung. Das begriffliche Unterscheiden von Aufteilen und Verteilen wird nicht thematisiert, da es für die Kinder zu schwierig ist.
Es ist ökonomisch, das „Einsdurcheins" als Umkehrung des Einmaleins einzuprägen. Sprechweise: 40 : 8 = 5, weil/denn 5 · 8 = 40.

3.1 Ermitteln des aktuellen Leistungsstandes

Material: Kopiervorlage 13 (Lösungen vorher abschneiden; zwei weitere Kopien werden in Kap. 3.3/S. 72 ff. benötigt) sowie Folie davon.

Vorschlag zum Vorgehen

- Die Kinder tragen in der Schule (nicht als Hausaufgabe) die Ergebnisse mit Bleistift ein. Wenn etwa zwei Drittel der Kinder die Tabelle ausgefüllt haben, wird abgebrochen.
- Damit die Kinder ihren Leistungsstand selbst feststellen können, erhalten sie ein Lösungsblatt. Sie radieren falsche Zahlen aus und zählen ihre richtigen Lösungen zusammen.
- Partnerkontrolle: Die Kinder tauschen ihr Blatt mit dem Nachbarn aus, der nochmals mit dem Lösungsblatt kontrolliert.
- Gemeinsames Feststellen und Sammeln von falsch gelösten Aufgaben: Die Lehrerin deckt zeilenweise die Folie vom leeren Aufgabenblatt auf, fragt bei jeder Aufgabe, wie viele Kinder diese falsch haben und trägt die Anzahl der Meldungen in das entsprechende Kästchen ein, z. B.:

	1	2	3	4	5	6	7	8	9	10

...

7	–	–	3	5	–	8	4	12	7	–

- Je nach den Leistungen der Kinder legt die Lehrerin Umfang und Art der Wiederholung fest.

Malaufgaben aus dem Alltag

Vorbereitung: Die Lehrerin schneidet aus Werbeprospekten Fotos aus, die Malaufgaben veranschaulichen (z.B. 2 · 4: Joghurtbecher in zwei Viererpacks) oder fotografiert entsprechende Materialien (z.B. Schrank mit 3 · 4 Schubfächern). Sie kann auch mit der Klasse einen Lerngang in einen nahen Supermarkt machen und die Kinder suchen dort nach „Malaufgaben", die sie fotografiert.

Die Fotos werden auf Karteikarten geklebt und auf der Rückseite mit der zugehörigen Mal- und Umkehraufgabe beschriftet (nach *Andrea Wehner*, in: Flohs Ideenkiste Nr. 31. Domino Verlag, München 2001).

Name ______________________ Datum ______________

Mein Einmaleinsblatt

·	1	2	3	4	5	6	7	8	9	10
1										
2										
3										
4										
5										
6										
7										
8										
9										
10										

Von 100 Einmaleinsaufgaben habe ich ☐ Aufgaben richtig gelöst.

·	1	2	3	4	5	6	7	8	9	10
1	1	2	3	4	5	6	7	8	9	10
2	2	4	6	8	10	12	14	16	18	20
3	3	6	9	12	15	18	21	24	27	30
4	4	8	12	16	20	24	28	32	36	40
5	5	10	15	20	25	30	35	40	45	50
6	6	12	18	24	30	36	42	48	54	60
7	7	14	21	28	35	42	49	56	63	70
8	8	16	24	32	40	48	56	64	72	80
9	9	18	27	36	45	54	63	72	81	90
10	10	20	30	40	50	60	70	80	90	100

Verwendung in Freiarbeit:

- Die Kinder schreiben zu den Fotos die passenden Aufgaben in ihr Heft und kontrollieren mit der Rückseite.
- Sie schreiben zu den Fotos die passenden Aufgaben auf gesonderte Karten, die anschließend den Fotos zugeordnet werden.
- Sie ordnen einer Aufgabenkarte verschiedene Fotos zu, suchen in alten Prospekten weitere Fotos und kleben diese auf ein Zeichenblatt.

3.2 Malaufgaben an der Hundertertafel

Material

Lehrerin: Hunderterfeld (mit Punkten), Folie mit einem roten Malkreuz (zwei rote Geraden, die sich in der Mitte senkrecht schneiden); drei farbige Folien zum Abdecken der Einzelfelder

Kinder: Hunderterfeld, zwei Strohhalme oder Schaschlikstäbe (zum Bilden eines Malkreuzes).

Einführung des Malkreuzes (nach *E. Wittmann* 3. Schulj. 1999, S. 52)

Die Lehrerin zeigt ein Hunderterfeld auf Folie und die Kinder nennen die Malaufgabe $10 \cdot 10 = 100$.

Dann deckt sie das Hunderterfeld mit einer „Malkreuzfolie" ab. → Aus dem Hunderterfeld sind vier kleinere Felder geworden, die mit farbigen Folien hervorgehoben werden. Die Kinder nennen dazu die Malaufgaben, vorerst ohne Ergebnis (Tafelanschrift), z. B.: Zum weißen Feld passt die Malaufgabe $6 \cdot 7$.

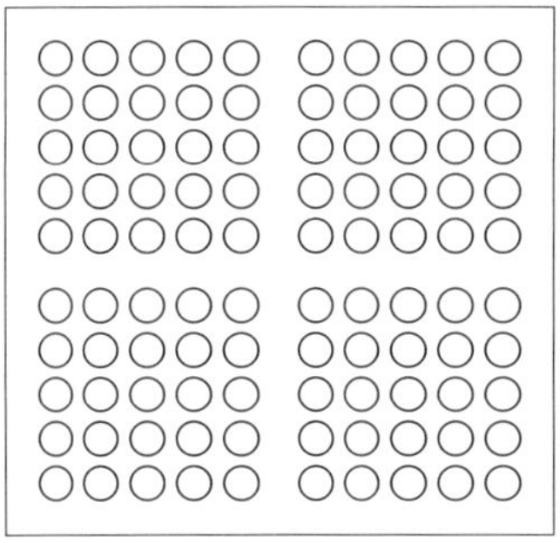

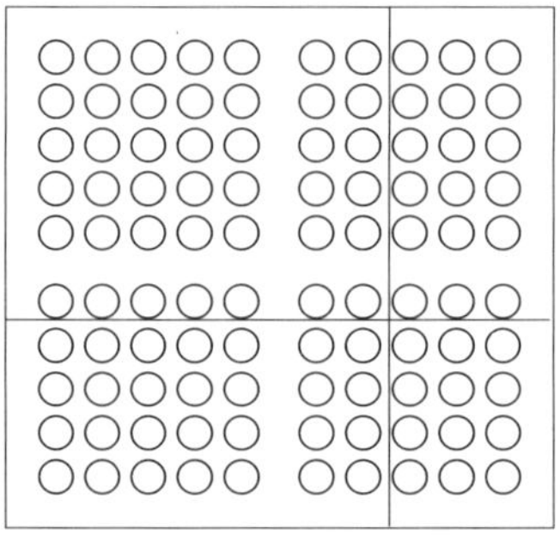

·	7	3	
6	42	18	60
4	28	12	40
	70	30	100

Zusammenstellen von Rechenwegen im Gespräch und an der Tafel:

- Jede Zeile fortlaufend dazuzählen, also: $6 \cdot 7 = 7 + 7 + 7 + 7 + 7 + 7$ (umständlich).
- Wiederholen von Lösungsstrategien aus dem 2. Schuljahr (schwierige Aufgaben wurden als Knacknussaufgaben bezeichnet):

So kann ich Knacknuss-Aufgaben lösen

Verdoppeln	Nachbaraufgabe	Nachbaraufgabe	Zerlegen
$6 \cdot 7$	$6 \cdot 7$	$6 \cdot 7$	$6 \cdot 7$
$3 \cdot 7 = 21$	$5 \cdot 7 = 35$	$7 \cdot 7 = 49$	$4 \cdot 7 = 28$
$2 \cdot 21 = 42$	$35 + 7 = 42$	$49 - 7 = 42$	$2 \cdot 7 = 14$
			$28 + 14 = 42$

Beim Eintragen der Malaufgaben in eine Tabelle (s.o.) an der Tafel sehen die Kinder:

- Sowohl beim zeilenweisen als auch beim spaltenweisen Zusammenzählen der Malaufgabenergebnisse ergeben sich Zehnerzahlen.
- Die Zeilen- und Spaltensummen ergeben jeweils 100, was eine gute Selbstkontrolle der Malaufgaben ermöglicht.

Die Lehrerin zeigt mit dem Malkreuz und farbigen Folien weitere Zerlegungen des Hunderterfeldes, zu denen die Kinder die Malaufgaben ohne Ergebnis nennen.

Übungen mit dem Malkreuz

- Partnerarbeit: Kind ① zeigt am Hunderterfeld und zwei Strohhalmen eine Zerlegung. Beide schreiben die Tabelle in ihr Heft und rechnen die Malaufgaben aus. Nach dem Vergleichen der Lösungen zeigt Kind ② eine neue Zerlegung.
- Die Kinder zeichnen mit dem Lineal Felder aus $10 \cdot 10$ Kästchen in ihr Heft, zeichnen in jedes Feld ein Malkreuz und schreiben die Tabelle darunter. Anschließend werden die verschiedenen Möglichkeiten an der Tafel oder auf einer Folie gesammelt:

·	8	2
6		
4		

·	3	7
2		
8		

·	4	6
9		
1		

·	3	7
5		
5		

·	5	5
5		
5		

3.3 Arbeit mit der Einmaleinstabelle und Einmaleinskartei

Material

Für jedes Kind zwei Einmaleinstabellen (Kopiervorlage 13, siehe S. 69), Kopiervorlage 14 (je fünf Kopien, siehe S. 74), mehrere Karteikarten DIN A6 und eine Schachtel zum Aufbewahren, falls vorhanden die im 2. Schuljahr beschrifteten Karteikarten;
Lehrerin: Eine große Einmaleinstabelle (analog Kopiervorlage 13) als Plakat.

Übungen mit der Einmaleinstabelle

- Gemeinsam wird die große Einmaleinstabelle mit den aus dem 2. Schuljahr bekannten Kernaufgaben (1 x ..., 2 x ..., 10 x ..., 5 x ...) und den Tauschaufgaben gefüllt. Dabei werden Rechenwege wiederholt und auf einem Merkplakat zusammengefasst:
  Das Einfache ist die Zahl selbst: $1 \cdot 1 = 1$, $1 \cdot 2 = 2$ .... $1 \cdot 10 = 10$;
  Tauschaufgaben: $2 \cdot 1 = 2$ ...
  Das Zweifache ist das Doppelte der Zahl: $2 \cdot 1 = 2$, $2 \cdot 2 = 4$ ... $2 \cdot 10 = 20$;
  Tauschaufgaben: $3 \cdot 2 = 6$ ...
  Um *das Zehnfache* einer Zahl zu erhalten, wird an das Einfache eine Null angehängt: $10 \cdot 1 = 10$, $10 \cdot 2 = 20$ ... $10 \cdot 10 = 100$;
  Tauschaufgaben: $3 \cdot 10 = 30$ ...
  Um *das Fünffache* einer Zahl zu erhalten, halbiere ich das Zehnfache:
  $5 \cdot 1 = 5$, $5 \cdot 2 = 10$ ... $5 \cdot 10 = 50$;
  Tauschaufgaben: $3 \cdot 5 = 15$ ...
  Malaufgaben mit Null: Folgende Reihe zeigt das Permanenzprinzip, das Beibehalten einer Gesetzmäßigkeit: $2 \cdot 5 = 10$, $1 \cdot 5 = 5$, $0 \cdot 5 = 0$. Die erste Zahl wird immer um 1 kleiner, das Ergebnis wird immer um 5 kleiner, also ist das Ergebnis von $0 \cdot 5$ gleich $5 - 5 = 0$.
  Quadrataufgaben: Das sind Malaufgaben mit zwei gleichen Zahlen ($1 \cdot 1$, $2 \cdot 2$ ...). Aufgabe und Tauschaufgabe sind deshalb gleich. Am Hunderterfeld bilden die Aufgaben ein Quadrat. Die Quadratzahlen muss man auswendig lernen.
- In Gruppenarbeit suchen die Kinder Wege, die Ergebnisse der fehlenden Aufgaben zu finden, z. B.:
  Um das Dreifache einer Zahl zu erhalten, zähle ich das Doppelte und das Einfache zusammen:
  $3 \cdot 4 = 2 \cdot 4 + 1 \cdot 4$

Rechenwege bei Malaufgaben

$2 \cdot \square$ Das Einfache verdoppeln
$1 \cdot 8 = 8$
$2 \cdot 8 = 16$

$3 \cdot \square$ Das Doppelte und das Einfache zusammenzählen
Nachbaraufgabe vom Doppelten
$3 \cdot 8 = \boxed{2 \cdot 8} + \boxed{1 \cdot 8} = 16 + 8 = 24$

$4 \cdot \square$ Das Doppelte verdoppeln
$4 \cdot 8 = \boxed{2 \cdot 8} + \boxed{2 \cdot 8} = 16 + 16 = 32$

$5 \cdot \square$ Das Zehnfache halbieren
$10 \cdot 8 = 80$
$5 \cdot 8 = 40$

$6 \cdot \square$ Zum Fünffachen das Einfache dazuzählen
Nachbaraufgabe vom Fünffachen
$6 \cdot 8 = \boxed{5 \cdot 8} + \boxed{1 \cdot 8} = 40 + 8 = 48$

$7 \cdot \square$ Zum Fünffachen das Doppelte dazuzählen
$7 \cdot 8 = \boxed{5 \cdot 8} + \boxed{2 \cdot 8} = 40 + 16 = 56$

$8 \cdot \square$ Das Vierfache verdoppeln
$8 \cdot 8 = \boxed{4 \cdot 8} + \boxed{4 \cdot 8} = 32 + 32 = 64$

Vom Zehnfachen das Doppelte abziehen
$8 \cdot 8 = \boxed{10 \cdot 8} - \boxed{2 \cdot 8} = 80 - 16 = 64$ (Achtervorteil)

$9 \cdot \square$ Vom Zehnfachen das Einfache abziehen (Neunervorteil)
$9 \cdot 8 = \boxed{10 \cdot 8} - \boxed{1 \cdot 8} = 80 - 8 = 72$

- Kopiervorlage 14 (siehe S. 74): Die Kinder tragen – über mehrere Tage verteilt – jeweils auf einem neuen Blatt die Einmaleinsreihen mit 3, 4, 6, 7, 8 und 9 ein.

Name ______________________ Datum ______________

Die Malaufgabenmaschine

So kannst du jede Malaufgabe bis 10 · 10 lösen.

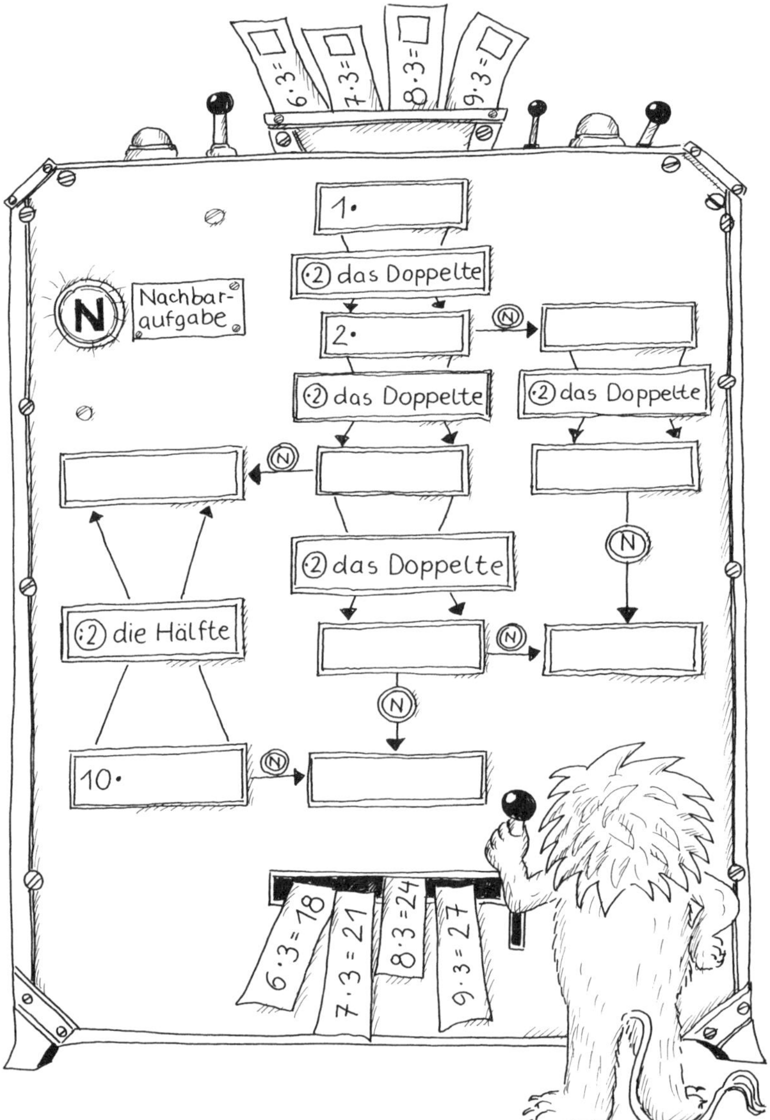

- Hefteintrag zum Üben des „Achtervorteils“ und „Neunervorteils“:
  $9 \cdot 1 = 10 - 1$ $8 \cdot 1 = 10 - 2$
  $9 \cdot 2 = 20 - 2$ $8 \cdot 2 = 20 - 4$
  $9 \cdot 3 = 30 - 3$ $8 \cdot 3 = 30 - 6$
  ... ...
  $9 \cdot 10 = 100 - 10$ $8 \cdot 10 = 100 - 20$
- Die Kinder füllen eine *Einmaleinstabelle* aus (Kopiervorlage 13, siehe S. 69). Zur Kontrolle nennt ein Kind je eine Zeile ($3 \cdot x$, $4 \cdot x$ ...), wiederholt den Rechenweg und die Lehrerin füllt die große Einmaleinstabelle.
- Die Kinder tragen – über mehrere Tage verteilt – die Reihen in ihr *Merkheft* ein (daneben Platz lassen für die später einzutragenden Umkehraufgaben, vgl. 3.5).
- Die Kinder lösen die Aufgaben zu den leeren Feldern von *Kopiervorlage 13* (vgl. Kap. 3.1), schreiben ihren Rechenweg ausführlich ins Heft, malen das passende Feld dazu und tragen das Ergebnis mit grünem Stift in die Einmaleinstabelle ein (als Hinweis, diese Aufgaben besonders zu üben).
- Partnerarbeit mit der ausgefüllten Tabelle: Kind ① deutet auf ein Aufgabenfeld mit einer Einmaleinszahl, Kind ② nennt die zugehörige Aufgabe.

Übungsmöglichkeiten mit der Einmaleinskartei

Jedes Kind schreibt die Aufgaben auf Karteikärtchen, die es beim ersten Bearbeiten der Einmaleinstabelle (vgl. 3.1) nicht lösen konnte. Auf die Vorderseite schreibt es die Malaufgabe, auf die Rückseite das Ergebnis sowie am Rand klein seinen Namen. Wenn noch die Karteikarten vom 2. Schuljahr vorhanden sind, können diese zusätzlich verwendet werden.

- Partnerarbeit: Im Wechsel legt Kind ① eine Aufgabe und Kind ② das Ergebnis. Kontrolle durch Umdrehen der Karten.
- Partnerarbeit: Kind ① fragt Kind ② etwa zehn beliebige Aufgaben ab. Karten mit richtigen Lösungen werden auf einen Stoß gelegt, Karten mit falschen Lösungen auf einen anderen. Diese Aufgaben schreibt das Kind ins Heft, zeichnet ein Feld dazu und seinen Rechenweg.
- Einzel- oder Partnerarbeit: Zusammengehörige Aufgaben nach vorgegebenen oder selbst gefundenen Regeln legen und diese ins Heft schreiben, z.B.:
  Aufgabe und Tauschaufgabe (Paare)
  Malaufgabe – verdoppelte Malaufgabe (Paare)
  Quartette mit schwierigen Knacknussaufgaben bilden, z.B.:
  $3 \cdot 6$, $3 \cdot 7$, $3 \cdot 8$, $3 \cdot 9$
  Quintette mit Nachbaraufgaben, z.B.:
  Aufgabe $3 \cdot 3$, Nachbaraufgaben $2 \cdot 3$, $4 \cdot 3$, $3 \cdot 2$, $3 \cdot 4$

- Gruppenarbeit: Ein Kind in jeder Gruppe legt seine Karteikarte mit der „schwierigsten“ Aufgabe in die Mitte. Gemeinsam suchen die Kinder für diese Aufgabe verschiedene Rechenwege und schreiben sie auf ein Zeichenblatt (Merkplakat), z. B.:

6 · 7	7 · 8	8 · 9	9 · 7	9 · 4
5 · 7 + 1 · 7	5 · 8 + 2 · 8	8 · 8 + 1 · 8	7 · 7 + 2 · 7	9 · 2 + 9 · 2
7 · 7 – 1 · 7	7 · 7 + 1 · 7	10 · 8 – 1 · 8	10 · 7 – 1 · 7	10 · 4 – 1 · 4
6 · 6 + 1 · 6	8 · 8 – 1 · 8	9 · 9 – 1 · 9	5 · 7 + 4 · 7	5 · 4 + 4 · 4
3 · 7 + 3 · 7	10 · 7 – 2 · 7	5 · 8 + 4 · 8		

  Dann schreibt jedes Kind der Gruppe klein seinen Namen zu dem von ihm bevorzugten Rechenweg.
- Partnerspiel: Die Kinder legen aus etwa 20 Kärtchen einen Weg. Kind ① würfelt, zieht mit seinem Stein entsprechend vor, nennt das Ergebnis der Malaufgabe und kontrolliert durch Umdrehen. Ist das Ergebnis richtig, darf es nach Kind ② wieder würfeln. Andernfalls muss es einmal aussetzen und Kind ② darf zweimal hintereinander würfeln. Wer ist zuerst auf dem letzten Kärtchen?
- Schnappspiel (bis maximal sechs Kinder): Etwa 14 Karteikarten liegen ungeordnet auf einem Tisch aus, die Mitspieler stehen darum herum. Ein Kind wird der Spielleiter und nennt eine Aufgabe. Wer die Karte zuerst „schnappen“ und das richtige Ergebnis nennen kann, behält sie. Mitunter ruft der Spielleiter jedoch auch Aufgaben, die nicht auf dem Tisch liegen. Wer trotzdem „zuschnappt“, muss eine seiner Aufgabenkarten, die er bereits hat, zurückgeben. Wer am Schluss die meisten Karten hat, gewinnt.

3.4 Übungen und Spiele

Wie viel Geld ist das zusammen? (Arbeitsblatt oder Aufgabenkarte)

Wie viel Geld ist das zusammen?

(10)	3	5	4	6	5	3	5	4	3	2
(5)	2	4	5	2	7	9	6	8	8	10
(2)	3	4	2	2	7	1	5	6	8	9

Rechne im Kopf:

$3 \cdot 10$ Cent + $2 \cdot 5$ Cent + $3 \cdot 2$ Cent = ___ Cent

Schreibe in dein Heft:

30 Cent + 10 Cent + 6 Cent = ___ Cent

Überprüfe deine Ergebnisse und streiche jede Prüfzahl durch, die du auch ausgerechnet hast.

46	69	74	77	78	86	88	90	92	99

Malaufgaben würfeln

Material: Für je zwei Kinder drei Würfel, ein Spielplan (Kopiervorlage 15, siehe S. 78) und zwei Stifte in verschiedenen Farben.

Spielvarianten

- Zwei Kinder würfeln abwechselnd mit zwei oder drei Würfeln, bilden Malaufgaben und schreiben sie in ihr Heft.
- Spielplan 1(6 x 6 Felder): Bevor ein Kind die beiden Produkte mit einem Farbstift in den Spielplan einträgt, nennt es seinem Partner das Ergebnis und wartet sein Nicken als Bestätigung ab. Danach ist das andere Kind an der Reihe und trägt seine Zahlen auf dem gleichen Plan ein, jedoch mit einer anderen Farbe. Ist ein Feld schon besetzt, darf nochmals gewürfelt werden. Wer kann die meisten Felder mit seiner Farbe beschriften?
- Beim 12 x 12-Feld können Rechenlöwen auch die Spalte 11 x und 12 x ausfüllen. Weniger gute Rechner beschränken sich auf Faktoren bis 10.

Name ______________________ Datum ____________

Malaufgaben würfeln

① Spielregel:
Würfelt abwechselnd mit zwei Würfeln.
Hast du zum Beispiel  gewürfelt, kannst du zwei Malaufgaben rechnen:

3 · 4 = 12
4 · 3 = 12

Trage nun die 12 zweimal in die Tabelle ein.

Spiel 1

·	1	2	3	4	5	6
1						
2						
3						
4						
5						
6						

Spiel 2

·	1	2	3	4	5	6
1						
2						
3						
4						
5						
6						

② Spielregel:
Würfelt abwechselnd mit drei Würfeln. Hast du zum Beispiel
 gewürfelt, kannst du gleich sechs Zahlen eintragen.

4 · 8 = 32
8 · 4 = 32

9 · 3 = 27
3 · 9 = 27

5 · 7 = 35
7 · 5 = 35

·	1	2	3	4	5	6	7	8	9	10	11	12
1												
2												
3												
4												
5												
6												
7												
8												
9												
10												
11												
12												

Kofferpacken

Material: Für jedes Kind eine Karte (ca. 20 cm x 8 cm), die auf der Vorderseite mit einer Malaufgabe und auf der Rückseite mit dem Ergebnis beschriftet ist. Die Kinder (höchstens 15) stehen oder sitzen im Kreis und halten ihre Karte so vor sich, dass die anderen die Aufgabe gut sehen können. Das Ergebnis sieht jeweils nur das betreffende Kind. Kind 1 nennt nun seine Aufgabe mit Ergebnis. Kind 2 wiederholt diese und fügt seine eigene Aufgabe hinzu. Kind 3 nennt die beiden vorausgegangenen Aufgaben und fügt wiederum seine eigene Aufgabe hinzu.

Jeder Spieler passt dabei auf, dass die anderen seine Aufgabe richtig angeben. Bei einem Fehler dreht das entsprechende Kind seine Karte um oder nennt die Aufgabe mit richtiger Lösung.

Spiel „Platztausch"

Vorbereitung: An jedem Tisch legt ein Kind (z. B. das jeweils rechts sitzende Kind) ein Blatt Papier heraus und einen Bleistift. Das Schreibzeug bleibt immer auf diesem Platz liegen.

Das andere Kind (A) steht auf. Jedes sitzende Kind (B) schreibt eine beliebige Rechnung (auch über 100!) auf, die es selbst lösen kann. Wenn B fertig ist, meldet sich das Kind. Nun kann jedes Kind der Gruppe A zu ihm kommen, die Rechnung betrachten und lösen oder weitergehen, wenn es die Rechnung nicht weiß. Im ersten Fall nennt A flüsternd die Lösung. Wenn B stumm nickt, setzt sich A auf den Platz von B, schreibt die Lösung auf, dahinter seinen Namen und darunter schreibt das Kind eine neue Rechnung. Dann meldet es sich, damit wieder jemand mit ihm den Platz tauscht. Inzwischen ist das Kind, das die erste Rechnung aufgeschrieben hat, seinerseits auf die Suche nach einem neuen Platz gegangen.

Wird eine falsche Lösung genannt, schüttelt B den Kopf. A kann dann nochmals einen Versuch machen oder zu einem Kind mit einer leichteren Rechnung gehen.

Die Blätter mit den Aufgaben werden von guten Rechnern überprüft. Hat ein Kind einen Fehler gemacht, soll es ihn berichtigen. Sein Name steht ja hinter der Rechnung.

Variante: Die Lehrerin gibt die Art der Rechnungen vor, z.B. nur Malaufgaben.

3.5 Geteiltaufgaben

Material
Lehrerin: Folie mit einem 6 · 4-Feld;
Kinder: Mehrere Karteikarten DIN A6, Kopiervorlage 16, Streichhölzer oder Zahnstocher; für jede Gruppe ein Zettelblock.

Geteiltaufgaben als Umkehraufgaben von Malaufgaben
Die Lehrerin zeigt eine Folie mit einem 6 · 4-Feld, zu dem die Kinder vier Aufgaben suchen sollen.
Ggf. wird erinnert: Zu jeder Malaufgabe gibt es eine Tauschaufgabe und zwei Umkehraufgaben.

Tafelanschrift:

Malaufgaben		Geteiltaufgaben
6 · 4 = 24	Umkehraufgabe	24 : 4 = 6
4 · 6 = 24		24 : 6 = 4

Gruppenarbeit: Die Kinder denken sich zu den vier Aufgaben passende Sachaufgaben aus und schreiben sie auf. Wenn noch Zeit ist, zeichnen sie dazu.
Beim Vorlesen der Sachaufgaben wird das Übereinstimmen mit den Rechnungen geprüft und ggf. die Sachaufgabe handelnd dargestellt und passend verändert.
Beispiele:
6 · 4 Auf Sofies Geburtstagsfeier sind zusammen 6 Kinder. Jedes Kind braucht für ein Spiel 4 Luftballons. Wie viele Luftballons muss Sofies Mutter kaufen?
4 · 6 In jedem Päckchen sind 6 Luftballons. Sofies Mutter kauft 4 Päckchen. Wie viele Luftballons sind das zusammen?
24 : 4 In der Keksdose sind 24 Kekse. Jedes Kind soll 4 Kekse bekommen. Für wie viele Kinder reichen die Kekse?
24 : 6 24 Kekse sollen gleichmäßig an 6 Kinder verteilt werden. Wie viele Kekse bekommt jedes Kind?
Gelungene Sachaufgaben der Kinder werden in die Sachrechenkartei übernommen.
Kinder, die bei der Division Schwierigkeiten haben, führen in den nächsten Tagen entsprechende Handlungen durch (vgl. didaktische Hinweise, S. 67).
Kopiervorlage 16 (siehe S. 81): Die Kinder legen Figuren aus Streichhölzern oder Zahnstochern, zeichnen sie und bilden weitere Sachaufgaben.

Name ______________________ Datum ______________

Streichholzspielereien

①

Lukas hat 42 Streichhölzer vor sich. Er legt daraus lauter gleiche Figuren mit je 6 Hölzern.

②

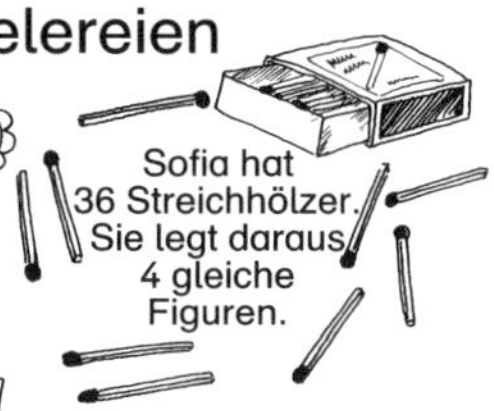

Sofia hat 36 Streichhölzer. Sie legt daraus 4 gleiche Figuren.

Wie | viele | Lukas | Hölzer | jede | legen | Figuren | Figur | kann | hat | ?

F ______________________

____

R

☐ ◯ ☐ = ☐

Hölzer insgesamt | Hölzer in einer Figur | Anzahl der Figuren

A ______________________

____

F ______________________

____

R

☐ ◯ ☐ = ☐

Hölzer insgesamt | Anzahl der Figuren | Hölzer in einer Figur

A ______________________

____

③ Lege mit Streichhölzern. Welche Frage passt, die Frage von ① oder die Frage von ②? Welche Aufgabe passt? Male das Feld an. Rechne alle Aufgaben aus.

a) Aus 45 Hölzern legt Paul 5 gleiche Figuren. Frage ◯

45 : 9 =	50 : 5 =	35 : 5 =	45 : 5 =

b) Aus 48 Hölzern legt Anne lauter gleiche Figuren mit je 8 Hölzern. Frage ◯

42 : 6 =	48 : 6 =	48 : 8 =	18 : 6 =

c) Aus 56 Hölzern legt Lea lauter gleiche Figuren mit je 8 Hölzern. Frage ◯

54 : 6 =	56 : 8 =	54 : 9 =	56 : 7 =

d) Aus 32 Hölzern legt Leon 8 gleiche Figuren. Frage ◯

32 : 4 =	40 : 8 =	30 : 6 =	32 : 8 =

„Paare finden" mit Mal- und Geteiltaufgaben (drei bis vier Kinder)
Vorbereitung: Die Kinder nehmen ihre Karteikarten mit den Malaufgaben her (vgl. 3.3) und schreiben zu jeder Karte eine Karte mit der Umkehraufgabe.
Auslegen der Karten: Reihum legt jedes Kind eine Karteikarte mit einer Malaufgabe und der zugehörigen Umkehraufgabe mit Abstand aus. Alle passen auf, dass keine Aufgabe doppelt ausliegt. Dann werden alle Aufgaben jeweils mit einem kleinen Zettel bedeckt.
Spiel: Eine Malaufgabe und die Umkehraufgabe sind immer ein Paar. Reihum deckt jeder zwei Karten auf. Bilden die beiden Karten kein Paar, ist das nächste Kind an der Reihe. Hat das Kind jedoch ein Paar aufgedeckt, darf es zwei weitere Karten aufdecken und die Paare an sich nehmen. Wer am Schluss die meisten Paare hat, hat gewonnen.

Eintrag in das Merkheft: Die Kinder schreiben neben die Malaufgaben (vgl. S. 75 f.) die Umkehraufgaben.

3.6 Vielfache und Primzahlen

Material
Kinder: ausgefüllte Einmaleinstabelle (Kopiervorlage 13, siehe S. 69), beschriftete Karteikarten (vgl. 3.3), leere Hundertertafeln (Kopiervorlage 17, siehe S. 88), Ankreuztabelle (Kopiervorlage 19, siehe S. 92), Kopiervorlage 18, siehe S. 90;
Lehrerin: Folien: „Einmaleinszahlhäuser", Ankreuztabelle (Kopiervorlage 19), Hundertertafel mit allen Einmaleinszahlen, Kopiervorlage 18; Lösungsblätter (Vielfache in der Hundertertafel);
für jede Gruppe eine laminierte Aufgabenkarte.

Einmaleinszahlen mit mehreren Malaufgaben
Die Lehrerin zeigt auf gleiche Einmaleinszahlen (z. B. 40) in der großen ausgefüllten Einmaleinstabelle (vgl. Kopiervorlage 13). Die Kinder nennen die zugehörigen Malaufgaben $4 \cdot 10$, $10 \cdot 4$, $5 \cdot 8$, $8 \cdot 5$. Wer findet noch andere Einmaleinszahlen, zu denen es mehr als zwei Malaufgaben gibt?
In Partnerarbeit
- suchen die Kinder in ihrer ausgefüllten Einmaleinstabelle passende Zahlen und Aufgaben,
- kreisen die Zahlen mit verschiedenen Farben ein (z. B. 18 rot, 24 blau, 36 gelb usf.),
- legen die Karteikarten mit zusammengehörigen Aufgaben jeweils als Turm aus oder schreiben die Aufgaben auf
- und nennen anschließend die gefundenen Zahlen mit Aufgaben.

Folie:

Zu diesen Einmaleinszahlen gibt es mehrere Malaufgaben:

12	16	18	24	30	36	40
2 · 6	4 · 4	2 · 9	4 · 6	3 · 10	4 · 9	4 · 10
6 · 2	2 · 8	9 · 2	6 · 4	10 · 3	9 · 4	10 · 4
3 · 4	8 · 2	3 · 6	3 · 8	5 · 6	6 · 6	5 · 8
4 · 3		6 · 3	8 · 3	6 · 5		8 · 5

Gruppenarbeit: Die Kinder fertigen zu jeder Zahl drei Spielkarten an und spielen anschließend Terzett.

Kartenbeispiel: Beim Spiel fragt das Kind nach den fehlenden beiden Karten.

2 · 6 = □

Vielfache einer Zahl

Begriffserarbeitung: Die Lehrerin zeigt ein beliebiges Arbeitsblatt:
Dieses Blatt habe ich nur einmal oder einfach. (Tafelanschrift)
Sie zeigt zwei Blätter: Ich habe es kopiert und habe es nun doppelt oder zweifach.
Sie zeigt drei/fünf Blätter: Nun habe ich es dreifach/fünffach.
Für die Klasse genügen diese Kopien aber noch nicht. → Das Blatt wird vielfach, genau 25-fach benötigt. Ich muss es 25mal kopieren. Das Wort „vervielfachen“ bedeutet das gleiche wie „malnehmen“.
Dabei entstandene Tafelanschrift (Unterstrichenes farbig schreiben):

ein Blatt	<u>1</u> · 1 = 1	1 ist das Einfache von 1.
zwei Blätter	<u>2</u> · 1 = 2	2 ist das Zweifache von 1.
drei Blätter	<u>3</u> · 1 = 3	3 ist das Dreifache von 1.
…		
fünf Blätter	<u>5</u> · 1 = 5	5 ist das Fünffache von 1.
25 Blätter	<u>25</u> · 1 = 25	25 ist das 25-fache von 1.

malnehmen = vervielfachen

Lehrerin: Die Zahl 1 ist leicht zu vervielfachen. Wie geht es bei den anderen Zahlen?

Gruppenarbeit: Jede Gruppe erhält eine unterschiedliche Aufgabenkarte, legt neben jede Aufgabe die passende Karteikarte mit einer Einmaleinsaufgabe, kontrolliert mit der Rückseite der Aufgabenkarte und schreibt dann die Sätze in das Heft (analog dem Laufdiktat: je einen Satz betrachten, merken, schreiben, kontrollieren). Wenn eine Gruppe fertig ist, tauscht sie mit einer anderen Gruppe die Aufgabenkarte.

Karteikarten: | 5 · 6 | | 3 · 8 | | 8 · 9 | | 4 · 7 |

Aufgabenkarte vorne:

Zahlen vervielfachen	
Das Fünffache von 6 ist	☐.
Das Dreifache von 8 ist	☐.
Das Achtfache von 9 ist	☐.
Das Vierfache von 7 ist	☐.
Das Zehnfache von 10 ist	☐.
Das Siebenfache von 5 ist	☐.
Das Zweifache von 10 ist	☐.
Das Sechsfache von 3 ist	☐.
Das Neunfache von 4 ist	☐.

Aufgabenkarte hinten:

Zahlen vervielfachen	
5 · 6 = 30	Das Fünffache von 6 ist 30.
3 · 8 = 24	Das Dreifache von 8 ist 24.
8 · 9 = 72	Das Achtfache von 9 ist 72.
4 · 7 = 28	Das Vierfache von 7 ist 28.
10 · 10 = 100	Das Zehnfache von 10 ist 100.
7 · 5 = 35	Das Siebenfache von 5 ist 35.
2 · 10 = 20	Das Zweifache von 10 ist 20.
6 · 3 = 18	Das Sechsfache von 3 ist 18.
9 · 4 = 36	Das Neunfache von 4 ist 36.

Die Lehrerin zeigt die Folie mit den Einmaleinszahlhäusern (s. o.): 12 ist ein Vielfaches von verschiedenen Zahlen. – Während die Lehrerin auf die verschiedenen Terme zeigt (unterstrichene Zahlen dabei farbig schreiben), spricht die Klasse im Chor:

12 ist das Zweifache von $\underline{6}$, denn 2 · 6 = 12.
12 ist das Sechsfache von $\underline{2}$, denn 6 · 2 = 12.
12 ist das Dreifache von $\underline{4}$, denn 3 · 4 = 12.
12 ist das Vierfache von $\underline{3}$, denn 4 · 3 = 12.
Tafelanschrift: 12 ist ein Vielfaches von 6, 2, 4 und 3.
Analog sprechen die Kinder zu den anderen Einmaleinszahlhäusern.

Tafelanschrift:

Vielfache
12 ist ein Vielfaches von 6, 2, 4 und 3.
16 ist ein Vielfaches von 4, 8 und 2.
18 ist ein Vielfaches von 9, 2, 6 und 3.
24 ist ein Vielfaches von 6, 4, 8 und 3.
30 ist ein Vielfaches von 10, 3, 6 und 5.
36 ist ein Vielfaches von 9, 4 und 6.
40 ist ein Vielfaches von 10, 4, 8 und 5.

Hefteintrag: Die Kinder übernehmen die Tafelanschrift in ihr Merkheft.

Vielfache in der Hundertertafel
Lehrerin: 12 ist ein Vielfaches von 2. Aber es gibt noch mehr Vielfache von der Zahl 2. → Die Kinder nennen 4, 6, 8, 10 ...
Jede Gruppe erhält eine vergrößerte, leere Hundertertafel (mit Folie überzogen). Für jede Gruppe schreibt die Lehrerin einen anderen Auftrag auf die Tafel (s. u.). Nach einer kurzen Erklärung trägt jede Gruppe mit löslichem Folienstift die Vielfachen ihrer Zahl ein, indem reihum ein Kind der Gruppe je ein Vielfaches nennt. Ggf. können die Vielfachen auch über das Zehnfache fortgesetzt werden.
Wenn eine Gruppe fertig ist, erhält sie eine weitere Hundertertafel.
Nach Abschluss der Arbeit betrachten die Kinder im halben Sitzkreis zunächst die Hundertertafeln mit den Vielfachen von 10 und 5. →
Vielfache von 10: Die Vielfachen von 10, die Zehnerzahlen stehen am Ende jeder Zeile.
Als Einerziffer haben sie immer eine Null. (Vielfache von 10 mit schwarzem Folienstift einkreisen.)
Vielfache von 5: Alle Vielfachen von 10 sind zugleich Vielfache von 5 (Gilt nicht umgekehrt!).

Die Vielfachen von 5 haben als Einerziffer entweder eine 5 oder eine 0. (Vielfache von 5 mit einem schwarzen Punkt markieren.)

Vielfache von 5 und 10									
				5					10
				15					20
				25					30
				35					40
				45					50
									60
									70
									80
									90
									100

Vielfache von 2: Das sind die geraden Zahlen bis 20. Als Einerziffer haben sie entweder eine 0, 2, 4, 6 oder 8. (Vielfache von 2 mit Bleistift unterstreichen.)
Vielfache von 4: Alle Vielfachen von 4 (grün unterstreichen) sind zugleich Vielfache von 2.
Vielfache von 8: Alle Vielfachen von 8 (grüner Punkt im Feld) sind zugleich Vielfache von 2 und 4.

Vielfache von 2, 4 und 8									
	2		4		6		8		0
	12		14		16		18		20
			24				28		
	32				36				40
							48		
					56				
			64						
	72								80

Vergleich der beiden Tafeln und Festhalten der Ergebnisse in einer Ankreuztabelle (Kopiervorlage 19, siehe S. 92): Die Vielfachen von 10 sind zugleich Vielfache von 2. 20 und 40 sind zugleich Vielfache von 4 . 40 und 80 sind zugleich Vielfache von 8.

Vielfache von 3, 6 und 9									
		3			6			9	
	12			15			18		
21			24			27			30
					36				
	42			45			48		
			54						60
		63							
	72								
81									90

Die Vielfachen von 3 (blau unterstreichen) haben alle Ziffern von 0 bis 9 je einmal als Einerziffer. Es können gerade oder ungerade Zahlen sein.
Alle Vielfachen von 3 sind zugleich Vielfache von 6 (blauer Punkt im Feld). Vielfache von 6 sind immer gerade Zahlen und haben als Einerziffer eine 0, 2, 4, 6 oder 8.
Alle Vielfachen von 3 sind zugleich Vielfache von 9 (Feld gelb ausmalen). Die Vielfachen von 9 liegen auf einer Schräge (Diagonalen) und haben alle Ziffern von 0 bis 9 je einmal als Einerziffer.
Vergleichen der drei Tafeln und Festhalten der Ergebnisse in der Ankreuztabelle.

Vielfache von 7									
						7			
			14						
21							28		
				35					
	42							49	
					56				
		63							70

Die Vielfachen von 7 (roter Punkt) haben alle Ziffern von 0 bis 9 als Einerziffer. Sie liegen in der Hundertertafel auf drei schrägen Linien mit je einer Zeile dazwischen.
Vergleichen der drei Tafeln und Festhalten der Ergebnisse in der Ankreuztabelle.
Kopiervorlage 17 (siehe S. 88)*:* Die Kinder tragen alle Vielfachen ein (Zahlen mit kleiner Schrift schreiben) und markieren sie farbig.
Differenzierung: Rechenlöwen setzen die Vielfachen über das Zehnfache hinaus fort.

Arbeitsblatt KV 17

Name ______________________________ Datum ______________

Hundertertafel

Tafelanschrift:

Vielfache von

2	mit Bleistift unterstreichen	6	blauer Punkt
3	blau unterstreichen	7	roter Punkt
4	grün unterstreichen	8	grüner Punkt
5	Punkt mit Bleistift	9	Feld gelb anmalen
		10	mit Bleistift einkreisen

Als Hilfe werden die ausgefüllten Hundertertafeln im Zimmer an verschiedenen Stellen ausgehängt.
Zur Kontrolle liegen drei Lösungsblätter bereit.

Kopiervorlage 18 (siehe S. 90) zeigt nochmals anschaulich die Beziehungen zwischen dem Zwei-, Vier- und Achtfachen sowie dem Drei-, Sechs- und Neunfachen. Vor dem selbstständigen Bearbeiten vergleichen die Kinder die Punktreihen und sprechen z.B. dazu:

Nr.1: Zwei Zweier sind genauso viel wie ein Vierer, $2 \cdot 2 = 1 \cdot 4$.
Vier Zweier sind genauso viel wie zwei Vierer, $4 \cdot 2 = 2 \cdot 4$.
Sechs Zweier sind genauso viel wie drei Vierer, $6 \cdot 2 = 3 \cdot 4$ usf.

Folie mit allen Einmaleinszahlen

			4		6		8	9	10
	12		14	15	16		18		20
21	22		24	25	26	27	28		30
	32	33	34	35	36		38	39	40
	42		44	45	46		48	49	50
51	52		54	55	56	57	58		60
	62	63	64	65	66		68	69	70
	72		74	75	76	77	78		80
81	82		84	85	86	87	88		90
91	92	93	94	95	96		98	99	100

Lehrerin: In dieser Tabelle sind alle Einmaleinszahlen, zu denen es eine Malaufgabe mit $2 \cdot$, $3 \cdot$, $4 \cdot$, $5 \cdot$, $6 \cdot$, $7 \cdot$, $8 \cdot$, $9 \cdot$, $10 \cdot$ gibt, auch über das Zehnfache hinaus.
Die Lehrerin tippt auf bekannte Einmaleinszahlen (nur bis zum Zehnfachen), die Kinder nennen die zugehörige Malaufgabe oder schreiben sie auf.
Lehrerin: In manchen Spalten steht in jedem Feld eine Zahl.
Gespräch: In den Spalten unter den Einern 2, 4, 6, 8 und unter der Zahl 10 sind alle geraden Zahlen, alle Vielfachen von 2. Unter 5 stehen alle Vielfachen von 5.

Name ______________________ Datum ____________

Vielfache

① Alle Vielfachen von ☐ sind zugleich Vielfache von ☐.

Vielfache von 4

Vielfache von 2

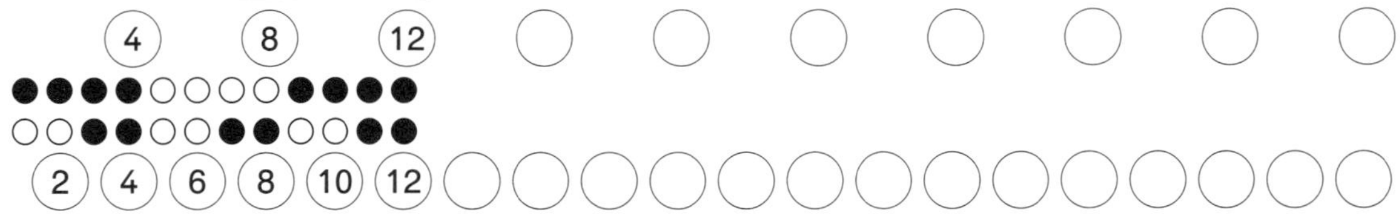

② Alle Vielfachen von ☐ sind zugleich Vielfache von ☐.

Vielfache von 8

Vielfache von 4

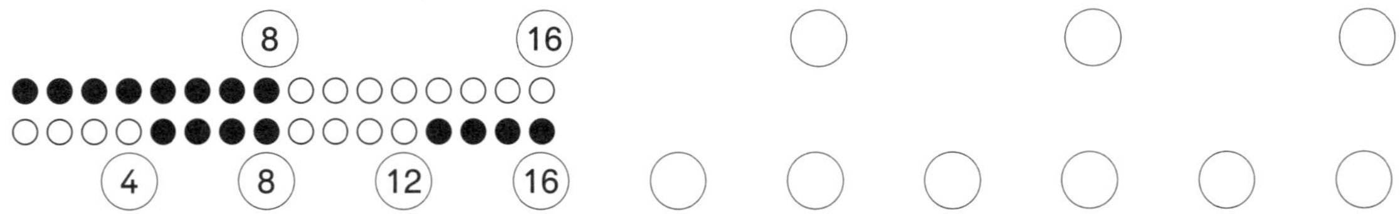

③ Alle Vielfachen von ☐ sind zugleich Vielfache von ☐.

Vielfache von 3

Vielfache von 6

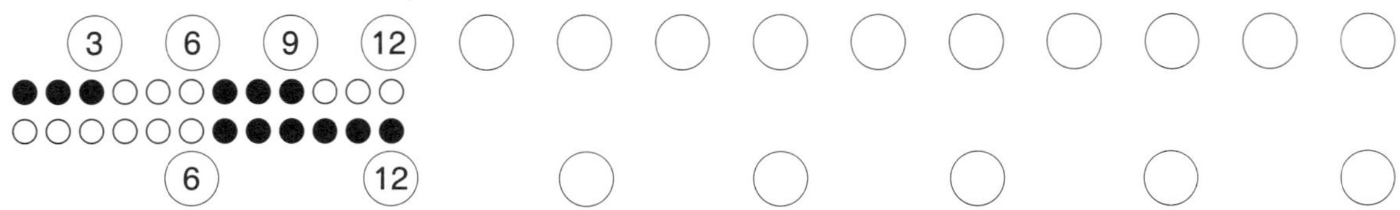

Gemeinsam wird durch Zerlegen der Zahlen überprüft, ob in den unvollständigen Spalten auch wirklich Einmaleinszahlen stehen:

21 = 7 · 3 → Vielfaches von 3 und 7 51 = 30 + 21 = 10 · 3 + 7 · 3= 17 · 3 81 = 9 · 9 91 = 70 + 21 = 7 · 10 + 7 · 3 = 7 · 13	33 = 30 + 3 = 10 · 3 + 1 · 3 63 = 9 · 7 93 = 30 + 30 + 30 + 3 = 31 · 3
27 = 9 · 3 57 = 30 + 27 = 10 · 3 + 9 · 3 = 19 · 3 77 = 70 + 7 = 11 · 7 87 = 30 + 30 + 27 = 29 · 3	39 = 30 + 9 = 10 · 3 + 3 · 3 = 13 · 3 49 = 7 · 7 69 = 30 + 30 + 9 = 23 · 3 99 = 30 + 30 + 30 + 9 = 33 · 3

Lehrerin: Zu den Zahlen in den weißen Feldern gibt es keine Malaufgaben. Es sind keine Vielfache (3, 5, 7 sind nur Einfache). Man kann zu ihnen auch kein Feld zeichnen, sondern nur eine Einerreihe.
Diese „einsamen“ Zahlen (nach *H. Falkner*, S.164) in den weißen Feldern heißen *Primzahlen*.
Gruppenarbeit: Jede Gruppe bearbeitet die Primzahlen einer Spalte und überprüft, ob sie sich wirklich nicht als Feld legen lassen. (Hinweis: Die Zahl 2 ist die einzige gerade Primzahl.)
Bericht der Gruppen, Tafelanschrift und Eintrag ins Merkheft:

Primzahlen

Zu Primzahlen kann man kein Feld legen oder zeichnen, sondern nur eine Reihe.
Deshalb gibt es keine Malaufgaben zu den Primzahlen und auch keine Geteiltaufgaben.
Die Primzahlen in der Hundertertafel:
Erste Spalte: 11, 31, 41, 61, 71
Zweite Spalte: 2
Dritte Spalte: 3, 13, 23, 43, 53, 73, 83
Siebte Spalte: 7, 17, 37, 47, 67, 97
Neunte Spalte: 19, 29, 59, 79, 89

Kopiervorlage 19 (siehe S. 92) Die Kinder füllen die Ankreuztabelle aus.

Name ______________________	Datum ____________

Vielfache

ist Vielfaches von	2	4	8	10	5	3	6	9	7
12	x	x							
16									
18									
20									
24									
27									
28									
30									
32									
35									
36									
40									
42									
45									
48									
49									
50									
54									
56									
60									
63									
64									
70									
72									
80									
81									

Kreuze an und schreibe in dein Heft:

$12 = 2 \cdot 6$	$12 = 6 \cdot 2$	$12 = 3 \cdot 4$	$12 = 4 \cdot 3$

Zusatzaufgabe für Rechenlöwen auf einer Aufgabenkarte oder Folie:

> Schreibe nur die richtigen Sätze in dein Merkheft.
> Vielfache
> 1) Alle Vielfachen von 5 sind zugleich Vielfache von 10.
> 2) Alle Vielfachen von 10 sind zugleich Vielfache von 5.
> 3) Alle Vielfachen von 2 sind zugleich Vielfache von 4.
> 4) Alle Vielfachen von 4 sind zugleich Vielfache von 2.
> 5) Alle Vielfachen von 4 sind zugleich Vielfache von 8.
> 6) Alle Vielfachen von 8 sind zugleich Vielfache von 2 und 4.
> 7) Alle Vielfachen von 10 sind zugleich Vielfache von 2.
> 8) Alle Vielfachen von 6 sind zugleich Vielfache von 3.
> 9) Alle Vielfachen von 3 sind zugleich Vielfache von 6.
> 10) Alle Vielfachen von 9 sind zugleich Vielfache von 3.
> 11) Alle Vielfachen von 3 sind zugleich Vielfache von 9.
> 12) Alle Vielfachen von 9 sind zugleich Vielfache von 3 und 6.

3.7 Lösen von Knacknussaufgaben beim Teilen

Material
Kopiervorlage 20 (siehe S. 96, für jedes Kind mehrmals kopieren, damit die Kinder alle Geteiltaufgaben eintragen können.) und Folie davon, Folienbild 12 · 6, ein Zahnstocher oder Schaschlikstab, Karten für Gruppenarbeit, Folie mit Vielfachketten.

Verschiedene Lösungswege bei Knacknussaufgaben

Tafelanschrift:

Knacknussaufgaben						
54 : 6	72 : 8	36 : 9	63 : 7	42 : 6	56 : 8	81 : 0

Die Lehrerin zeigt die Aufgaben nur kurz und klappt dann die Tafel wieder zu. Die Kinder sollen während der kurzen Betrachtungszeit nur die Ergebnisse aufschreiben.
Gemeinsame Kontrolle an der Tafel und Gespräch: Diese Aufgaben fallen vielen Kindern schwer (Überschrift ergänzen).
Die Kinder wählen eine Knacknussaufgabe aus, deren Lösung sie nicht gewusst haben, und schreiben sie auf. Die Kinder mit der gleichen Aufgabe finden sich zu Gruppen zusammen und sollen gemeinsam Lösungswege finden.

Die Gruppen stellen ihre Lösungswege (Legen, Zeichnen, Ableiten von Kernaufgaben) an der Tafel vor. Gemeinsam wird ggf. ein einfacherer Weg gesucht und an der Tafel notiert, z. B.:

54 : 6 → Ich denke an 10 · 6 und die Umkehraufgabe 60 : 6 = 10 und weiß dann 54 : 6 = 9.

72 : 8 → 80 : 8

36 : 9 → Ich denke an die Hälfte 2 · 9 = 18, 18 : 9 = 2.

63 : 7 → 70 : 7

42 : 6 → Ich denke an die Quadrataufgabe 6 · 6 = 36 oder an 5 · 6 = 30 und 2 · 6 = 12.

56 : 8 → 8 · 8 = 64, 64 – 8 = 56 oder an 5 · 8 = 40 und 2 · 8 = 16.

81 : 0 → Durch Null kann man nicht teilen.

Hilfen bei Knacknussaufgaben

Neunervorteil	die Hälfte	Malaufgaben mit 5	Quadrataufgaben
54 : 6	36 : 9	42 : 6	42 : 6
10 · 6 = 60	2 · 9 = 18	5 · 6 = 30	6 · 6 = 36
60 – 6 = 54	18 + 18 = 36	2 · 6 = 12	36 + 6 = 42
(analog)			
72 : 8		56 : 8	56 : 8
63 : 7			

Kopiervorlage 20

Vor dem Austeilen des Arbeitsblattes erinnert die Lehrerin an die „Malaufgabenmaschine“ (vgl. Kopiervorlage 14, siehe S. 74) und lässt die Kinder das Blatt hernehmen.

Gespräch: Wer die beiden „Babyaufgaben“ 1 mal ... und 10 mal ... weiß, kann jede Aufgabe durch Nachdenken finden. Welche „Babyaufgabe“ müsste man bei der „Geteiltaufgabenmaschine“ wissen, um alle anderen Aufgaben zu finden? → Die Kinder äußern ihre Meinung und zeigen an der Tafel, wie man von einer genannten Aufgabe weitere ableiten kann.

Danach erhalten sie das Arbeitsblatt. Auf einer Folie wird gemeinsam der Weg ausgehend von 20 : 2 erarbeitet. An den Folgetagen lösen die Kinder Blätter mit den weiteren Teilern 3 bis 9.

Lösen von Knacknussaufgaben durch Zerlegen

Tafelanschrift:

72 : 6 = ?

Im Gespräch wird geklärt, wie man diese schwierige Aufgabe lösen kann, z.B. durch Legen: Ich lege so viele Sechserreihen, bis es zusammen 72 sind. Allerdings ist das Legen sehr umständlich.
Deshalb suchen die Kinder im Partnergespräch Lösungen „im Kopf" (ohne Legen) zu dieser Knacknussaufgabe und teilen sie mit.

Folienbild:

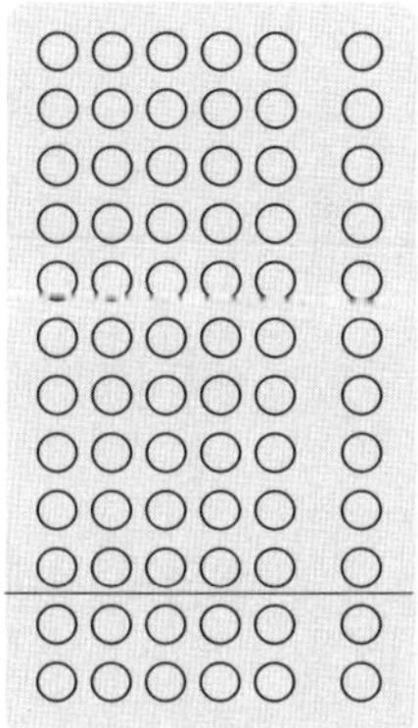

Auch Geteiltaufgaben kann ich zerlegen:

$\underline{72 : 6} = \square$ Ich zerlege so: $72 = 60 + 12$
$60 : 6 = 10$ U $10 \cdot 6 = 60$
$12 : 6 = 2$ U $2 \cdot 6 = 12$
$10 + 2 = 12$ Ich zähle die Ergebnisse zusammen.

$\underline{72 : 6} = \square$ Ich kann auch so zerlegen: $72 = 36 + 36$
$36 : 6 = 6$ U $6 \cdot 6 = 36$
$36 : 6 = 6$
$6 + 6 = 12$

Dabei wird obige Tafelanschrift erarbeitet, indem die Lehrerin das 12 · 6-Feld nach den Vorschlägen der Kinder mit einem Zahnstocher oder Schaschlikstab zerlegt.

Karten für arbeitsgleiche Gruppenarbeit:

Vorderseite	50 : 5 5 : 5	20 : 2 6 : 2	50 : 5 10 : 5	50 : 5 20 : 5	20 : 2 12 : 2	50 : 5 30 : 5	70 : 7 14 : 7	40 : 4 8 : 4	30 : 6 12 : 6	12 : 3 12 : 3
Rückseite	55 : 5	26 : 2	60 : 5	70 : 5	32 : 2	80 : 5	84 : 7	48 : 4	42 : 6	24 : 3

1. Durchgang: Welche Knacknussaufgabe hat der Rechenlöwe zerlegt?
   Der Spielleiter zeigt jeweils die Vorderseite einer Karte. Reihum nennen die Kinder die Teilergebnisse, die Knacknussaufgabe und deren Ergebnis. Wenn ein Kind die Lösung nicht weiß, legt es das Feld und zeigt das Zerlegen mit einem Zahnstocher.
2. Durchgang: Wie hat der Rechenlöwe die Knacknussaufgabe zerlegt?
   Nun zeigt der Spielleiter jeweils die Rückseite einer Karte und die Kinder nennen die Zerlegung.

Arbeitsblatt KV 20

Name ______________________________	Datum ______________

Die Geteiltaufgabenmaschine

So kannst du jede Geteiltaufgabe bis 100 : 10 lösen.

Die Geteiltaufgabenmaschine

So kannst du jede Geteiltaufgabe bis 100 : 10 lösen.

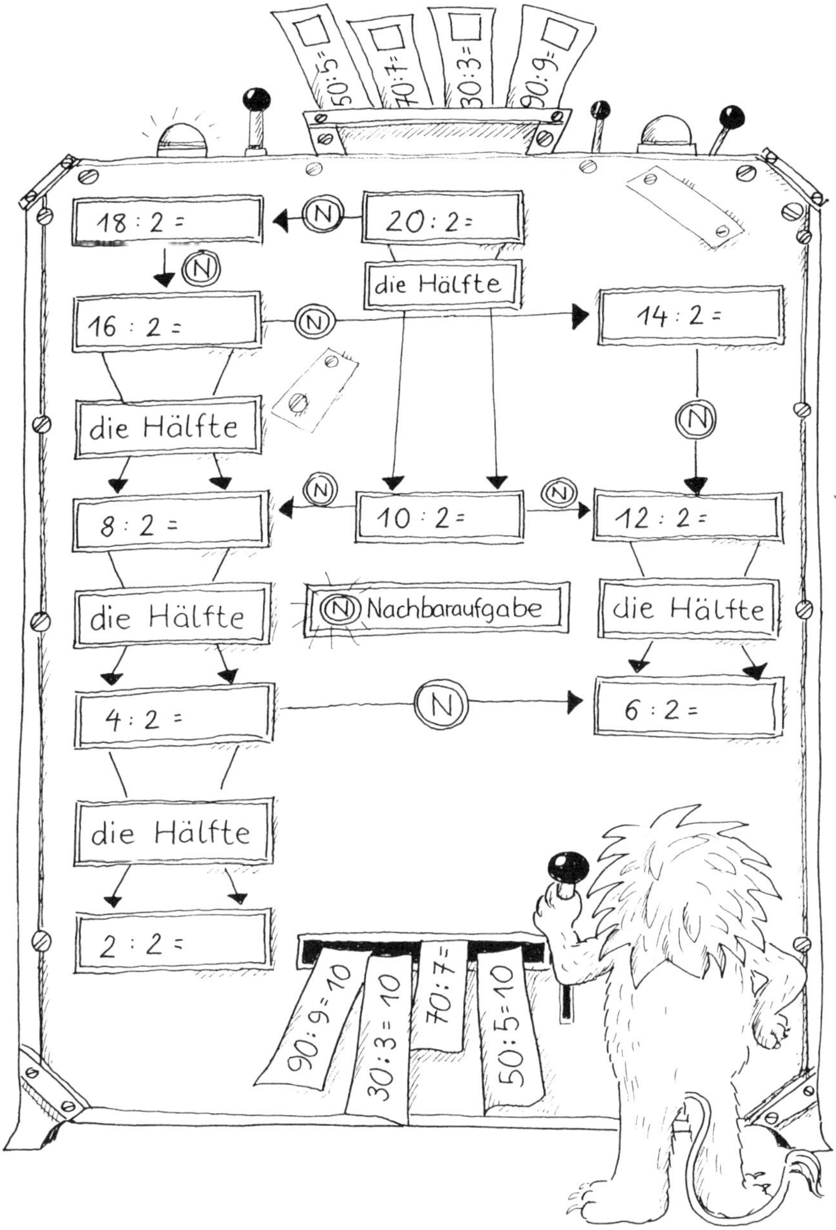

Lösen von Knacknussaufgaben mit „Vielfachketten“ (Hilfe für schwache Rechner)

Tafelbild:

Vielfache von 5
○○○○○○○○○○○

Lehrerin: Mit einer Vielfachkette kannst du auch Knacknussaufgaben zum Teilen schnell lösen.
Nachdem die Lehrerin die von den Kindern genannten Vielfachen (5, 10, 15 ... 50; mit löslichem Stift) eingetragen hat, überlegen sie, wie man z. B. die Knacknussaufgabe 45 : 9 ablesen kann.
Die Lehrerin ergänzt die Äußerungen: Du suchst in der Malkette die Zahl 45. Bis dahin sind es neun Kreise und durch 9 sollst du auch teilen. (Sie macht nach dem 9. Kreis einen senkrechten Strich.) Die erste Zahl der Vielfachkette (5) ist das Ergebnis.
Gruppenarbeit: Jede Gruppe fertigt zu einer Zahl (2 bis 10) eine Vielfachkette an, die mit den anderen zusammen auf ein Plakat geklebt wird.
Beispiel zum Üben des Ablesens:
18 : 3 → Ich suche die Kette, in der die Zahl 18 im dritten Kreis steht. (Mit einem dazwischen gehaltenen Stift wird die Kette nach 18 abgetrennt.) Die erste Zahl ist 6, also: 18 : 3 = 6.
Eintrag ins *Merkheft:* Die Kinder zeichnen Vielfachketten.

3.8 Die Teiler einer Zahl und Regeln zur Teilbarkeit von Zahlen durch 2, 10 und 5

Material
Plakat mit den Vielfachketten (s.o.), Folienbild, Kopiervorlage 21

Erarbeitung des Begriffs „Teiler“
Die Lehrerin deutet auf dem Plakat auf die Zahl 12 in den verschiedenen Vielfachketten: Auf diesem Plakat kann man gut sehen, durch welche Zahlen sich eine Zahl teilen lässt. → 12 lässt sich durch 2, 3, 4 und 6 teilen. Sie kreist die Zahl 12 in jeder Kette mit der gleichen Farbe ein.
Lehrerin: 12 kann man durch viele Zahlen teilen. Man nennt diese Zahlen Teiler von 12. 2, 3, 4 und 6 sind Teiler von 12.
Tafelanschrift:

Teiler
Die Zahl 12 hat die Teiler 2, 3, 4 und 6.
12 : 2 = 6   12 : 3 = 4
12 : 6 = 2   12 : 4 = 3

Die Kinder suchen weitere Zahlen, die in mehreren Ketten enthalten sind, kreisen sie farbig ein und sprechen dazu jeweils: ... sind Teiler von ...
Lehrerin: Die Zahl 12 hat die Teiler 2, 3, 4 und 6 und noch zwei weitere Teiler.

Folienbild als Hilfe:

○●○●○ ●○●○● ○● ○○○○○ ○○○○○ ○○

Die Kinder ordnen die Aufgaben 12 : 1 = 12 und 12 : 12 = 1 zu. →

Tafelanschrift:

Jede Zahl hat außerdem die Zahl 1 und sich selbst als Teiler.
12 : 1 = 12 12 : 12 = 1

Die Kinder übernehmen die Tafelanschrift in ihr *Merkheft.*
Sicherung: Kopiervorlage 21 (siehe S. 100)

Regeln zur Teilbarkeit von Zahlen durch 2, 10 und 5
Gemeinsame Kontrolle von Kopiervorlage 21:
Die Kinder lesen die Zahlen vor, die 2 als Teiler haben. → Man kann sich die Zahlen, die sich durch 2 teilen lassen, gut merken. → Tafelanschrift (1. Spalte):

Regeln zum Teilen		
(: 2)	(: 10)	(: 5)
Alle geraden Zahlen mit der Einerziffer 0, 2, 4, 6 und 8 kann man durch 2 teilen.	Alle Zehnerzahlen mit der Einerziffer 0 kann man durch 10 teilen.	Alle Zahlen mit der Einerziffer 0 und 5 kann man durch 5 teilen.

Nach dem Vorlesen der weiteren Zahlen regt die Lehrerin die Kinder durch Anschreiben von : 10 und : 5 zum Suchen weiterer Teilbarkeitsregeln an, die an der Tafel festgehalten werden.
Die Kinder tragen die Teilbarkeitsregeln in ihr *Merkheft* ein und schreiben unter jede Spalte einige Beispielaufgaben.
In einer leistungsstarken Klasse oder in einer Förderstunde mit Rechenlöwen lassen sich weitere Teilbarkeitsregeln erarbeiten.

Name ______________________ Datum ____________

Teiler

ist Teiler von	12	16	18	20	24	27	28	30	32	35	36	40	42	45	48	49	50	54	56	60	63	64	70	72	80	81	90
2	x	x																									
4																											
8																											
10																											
5																											
3																											
6																											
9																											
7																											

Wähle zehn Zahlen aus und schreibe in dein Heft: 12 hat die Teiler 2, 4, 3 und 6.

Schreibe Geteiltaufgaben auf. Rechenlöwen können die Tabelle auf der Rückseite fortsetzen.

Teiler 2	Teiler 4	Teiler 8	Teiler 10	Teiler 5	Teiler 3	Teiler 6	Teiler 9	Teiler 7
12 : 2 =								
16 : 2 =								
18 : 2 =								
21 Aufgaben	14 Aufgaben	9 Aufgaben	8 Aufgaben	10 Aufgaben	15 Aufgaben	11 Aufgaben	9 Aufgaben	7 Aufgaben

Teilbarkeit durch 4: Nur gerade Zahlen, diese zweimal halbieren. Beispiel: 22 (gerade Zahl) : 2 = 11, 11 kann nicht nochmals halbiert werden, deshalb ist 22 nicht durch 4 teilbar. Dagegen: 24 : 2 = 12, 12 : 2 = 6, also ist 24 durch 4 teilbar.
Teilbarkeit durch 8: Nur gerade Zahlen, diese dreimal halbieren.
Teilbarkeit durch 3: Hierzu ist der Begriff der „Quersumme" zu klären. Dazu werden die einzelnen Ziffern einer Zahl addiert, z. B. 12 → 1 + 2, Quersumme 3. Alle Zahlen, deren Quersumme sich durch 3 teilen lässt, kann man durch 3 teilen.
Teilbarkeit durch 6: Alle geraden Zahlen, deren Quersumme sich durch 3 teilen lässt, kann man durch 6 teilen.
Teilbarkeit durch 9: Alle Zahlen, deren Quersumme sich durch 9 teilen lässt, kann man durch 9 teilen. (Bei den zweistelligen Zahlen bis 90 ist die Quersumme immer gleich 9.)

3.9 Teilen mit Rest

Material
Für jede Gruppe eine laminierte Aufgabenkarte, zehn vermischte Karten mit sechs Restaufgaben;
Lehrerin: 60 Karten mit Restaufgaben und Material zum Nachbilden von sechs Säcken, sechs Schilder (Rest 1, Rest 2, Rest 3, Rest 4, Rest 5, Rest 6);
Kinder: Kopiervorlage 17 (Hundertertafel, S. 88).

Primzahlen kann man nicht teilen

Aufgabenkarten für Gruppenarbeit:

41 : 5 41 : 6 41 : 7 41 : 8 41 : 9	47 : 5 47 : 6 47 : 7 47 : 8 47 : 9	53 : 5 53 : 6 53 : 7 53 : 8 53 : 9	29 : 5 29 : 6 29 : 7 29 : 8 29 : 9	31 : 5 31 : 6 31 : 7 31 : 8 31 : 9	43 : 5 43 : 6 43 : 7 43 : 8 43 : 9

Jede Gruppe erhält eine Karte und löst die Aufgaben, z. B indem sie in den Vielfachketten die Geteiltaufgabe suchen und die Aufgabe mit Plättchen legen.
Anschließendes Gespräch: Diese Zahlen sind nicht in den Vielfachketten enthalten, man kann sie nur mit Rest teilen. Das sind Primzahlen.
Lehrerin: Allerdings kann man durch zwei Zahlen auch alle Primzahlen teilen.
→ Durch 1 und sich selbst.
Die Kinder nennen einige Beispiele: 41 : 1 = 41, 41 : 41 = 1 ...

Die Kinder suchen in ihrem *Merkheft* den entsprechenden Eintrag sowie die Primzahl ihrer Gruppe und ergänzen den Hefteintrag:

Primzahlen kann man ohne Rest nur durch 1 und sich selbst teilen.

Sie tragen die Primzahlen in eine leere Hundertertafel (Kopiervorlage 17, siehe S. 88) ein (Überschrift: Primzahlen).
Zusatzaufgaben für Rechenlöwen: Die Kinder schreiben Aufgaben zu selbst gewählten Primzahlen nach folgendem Beispielen an der Tafel oder auf Aufgabenkarten in ihr Heft:

Primzahlen kann man nur mit Rest teilen.
42 : 6 = 7   43 : 6 = 7 R 1
30 : 5 = 6   31 : 5 = 6 R 1
...

Nachbaraufgaben zu Primzahlen
43 = 6 · 7 + 1   43 = 11 · 4 − 1
31 = 5 · 6 + 1   31 = 8 · 4 − 1
...

Zähle zwei Primzahlen zusammen.
Suche zum Ergebnis eine Geteiltaufgabe ohne Rest.
43 + 31 = 74   79 + 17 = 96
74 : 2 = ?   96 : 6 = ?

Noch mehr Geteiltaufgaben mit Rest
An der Pinnwand hat die Lehrerin mit einem braunen Wollfaden die Umrisse von sechs Säcken befestigt oder die Säcke aus braunem Tonpapier angeheftet. An jedem Sack ist ein anderes Schild: Rest 1, Rest 2, Rest 3, Rest 4, Rest 5, Rest 6.

Jede Gruppe erhält zehn vermischte Karten mit „Restaufgaben":

Rest 1	19 : 6	26 : 5	82 : 9	65 : 8	17 : 2	31 : 5	25 : 3	37 : 6	50 : 7	17 : 4
Rest 2	56 : 6	37 : 5	42 : 5	66 : 8	83 : 9	34 : 4	29 : 3	38 : 6	51 : 7	47 : 9
Rest 3	66 : 9	48 : 5	59 : 8	67 : 8	84 : 9	38 : 5	31 : 4	39 : 6	52 : 7	19 : 4
Rest 4	76 : 9	19 : 5	49 : 5	68 : 8	85 : 9	39 : 7	60 : 8	40 : 6	53 : 7	49 : 5
Rest 5	41 : 6	59 : 6	54 : 7	68 : 7	26 : 7	37 : 8	53 : 8	32 : 9	86 : 9	50 : 9
Rest 6	41 : 7	69 : 7	27 : 7	70 : 8	62 : 8	38 : 8	54 : 8	51 : 9	78 : 9	42 : 9

Gruppenarbeit: Reihum nimmt jedes Kind eine Karte, löst die Aufgabe und ordnet sie nach dem Überprüfen durch die Gruppe dem passenden „Reste-Sack" richtig zu.

Beim gemeinsamen Überprüfen der Zuordnungen lassen sich Gesetzmäßigkeiten feststellen, z. B.:

- Bei den Geteiltaufgaben mit 2 (3, 4, 5, 6, 7) gibt es höchstens den Rest 1 (2, 3, 4, 5, 6). → Der Rest kann höchstens um 1 kleiner als der Teiler sein.
- Wir suchen Aufgaben mit gleichem Ergebnis und prüfen mit der Umkehraufgabe, ob das stimmen kann.

Tafelanschrift:

$31 : 4 = 7\ R\ 3$	$7 \cdot 4 = 28$	$28 + 3 = 31$	$31 = 7 \cdot 4 + 3$
$52 : 7 = 7\ R\ 3$			
$38 : 7 = 7\ R\ 3$			

- Der Rest wird immer um 1 größer: Die Kinder legen mit den Aufgabenkarten Päckchen und setzen es fort, z. B.:

65 : 8	31 : 5
66 : 8	37 : 5
67 : 8	38 : 5
68 : 8	19 : 5
69 : 8	
70 : 8	
71 : 8	

Spiel „Resteschlange“ (nach *S. Schütte* 2001, S. 95) für zwei bis drei Kinder
Material: Für eine Spielergruppe 35 Bierdeckel, Kärtchen mit den Zahlen von 1 bis 9 und für jeden Spieler eine Spielfigur.
Vorbereitung: Die Kinder legen aus den Bierdeckeln eine Schlange und beschriften den ersten Deckel mit „Start“ und den letzten mit „Ziel“. Die Zahlenkärtchen liegen verdeckt aus.
Spielregel: Kind ① zieht drei Kärtchen, z.B. 3, 2 und 7 und legt daraus eine Geteiltaufgabe, z.B. 32 : 7, 23 : 7, 27: 3 oder 37 : 2. Es rechnet seine Aufgabe vor (z.B. 23 : 7 = 3 R 2) und rückt mit seiner Figur um die „Restzahl“ (hier 2) vor. Dann mischt es die Zahlenkärtchen wieder unter und Kind ② ist an der Reihe. Wer zuerst das Ziel genau erreicht, ist Sieger.

Name ______________________________ Datum ______________

Zahlenquiz

Primzahlen	Vielfache	Teiler	Gerade Zahlen	Ungerade Zahlen
Einstellige Zahlen	Zweistellige Zahlen	Nachbarzahlen	Zehnernachbarn	Zehnerzahlen
sind die Zahlen, durch die man eine andere Zahl ohne Rest teilen kann.	sind die Vielfachen von 10. Sie haben als Einerziffer immer eine Null.	sind alle Zahlen, die nur eine Ziffer für die Einer haben.	Zu diesen Zahlen kann man kein Feld legen, sondern nur eine Reihe. Deshalb kann man auch keine Mal- und Geteiltaufgaben ohne Rest dazu bilden.	sind alle Zahlen, die man halbieren und durch 2 teilen kann. Als Einerziffer haben sie eine 0, 2, 4, 6 oder 8.
sind alle Einmaleinszahlen, zu denen man ein Feld legen und eine Malaufgabe bilden kann.	sind die Zahlen, die man nicht halbieren und nur mit Rest durch 2 teilen kann. Als Einerziffer haben sie eine 1, 3, 5, 7 oder 9.	sind die nächste kleinere und größere Zehnerzahl einer zweistelligen Zahl.	sind der Vorgänger und der Nachfolger einer Zahl.	sind alle Zehner-Einer-Zahlen, die zwei Ziffern haben, eine Ziffer für den Zehner und eine Ziffer für den Einer.
Beispiel: **24** **25** **26** Vor-gänger Zahl Nach-folger 25 – 1 25 + 1	Beispiel: ○○○○○ ○○○ ○○○○○ ○○○ ○○○○○ ○○○ 3 · 8 = **24** 8 · 3 = **24** **24** ist ein Vielfaches von 3 und 8, und auch von 2, 4 und 6.	Beispiel: 21, 23, 25, 27, 29 21 : 2 = 10 R 1	Beispiel: **20** **25** **30** Die Zehnernachbarn von 25 sind 20 und 30. 20 ist der kleinere Zehnernachbar, 30 der größere.	Beispiel: **25** 25 = 2 Z + 5 E 25 = 20 + 5
Beispiel: 20, 22, 24, 26, 28, 30 24 : 2 = 12	Beispiel: 24 kann man ohne Rest durch 2, 3, 4, 6 und 8 teilen. Deshalb sind 2, 3, 4, 6 und 8 Teiler von 24.	Beispiel: Die Zehnerzahlen bis 100 sind 10, 20, 30, 40, 50, 60, 70, 80, 90 und 100.	Beispiel: Die Zahlen 1, 2, 3, 4, 5, 6, 7, 8, 9 haben nur eine Ziffer und sind einstellig.	Beispiel: 2, 3, 5, 7, 11, 13, 17, 19, 23, 29, 31, 37, 41, 43, 47 kann man außer durch 1 und sich selbst nicht ohne Rest teilen.

Kopiervorlage 22: Zahlenquiz

Das Zahlenquiz zeigt den Kindern einen Ausschnitt ihres Lernfortschritts. Ferner werden dabei Arbeitsbegriffe gesichert, die bei Zahlenrätseln und später im Tausenderraum wieder angewendet werden. Verwendung:

- Terzett in Einzelarbeit: Die Kinder legen je die drei Karten zusammen, die zusammengehören.
- Fragespiel (zwei Kinder) mit den Erklärungskarten: Kind ① liest eine Erklärung vor (Hmhm sind die Zahlen, die ...). Wenn Kind ② weiß, wie diese Zahlen heißen, nimmt es die Karte an sich, wenn nicht, wird sie wieder unter den Stoß geschoben. Dann liest Kind ② vor usf. Wer zum Schluss die meisten Karten hat, gewinnt.
- Memory (zwei bis vier Kinder): Die Kinder legen alle Karten verdeckt aus und decken jeweils drei Karten auf.
- *Merkheft:* Die Kinder kleben je drei zusammengehörige Karten in ihr Heft ein und rahmen jedes Terzett mit einer anderen Farbe ein.
- Rechenlöwen denken sich Zahlenrätsel aus und schreiben sie auf Karten für eine Rätselkartei, z. B.:
  Welche Primzahl ist um 2 kleiner als das Siebenfache von 7?
  Welche geraden Zahlen sind zwischen dem Sechsfachen von 7 und dem Achtfachen von 7?
  Welche ungeraden Zahlen sind zwischen dem Siebenfachen von 9 und dem Zehnfachen von 9?
  Welche Zehnernachbarn hat das Neunfache von 6?
  Wie heißen die Nachbarzahlen des Achtfachen von 8?

3.10 Zahlenrätsel (vgl. dazu auch S. 34, 46)

Material

Für je zwei Kinder ein (nummeriertes) Folienstück mit einem Zahlenrätsel, Kontrollblatt mit den Lösungen der Zahlenrätsel, Kopiervorlage 23 (siehe S. 109).

Partner- und Gruppenarbeit

Je zwei Kinder erhalten ein (nummeriertes) Folienstück mit einem Zahlenrätsel und versuchen es auf einem Blatt zu lösen. Anschließend vergleichen sie mit einem ausliegenden Kontrollblatt (Nummer und Lösung).

Beispiele:

①
Ich denke mir eine Zahl.
Zähle 25 dazu.
Dann hast du 74 als Ergebnis.

②
Ich denke mir eine Zahl.
Ziehe davon 68 ab.
Dann hast du 7 als Ergebnis.

③
Ich denke mir eine Zahl.
Nimm meine Zahl mal 5.
Dann hast du 50 als Ergebnis.

④
Ich denke mir eine Zahl.
Teile meine Zahl durch 5.
Dann hast du 9 als Ergebnis.

⑤
Ich denke mir eine Zahl.
Halbiere meine Zahl.
Dann hast du 48 als Ergebnis.

⑥
Ich denke mir eine Zahl.
Verdopple meine Zahl.
Dann hast du 76 als Ergebnis.

⑦
Ich denke mir eine Zahl.
Sie ist um 18 größer als 35.

⑧
Ich denke mir eine Zahl.
Sie ist um 18 kleiner als 64.

⑨
Ich denke mir eine Zahl.
Sie ist um 20 größer als das Fünffache von 8.

⑩
Ich denke mir eine Zahl.
Sie ist um 50 größer als der 9. Teil von 45.

⑪
Nimm die Zahl 7 mal 3, zähle 6 dazu und teile das Ergebnis durch 3. Nun hast du meine Zahl. Wie heißt sie?

⑫
Nimm die Zahl 7 mal 9, ziehe 27 ab und teile das Ergebnis durch 6. Nun hast du meine Zahl. Wie heißt sie?

Kontrollblatt

① $\underline{49} + 25 = 74$
② $\underline{75} - 68 = 7$
③ $\underline{10} \cdot 5 = 50$
④ $\underline{45} : 5 = 9$
⑤ $\underline{96} : 2 = 48$
⑥ $2 \cdot \underline{38} = 76$
⑦ $35 + 18 = \underline{53}$
⑧ $64 - 18 = \underline{46}$
⑨ $5 \cdot 8 + 20 = \underline{60}$
⑩ $45 : 9 + 50 = \underline{55}$
⑪ $7 \cdot 3 = 21$
$21 + 6 = 27$
$27 : 3 = \underline{9}$
⑫ $7 \cdot 9 = 63$
$63 - 27 = 36$
$36 : 6 = \underline{6}$

Die Kinder mit richtiger Lösung

- helfen den Kindern, die alleine nicht weiterkommen;
- sammeln sich jeweils in einer Gruppe, stellen den anderen Kindern das Rätsel und schreiben zusätzlich den Weg auf, den ein anderer nennt.

Klassengespräch über Lösungswege (evtl. über mehrere Tage verteilt)
Nacheinander zeigt jedes Kind sein Folienstück, sodass alle das Rätsel schriftlich lösen können.
Wenn ein Großteil fertig ist, erklärt das Kind seinen Weg und ggf. den, den andere Kinder noch gefunden haben.

1: „Dazuzählen" heißt „plus" rechnen.
□ + 25 = 74 Umkehraufgabe 74 – 25 = 49

Tafelanschrift:

So lösen wir Zahlenrätsel

□ —(+ 25)→ 74
□ ←(– 25)— 74

dazuzählen
vergrößern um, größer als, addieren zu, Summe

Lehrerin: Anstelle des Wortes „dazuzählen" könnten im Zahlenrätsel auch andere Wörter sein, die das Gleiche bedeuten.
Die Kinder sammeln Synonyma und formulieren das Zahlenrätsel jeweils mit dem neuen Wort, z. B.: Die Summe aus meiner Zahl und der Zahl 25 ist die Zahl 74.
Finden die Kinder keine passenden Wörter, bietet die Lehrerin sie an der Tafel an (s. o.).

2: Abziehen → minus
□ – 68 = 7 Umkehraufgabe 7 + 68 Tauschaufgabe 68 + 7 = 75

Tafelanschrift:

□ —(– 68)→ 7
□ ←(+ 68)— 7

abziehen
wegnehmen von, verringern um, subtrahieren von

3: Wie viel mal 5 ist gleich 50? □ · 5 = 50 → 50 : 5 = 10
Darstellung wie oben auch als Pfeilaufgabe
Umformung: Das Fünffache meiner Zahl ist 50.

malnehmen mit
vervielfachen, das ... fache von

4: □ : 5 = 9, Umkehraufgabe 9 · 5 = 45
Darstellung wie oben auch als Pfeilaufgabe
Umformung: Der fünfte Teil meiner Zahl ist 9.

<u>teilen durch</u>
der ... te Teil

5: □ : 2 = 48, Umkehraufgabe 2 · 48 = 96

halbieren	verdoppeln
: 2	· 2

6: 2 · □ = 76, Umkehraufgabe 76 : 2 = 38
7: „Um 18 größer“ heißt „plus 18“ rechnen. 35 + 18 = 53
8: „Um 18 kleiner heißt „minus 18“ rechnen. 64 – 18 = 46
9: 5 · 8 + 20 = 60
10: 45 : 9 + 50 = 55
11 und 12: Darstellung der Rechenketten als Pfeilaufgaben an der Tafel:

$$7 \xrightarrow{\cdot 3} 21 \xrightarrow{+6} 27 \xrightarrow{:3} 9$$

$$7 \xrightarrow{\cdot 9} 63 \xrightarrow{-27} 36 \xrightarrow{:6} 6$$

Vertiefung

- Partnerarbeit: Die Kinder wählen „im Kopf“ eine Rechnung an der Tafel aus und formulieren dazu das Zahlenrätsel. Der Partner nennt die Rechnung. Anschließend wechseln sie.
- Rechenlöwen denken sich weitere Rätsel aus (Folienstücke, Kopiervorlage 23 als Hilfe) und schreiben sie auf Karteikarten für eine Rätselkartei (Lösung jeweils auf der Rückseite).
- Rechenketten für die Rätselkartei:
  Verdopple die Zahl 17, zähle 14 dazu, teile durch 8 und halbiere das Ergebnis. (3)
  Ich denke mir eine Zahl, verdopple sie, zähle 12 dazu und erhalte 22. (5)
  Welche Zahl muss ich zum Dreifachen von 5 dazuzählen, um 17 zu erhalten? (2)
- *Kopiervorlage 23*
  Lösungen: 1/48, 2/63, 3/7, 4/42, 5/56, 6/58, 7/17, 8/33, 9/4

Name ______________________ | Datum ______________

Zahlenrätsel

① Sophie: Ich denke mir eine Zahl.
Wenn ich 25 dazu zähle, erhalte ich 73.
Wie heißt meine Zahl? ☐

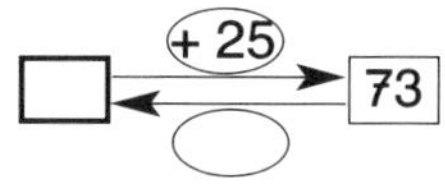

Rechne die Umkehraufgabe.

② Lukas: Ich denke mir eine Zahl.
Wenn ich davon 25 abziehe, erhalte ich 38.
Wie heißt meine Zahl? ☐

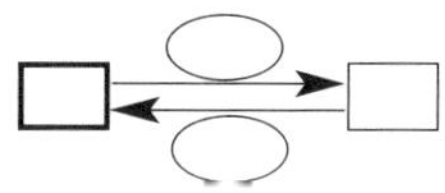

③ Maria: Ich denke mir eine Zahl.
Wenn ich sie mal neun nehme, erhalte ich 63.
Wie heißt meine Zahl? ☐

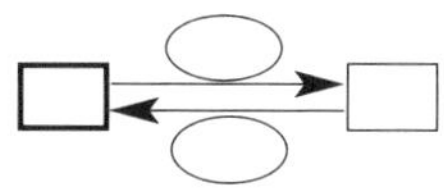

④ Paul: Ich denke mir eine Zahl.
Wenn ich meine Zahl durch 6 teile, erhalte ich 7. Wie heißt meine Zahl? ☐

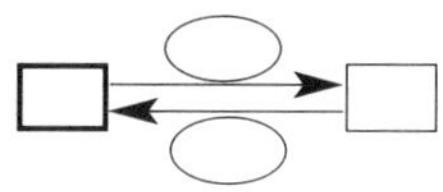

⑤ Sara: Ich denke mir eine Zahl.
Meine Zahl ist das Siebenfache von 8.
Wie heißt meine Zahl? ☐

☐ = ____________

⑥ Leon: Meine Zahl ist um 10 größer als das Achtfache von 6.
Wie heißt meine Zahl? ☐

☐ = 10 + ________

⑦ Laura: Meine Zahl ist um 10 kleiner als das Neunfache von 3.
Wie heißt meine Zahl? ☐

☐ = ________ – 10

⑧ Daniel: Meine Zahl ist um 25 größer als der 9. Teil von 72.
Wie heißt meine Zahl? ☐

☐ = ____________

⑨ Suche den 8. Teil von 56. Nimm diese Zahl mal vier. Zähle 8 dazu. Teile das Ergebnis durch 9. Wie heißt meine Zahl? ☐

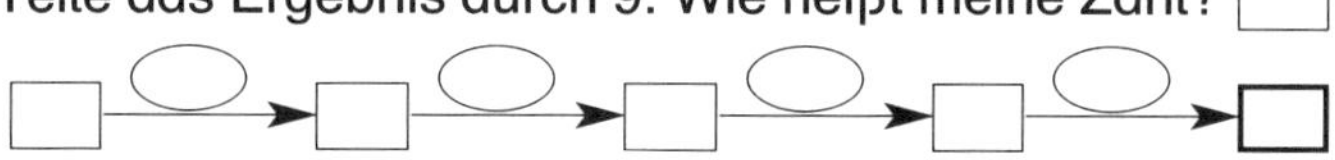

4. Zeit

Ziele und didaktische Hinweise

- Erfahren, Schätzen und Berechnen von Zeitspannen
- Verknüpfen bekannter Zeiteinheiten mit der Zeiteinheit Sekunde
- Ablesen der Zeit an einer Stoppuhr

Während es für Längen und Gewichte konkrete Repräsentanten gibt, gilt dies für den Zeitbegriff nicht.

Es ist zu unterscheiden zwischen Zeitpunkt und Zeitspanne. Der *Zeitpunkt* ist eine bestimmte, auf der Uhr ablesbare Zeitangabe, z.B. 7.35 Uhr (Frage: Wann?). Der Punkt trennt Stunden (h) und Minuten (min). Die Abkürzungen h (von lat. hora, engl. hour) und min sollten den Kindern aus dem 1. und 2. Schuljahr vertraut sein. Die Zeitpunkte sind keine Größen und folglich darf mit ihnen auch nicht wie mit Größen gerechnet werden. Korrekt sind die der Operatordarstellung ähnliche Schreibweise (ohne Pluszeichen auf dem Pfeil, vgl. Kopiervorlage 24, siehe S. 112), der unskalierte Zahlenstrahl als Zeitleiste oder das Darstellen in einer Tabelle, z. B.:

7.35 Uhr bis 8.20 Uhr ...	45 Min.

Eine *Zeitspanne* dagegen bezeichnet die Dauer eines Vorgangs, einen Handlungsablauf, einen Ablauf von Zeit, der vom Anfangs- und Endzeitpunkt begrenzt wird, z.B. die Zeit zwischen 7.35 Uhr und 8.20 Uhr (Frage: Wie lange?). Zeitspannen werden schrittweise berechnet (vgl. Kopiervorlage 24); die vollen Stunden dienen dabei als Hilfspunkte. Das für Kinder nicht einfache Berechnen von Zeitspannen sollte im Lauf des Schuljahrs immer wieder geübt werden.

Als neue Einheit wird das kleinste Zeitmaß Sekunde eingeführt, das im Alltag allerdings kaum relevant ist.

Bausteine für den Unterricht

4.1 Die Tage werden kürzer – die Nächte werden länger

Material

Lehrerin: Aktuelle Tageszeitung mit Wettervorhersage, vergrößerte Tabelle von Kopiervorlage 24 als Plakat, Folie;

Kinder: Kopiervorlage 24 (oberen Teil für mehrere Wochen mehrmals kopieren).

Hinführung

Stummer Impuls: Die Lehrerin knipst zu Beginn der ersten Schulstunde das Licht aus.

Die Äußerungen der Kinder leiten zu den Fragen über: Um wie viel Uhr wird es eigentlich am Morgen hell? Wie können wir das herausbekommen?

Im Gespräch wird geklärt: Jeden Morgen geht die Sonne auf, auch wenn der Himmel bewölkt ist.

Dann wird es „hell". Den Zeitpunkt des Sonnenaufgangs (SA) kann man in der Tageszeitung (Rubrik Wettervorhersage) oder auf manchen Abreißkalendern nachlesen oder im Internet herausfinden. Er wird vom Wetteramt im Voraus berechnet.

Planen einer Langzeitbeobachtung über mehrere Wochen

(etwa drei Wochen vor Weihnachten bis zu den Weihnachtsferien)

Die Lehrerin zeigt die Tageszeitung mit der Wettervorhersage. Der „Tagesdienst" (vgl. Kap. 1.5) trägt den Zeitpunkt des Sonnenaufgangs in die vergrößerte Tabelle ein (Kopiervorlage 24), die Kinder halten sie auf ihrem Arbeitsblatt fest.

Lehrerin: Jetzt im späten Herbst (oder Winter) wird es am Morgen spät hell und am Abend schon früh dunkel. Die Sonne geht früh unter.

Analog wird der Zeitpunkt des Sonnenuntergangs (SU) abgelesen und festgehalten.

Tägliche Weiterführung: Vor Unterrichtsbeginn liest der „Tagesdienst" aus der von der Lehrerin mitgebrachten Zeitung die Zeiten des SA und SU ab und trägt sie in die Tabelle ein. Die Kinder übertragen sie auf ihr Beobachtungsblatt und berechnen in kurzen „Freizeiten" oder als Hausaufgabe Tages- und Nachtlänge. Jeweils am Wochenende sollte das Blatt vollständig ausgefüllt sein.

Berechnen von Zeitspannen

Analog Kopiervorlage 24 (unterer Teil) zeigt die Lehrerin den Kindern mit den abgelesenen Zeitpunkten an der Tafel, wie sie die Tages- und Nachtlänge berechnen können. Beim zweiten Beispiel mit dem „Stundenband" ist auch eine „bequeme" Rechnung möglich:

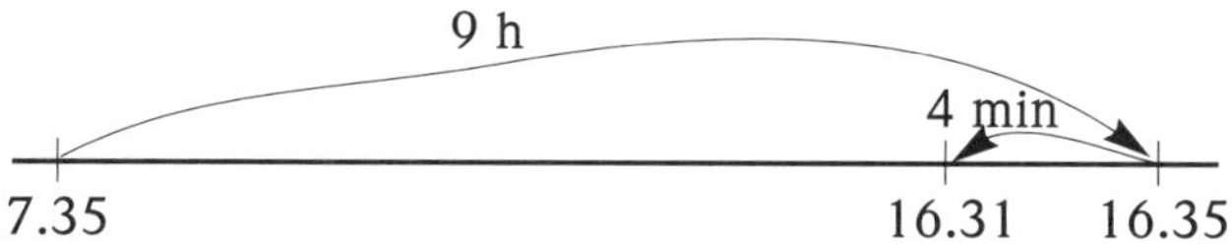

Die Kinder kleben den unteren Teil von Kopiervorlage 24 in ihr Merkheft ein.

Name ______________________ Datum ____________

Die Tage werden kürzer

Schlage in der Tageszeitung nach, trage die Uhrzeiten ein und rechne.

Datum					
Sonnenaufgang					
Sonnenuntergang					
Wie lange ist es hell?					
Wie lange ist es dunkel?					

So kannst du eine Zeitspanne in Minuten berechnen:

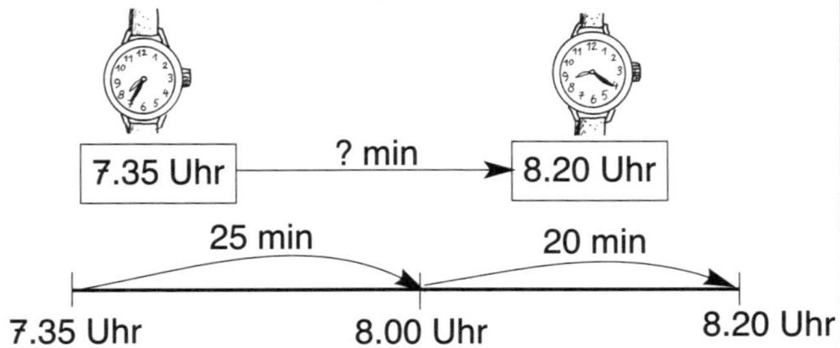

So kannst du eine Zeitspanne in Stunden und Minuten berechnen:

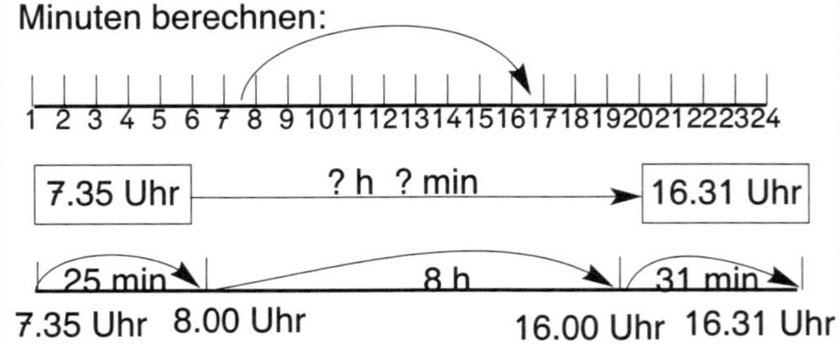

Vertiefung
Folie (Angaben für Nürnberg 2002):

Wie lange ist es hell?

	SA	SU
21. 12.	8.09	16.18
21. 03.	6.17	18.29
21. 06.	5.09	21.25
21. 09.	7.00	19.16

Lösungen:
8 h 9 min
12 h 12 min
16 h 16 min
12 h 16 min

Die Kinder berechnen die Tageslängen und markieren den längsten (Sommeranfang) und den kürzesten Tag (Winteranfang) mit zwei verschiedenen Farben.
Auswertungsgespräch: Im Winter ist der Tag nur etwa acht Stunden lang, im Frühjahr und Herbst 12 Stunden und im Sommer 16 Stunden.
Zusatzaufgabe: Wie lange dauert jeweils die Nacht? (Lösungen: 15 h 51 min, 11 h 48 min, 7 h 44 min, 11 h 44 min)

Weiterführung im Frühjahr
Die Langzeitbeobachtung wird im Frühjahr wiederholt.

Im Frühling fangen einige Vögel schon vor dem Sonnenaufgang (SA) um 6 Uhr zu singen an.

Amsel:	45 min vor SA	5.15 Uhr ←	45 min früher — 6 Uhr
Drossel:	42 min		
Rotkehlchen:	37 min		
Star:	20 min		
Kohlmeise:	19 min		

(aus *E. Wittmann* 1999, a. a. O., S. 163, Lehrerband)

Rechenlöwen merken, wie sie leicht rechnen können:
- Die Drossel beginnt 3 min später als die Amsel, also um 5.18 Uhr.
- Das Rotkehlchen nochmals 5 min später, also um 5.23 Uhr.
- Die Kohlmeise beginnt 1 min später als der Star (5.40 Uhr), also um 5.41 Uhr.

(Weitere Informationen in *I. Lucht,* Die Vogel-Uhr, Ellermann Verlag, München 1976)

4.2 Auf die Sekunde genau!

Material
Lehrerin: Zur Demonstration mindestens eine Uhr mit Sekundenzeiger, Zeigestab, Folie von Kopiervorlage 25 (siehe S. 117);
für jede Gruppe eine Stoppuhr und zehn DIN A4-Blätter;
für jedes Kind Kopiervorlage 25.

Hinführung
Die Lehrerin lässt im Sitzkreis eine oder mehrere Uhren mit Sekundenzeiger herumreichen.
Gespräch: Die Uhr hat einen Stunden-, einen Minuten- und einen Sekundenzeiger.
Die Kinder schätzen und sammeln Vorschläge, welche Tätigkeiten sie in einer Sekunde schaffen könnten. → Tafelanschrift:

Eine Stunde hat 60 Minuten. 1 h = 60 min
Eine Minute hat 60 Sekunden. 1 min = 60 s

Was kann ich in einer Sekunde tun?

	ja	nein
1) dreimal meinen Namen schreiben		
2) meine Schuhe binden		
3) die Nase zuhalten und die Luft anhalten		
4) bis 20 zählen		
5) einen kurzen Abzählvers sprechen		
...		

Erfahren der Zeitspanne von einer Sekunde
Während die Kinder weitere Vorschläge sammeln und ein guter Schreiber sie anschreibt, weist die Lehrerin je ein Kind einer Gruppe in den Gebrauch der Stoppuhr ein, die an den folgenden Tagen ihr Wissen an andere Kinder weitergeben.
Gruppenarbeit: Die Kinder führen die genannten Tätigkeiten durch, während ein Kind in jeder Gruppe, der „Sekundenzähler", nach einer Sekunde die Stoppuhr anhält.
Wer eine Tätigkeit in einer Sekunde durchführen konnte, notiert die Nummer auf seinem Block.

Wenn wenigstens ein Kind der Gruppe die Tätigkeit in einer Sekunde „schafft“, macht es in der Ja-Spalte an der Tafel einen Strich.
Anschließendes Klassengespräch:

- Anhand ihrer Notizen auf dem Block teilen die Kinder ihre individuellen Ergebnisse mit.
- Vergleich der Gruppenergebnisse
- Wie kann man die Dauer einer Sekunde in etwa feststellen, wenn man keine Stoppuhr hat? →
  Sammeln und Erproben der genannten Vorschläge, z.B.: Das Zahlwort „einundzwanzig“ langsam sprechen oder ermitteln, wie weit jeder in seinem individuellen Tempo in einer Sekunde zählen kann, und sich diese Zahl merken.
- Auftrag für ein Elterninterview: Befrage deine Eltern, wann man Sekunden misst. – Vielleicht können die Kinder (und die Lehrerin) auch Zeitungsberichte mitbringen, in denen entsprechende Situationen (z. B. Sport) genannt werden. Auch die Länge von Musikstücken auf CDs ist in min und s angegeben.

Sicherung: *Kopiervorlage 25* Nr. 1: Die Kinder schreiben in die leeren Zeilen die Tätigkeiten, die sie in einer Sekunde durchführen konnten. Vielleicht finden sie zu Hause noch weitere Tätigkeiten.

Erfahren der Zeitspanne von zehn und dreißig Sekunden (Bewegungsübung)
Kopiervorlage 25 Nr. 2:

- Ein Kind liest jeweils eine Tätigkeit vor, ein anderes macht sie vor.
- Dann kreuzen die Kinder ihre Vermutung mit Bleistift an.
- Während wieder ein „Sekundenzähler“ in jeder Gruppe die Zeit stoppt, führen die Kinder die Tätigkeit durch. Nach jeder Tätigkeit machen sie mit einem farbigen Stift in die zutreffende Spalte ein Kreuz.
- Wiederholen der Tätigkeiten in der Zeitspanne von 30 s und Ankreuzen mit zwei weiteren Farben.

Messen der Zeitdauer von Tätigkeiten in Minuten und Sekunden
Kopiervorlage 25 Nr. 3 („Schwertfisch-Aufgabe“ aus: *S. Schütte* 2002, S. 101):

- Partnerlesen: Im Wechsel lesen sich die Nachbarn je einen Auftrag flüsternd vor.
- Gemeinsames Durchführen der Tätigkeiten
  Die Lehrerin zeigt den Beginn jeder Tätigkeit mit einem akustischen Signal an. Wenn ein Kind seine Tätigkeit beendet hat, notiert es seine Zeit auf dem Arbeitsblatt. Damit die Kinder ihr Tempo bestimmen können, schreibt die Lehrerin vorher folgende Zeitspannen an die Tafel oder auf eine Folie.

Während sie von der Stoppuhr abliest, deutet sie jeweils mit einem Zeigestab auf die aktuelle Zeitspanne und rückt fortlaufend weiter.

Wie lange brauchst du?

10 s	1 min10 s	2 min 10 s	3 min 10 s	4 min 10 s
20 s	1 min 20 s	2 min 20 s	3 min 20 s	4 min 20 s
30 s	1 min 30 s	2 min 30 s	3 min 30 s	4 min 30 s
40 s	1 min 40 s	2 min 40 s	3 min 40 s	4 min 40 s
50 s	1 min 50 s	2 min 50 s	3 min 50 s	4 min 50 s
1 min	2 min	3 min	4 min	5 min

- Es wird jeweils gewartet, bis alle Kinder eine Tätigkeit beendet haben.

Auswertung:

- Gruppenarbeit: Jede Gruppe vergleicht die Zeitangaben, ermittelt für jede Aufgabe das schnellste Kind in der Gruppe und notiert zusammen mit der Aufgabennummer das Ergebnis auf einem DIN A4-Blatt.
- Klassengespräch: Nacheinander befestigen die Gruppen zu jeder Aufgabe ihr Blatt an der Tafel und ermitteln jeweils den „Olympiasieger“ mit der Bestzeit, der auf seinem Blatt die entsprechende Zeitangabe farbig markiert.

Name ______________________________ Datum ______________

Das kleinste Zeitmaß: Die Sekunde

Eine Stunde hat 60 Minuten. ☐ h = 60 min
Eine Minute hat 60 Sekunden. 1 min = ☐ s
Eine halbe Minute hat ☐ Sekunden.

(1) Was kann ich in einer Sekunde tun?

____

____

(2) Kannst du zehn Sekunden lang …

	ja	nein
1) … auf dem linken Bein stehen?		
2) … auf dem rechten Bein stehen?		
3) … den rechten Arm hoch halten?		
4) … ein Mäppchen auf deinem Kopf balancieren?		
5) … den linken Arm hoch halten?		
6) … deine Arme auf dem Rücken verschränken?		
7) … beide Arme hoch halten und die Handflächen aneinanderlegen und die Augen schließen?		
8) … dich im Sitzen mit beiden Händen von deinem Stuhl hochdrücken?		
9) … deine Schultasche über deinen Kopf halten?		
10) … mit deiner rechten Hand über den Kopf an dein linkes Ohr fassen?		

Schaffst du das alles auch dreißig Sekunden lang?

(3) Lernolympiade:

In der Schule muss es oft schnell gehen, damit wir möglichst viel lernen können. Wie viele Minuten und Sekunden brauchst du dafür?

	min	s
1) Lege dein Wörterbuch, dein Mäppchen und deinen Block auf den Tisch.		
2) Schlage in deinem Wörterbuch Seite 25 auf.		
3) Schreibe auf deinen Block das Abc.		
4) Rechne: 7 · 8 = ☐		
5) Auf welcher Seite im Wörterbuch steht das Wort „Geburtstag“? Auf Seite ☐		
6) Schreibe auf deinen Block das Einmaleins mit 7.		
7) Schreibe hier deine Telefonnummer auf: ☐		
8) Rechne: 64 – 27 = ☐		
9) In nur 4 s kann der Schwertfisch 100 m weit schwimmen. Wie lange braucht er für 50 m?		
10) Packe dein Wörterbuch, dein Mäppchen und deinen Block in die Schultasche.		

5. Die Zahlen bis 1 000

Ziele und didaktische Hinweise

- Aufbau von Vorstellungen zur Zahl 1 000
- Bestimmen von Anzahlen durch Schätzen, dekadisches Bündeln und Zählen
- Aufbau von Zählstrategien
- Konkretes Darstellen von Zahlen
- Bildliches Darstellen von Zahlen (1 000er-Tafel, Hunderterquadrate/Zehnerstriche/Einerpunkte, Zahlenstrahl)
- Symbolisches Darstellen von Zahlen in der Stellentafel
- Dekadisches Zerlegen von Zahlen
- Lesen und Schreiben der Zahlen bis 1 000
- Vergleichen und Ordnen von Zahlen
- Bestimmen von Nachbarzahlen und Bilden von Zahlenfolgen

Das Wort „tausend“ kommt aus dem Germanischen und bedeutet „vielhundert“. Das weist darauf hin, dass im Alltag 1 000 Dinge und mehr wegen des großen Aufwands kaum abgezählt werden. Umgangssprachlich gilt „tausend“ als Ausdruck für „ganz viele“ (1 000 Grüße, Tausendfüßler).

Wenn den Kindern nochmals das Prinzip des Bündelns verdeutlicht wird (Wiederholung vom 2. Schuljahr), ist es deshalb auch nicht unbedingt nötig, tatsächlich 1 000 Dinge zu bündeln. Vielmehr kann schon bald zu bildlichen und symbolischen Darstellungen übergegangen werden.

Große Zahlen erfordern effiziente Zählstrategien:

- Beim *„Hochrechnen“* wird eine Menge in etwa gleich verteilt (z. B. bei 5.1 auf Löffel) und es wird nur ein Ausschnitt (Stichprobe) gezählt, der dann entsprechend multipliziert wird. Für den Alltag sind solche „runden“ Zahlangaben oft ausreichend.
- Beim *strukturierten Zählen* wird die Menge dagegen genau ausgezählt, hier mit Hilfe der dekadischen Zehnerbündelung. Da die Anzahl „zehn“ jedoch auf einen Blick schlecht zu erfassen ist, werden zuerst je fünf zusammengefasst und dann jeweils zwei Fünfer zu einem Zehner.

Bausteine für den Unterricht

5.1 Wie viele Dinge sind im Glas? (Zahlen zwischen 100 und 200)

Material

Für jede Gruppe ein Schraubglas, das z.B. mit je 110 bis 200 Erbsen, Maiskörnern, kleinen Nudeln, Linsen, Reiskörnern, Bohnenkernen, Kürbiskernen, Sonnenblumenkernen, einzelnen Erdnüssen, Perlen, 1-Cent-Stücken ... gefüllt

ist. Die Dinge müssen nicht abgezählt sein. Doch sollten wenigstens ein Hunderter, zwei Zehner und einige Einer gebündelt werden können, um das Bündelungsprinzip zu verdeutlichen. Tipp zum Füllen der Gläser: Legen Sie zehn Dinge einer Art jeweils auf einen Kaffee- oder Esslöffel, füllen Sie dann entsprechend viele Löffel ins Glas und geben Sie noch einige Einzelne dazu.
Ferner für jede Gruppe ein Zeichenblatt zum Auflegen der zu zählenden Dinge, 20 Gummiringe, ein Kaffee- oder Esslöffel; zehn (evtl. vergrößerte) Hundertertafeln (s. Kap. 3.6, S. 88), Plakat zum Aufkleben der Hunderterfelder.

Anknüpfen an Vorkenntnisse: Wiederholen des Bündelns
Schätzen in Gruppenarbeit: Jede Gruppe erhält ein Glas mit Material (s.o.), schätzt, wie viele Dinge in ihrem Glas sind, und schreibt die geschätzte Anzahl auf einen Zettel. Wenn eine Gruppe ihre Schätzzahl nicht schreiben kann, zeigt die Lehrerin die Schreibweise, vorerst noch ohne weitere Erklärung.
Im Klassengespräch suchen die Kinder Wege, wie sie die Dinge zählen können (Entwickeln von Zählstrategien), z. B.:

- Weg 1: Wir legen immer fünf Dinge zusammen und um zwei Fünfer (d.i. ein Zehner) einen Gummiring. Dann können wir die Zehner schnell zählen.
  Erklärende Tafelzeichnung:

  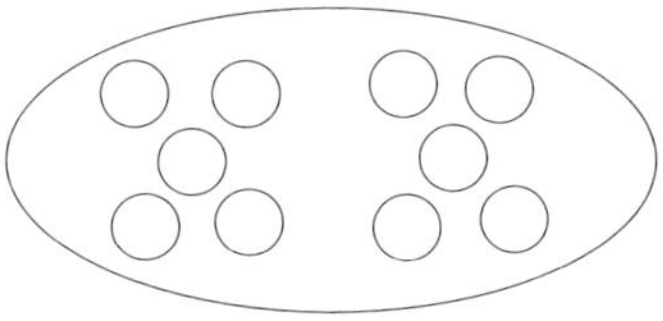

  Bewerten des Weges: Dauert lange, aber genaues Ergebnis.
- Weg 2: Wir legen zehn Dinge auf einen Kaffee- oder Esslöffel und merken uns, wie „voll" der Löffel etwa wird. Dann schöpfen wir die Dinge löffelweise aus dem Glas nebeneinander auf das Papier (mit Abstand) und zählen wieder die Zehner. – Kurze Demonstration zur Erklärung.
  Bewerten des Weges: Geht schneller als das genaue Zählen, aber ungenaues, nur ungefähres Ergebnis.
  Gruppenarbeit: Die Kinder führen zuerst Weg 2 durch und notieren die so ermittelte Zahl. Dann zählen sie die dabei entstandenen „Zehnerhäufchen" nach, gleichen sie aus, zählen genau (Weg 1) und schreiben auch diese Zahl auf.

Wir schätzen: ....
Wir zählen löffelweise: ....
Wir zählen die Zehner genau: ....
Wir zählen die Zehner und Einer: ...

Auswerten im Klassengespräch

Die Gruppen teilen ihre drei Zahlen mit und die Lehrerin trägt diese in eine vorbereitete Tabelle an der Tafel ein:

Zahlen über 100

	geschätzt	Löffel gezählt	Zehner genau gezählt	Z und E genau
Erdnüsse				
...				

Dabei gibt jede Gruppe an:

- Den Unterschied zwischen dem ungenauen und genauen Zählen;
- den Unterschied (> 10, < 10, genaue Zahl) zwischen der Schätzzahl und der genauen Anzahl.

Die Überschrift wird nach dem Eintragen und Betrachten der Zahlen (> 100) angeschrieben.

Notieren der Zahlen in einer Stellentafel

Neben die obige Tabelle zeichnet die Lehrerin eine Stellentafel an die Tafel und trägt die Stellenwerte farbig ein:

H	Z	E
1	3	5
...		
rot	blau	grün

Kurze Wiederholung: In diese Stellentafel trägt man ein, wie viele Hunderter, Zehner und Einer eine Zahl hat.

Jede Gruppe nennt nochmals ihre genaue Anzahl und gibt an, wie sie in die Stellentafel einzutragen ist und nennt die dekadische Zerlegung, z.B.: 135 = 100 + 30 + 5 (Tafelanschrift daneben)

Sicherung: Kopiervorlage 26

Die Lösung (150 Kreise, 105 Quadrate) regt zum Nachdenken über den Stellenwert 0 an:

150 = 1 H + 5 Z + 0 E, 105 = 1 H + 0 Z + 5 E → Eintrag ins *Merkheft* mit weiteren anlogen Beispielen: Je nachdem, an welcher Stelle eine Ziffer steht, hat sie einen unterschiedlichen Wert.

Ausblick auf den Tausender

Lehrerin: In den nächsten Tagen werden wir die Zahlen bis 1 000 kennenlernen. Vielleicht kennst du schon einige „große“ Zahlen. → Einzelne Kinder schreiben einige Zahlen an die Tafel, ggf. hilft die Lehrerin bei der Schreibweise und erklärt sie.

Zehn Kinder erhalten ein Hunderterfeld und treten vor die Klasse: Zehn Hunderter sind zusammen ein Tausender.

Gemeinsam sprechen die Kinder und ein Kind tritt mit seinem Hunderterfeld jeweils vor:
100 + 100 = 200, 200 + 100 = 300 ... 900 + 100 = 1 000
Wiederholung mit Malaufgaben: 1 · 100 = 100, 2 · 100 = 200 ... 10 · 100 = 1 000
Vertiefung (auch für Freiarbeit) : Wie viele ... sind es ungefähr?
Fotos (Plakate, Bilder aus Zeitschriften, Sachbüchern, von Kalendern ...) von Menschen, Tieren (z.B. Vögeln, Tierherden) und Pflanzen (z.B. Tulpenfeld) in großen Anzahlen: Die Bilder werden in Klarsichthüllen gesteckt. Mit dem Lineal messen die Kinder die Breite des Bildes aus und teilen es mit einem löslichen Folienstift in etwa gleich breite Streifen (z.B. 2 cm) ein. Dann zählen sie die Anzahl in einem Streifen (Zehnerzahl genügt) und multiplizieren diese Zahl entsprechend oft.
Dabei lässt sich bereits das Runden und Überschlagen thematisieren.

5.2 Projekt: Unsere Tausenderausstellung

In einer Einführungsstunde werden einige Möglichkeiten und Materialien vorgestellt und die Kinder wählen eine Arbeit aus. Es können auch für jede Arbeit die benötigten Materialien und Arbeitsschritte auf einer Karte aufgezählt werden. Dann bereiten die Kinder in Freiarbeitsphasen die Tausenderausstellung vor und sammeln ihre Ergebnisse auf Plakaten und auf einem Tausendertisch. Anregungen zum Handeln und Suchen weiterer Möglichkeiten:

- Von zu Hause Gegenstände (z.B. Verpackungen) mitbringen, auf denen größere Zahlen als 100 aufgedruckt sind.
- Auslegen und Beschriften von Rechengeldbeträgen, z.B.: 200 €, 300€, 400€ ... 1 000 €
- In Katalogen nachschlagen, Gegenstände ausschneiden und auf ein Plakat kleben, die etwa 1 000 Cent (= 10 €) und 1 000 € kosten.
- In ein Buch (Duden, Bibel ...) mit etwa 1 000 Seiten wird nach je 100 Seiten ein Klebezettel (Post-it) eingelegt.
- Verbindung zu Deutsch:
  1 000 Buchstaben, 1 000 Wörter (z.B. Grundwortschatz) auf dem Computer gut nachzählbar (in Zehnergruppen) eintippen.
  Interview in der eigenen, in anderen Klassen (2., 3., 4. Kl.), bei den Eltern: Woran denkst du, wenn du die Zahl 1 000 hörst? (Aufzeichnen der Interviews mit einem Diktiergerät und Aufschreiben mit dem Computer.
  Meine Lieblingszahl zwischen 100 und 1 000 (kurze Begründung)
- Verbindung zu Kunst: Mit Fingerfarben 1 000 Tupfen (je 100 in einer anderen Farbe) auf ein Plakat tupfen.

Name ______________________ Datum ______________

Zahlen über 100

Sind es mehr ○ oder mehr □ ?

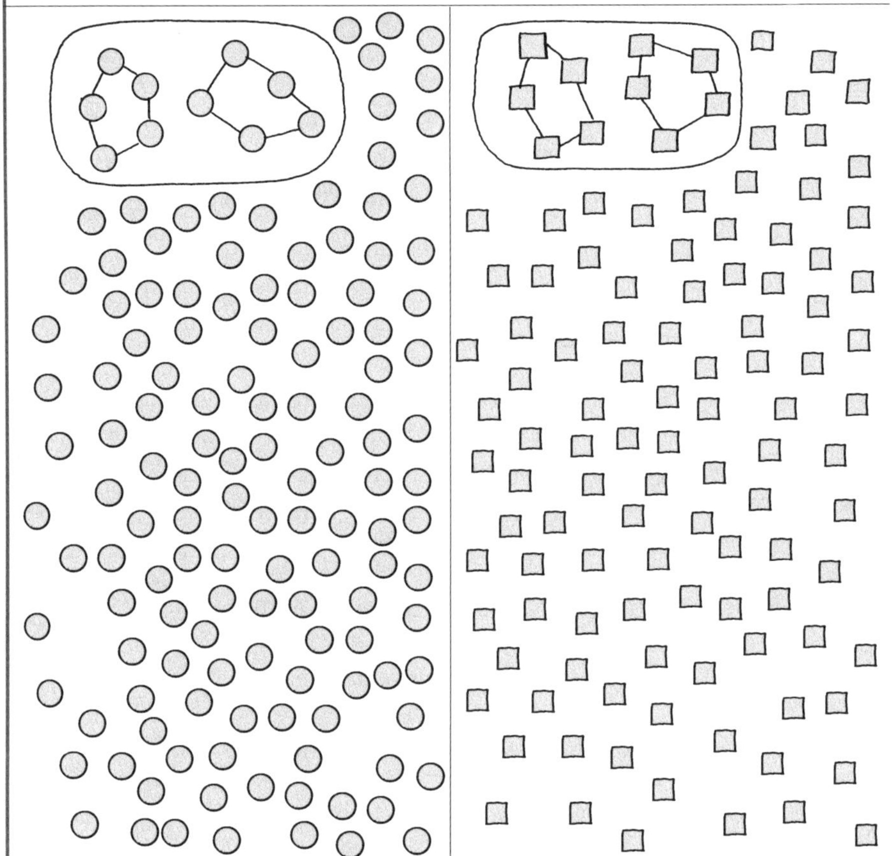

① Kreuze an. Ich schätze:
- □ mehr ○ als □
- □ weniger ○ als □
- □ gleich viele ○ wie □

② Ich bündle und zähle:

H	Z	E

☐ = ☐ + ☐ + ☐

H	Z	E

☐ = ☐ + ☐ + ☐

- Verbindung zu Werken und textilem Gestalten:
  Eine Kette aus 1 000 Büroklammern in verschiedenen Farben zusammenstecken.
  Eine Kette aus 1 000 Luftmaschen häkeln.
- Herstellen eines Arbeitsmittels: Auf eine mit Folie beklebte Styroporplatte mit 1 000 Klebepunkten eine Tausendertafel kleben (zehn Hunderterfelder). In Freiarbeit steckt ein Kind Pinnnadeln auf einzelne Punkte (nach der Vorgabe von Zahlen z. B. im Rechenbuch), ein anderes schreibt die Zahlen auf.
- Bündeln: Je zehn Zahnstocher mit einem Gummiring oder Klebstreifen zusammenfassen, zehn Zehnerbündel in einen Becher mit der Aufschrift 100 stecken und zehn Becher in eine Schachtel mit der Aufschrift 1 000 stellen.

5.3 Das große Tausenderquiz

Material
Kinder: Kopiervorlagen 27 (siehe S. 127 f.), für jede Spielgruppe (maximal sechs Kinder) zwei Würfel;
Lehrerin: Folie von Kopiervorlage 27, Folie mit zehn Hunderterfeldern.
Das *Spiel* liefert Anlässe zum Sachrechnen, Schätzen, Runden und Überschlagen.
Es regt
- im ersten Durchgang zum Feststellen an, was man weiß oder nicht weiß.
- dazu an, gezielt zum Lösen und Begründen der Fragen zu forschen und dabei nicht nur Wissen und Größenvorstellungen zu erwerben, sondern auch übertragbare Lernstrategien.
- auf der Grundlage des erweiterten Wissens zum mehrmaligen Wiederholen an z.B. in Freiarbeit oder auch in der Familie.

Schließlich können die Kinder die Kärtchen auch ausschneiden und in ihr Merkheft kleben.

Verlauf
Einfache Variante als Einstieg:
Kartenauswahl: Es muss nicht gleich mit allen 36 Karten gespielt werden. Die Lehrerin kann z.B. nur leichte Fragen auswählen.
Eine Gruppe von zwei, drei Kindern hat vor sich die Lösungskarten ausgebreitet („Lösungsgruppe“).
Die anderen Kinder sitzen im Sitzkreis, jedes Kind erhält eine Karte, die übrigen Karten liegen in der Kreismitte. Reihum liest jeder seine Frage vor. Kann

er sie selbst beantworten, darf er seine Karte behalten. Die Lösungsgruppe sucht die passende Lösungskarte dazu, kontrolliert und legt bearbeitete Lösungskarten auf einen Stoß. Kann das Kind die Frage nicht beantworten, legt es seine Karte in die Kreismitte. Kurze Erklärungen kann die Lehrerin hier bereits einschieben (s.u.). Dann ist das nächste Kind an der Reihe usf. Wenn jedes Kind einmal an der Reihe war, wird reihum je eine Karte aus der Mitte genommen, so lange bis in der Mitte keine Karten mehr liegen.

Schwierigere Variante für Wiederholungsspiele:
Die Kinder legen die 36 Karten mit der Frage nach oben als 6 · 6-Feld aus und würfeln mit zwei Würfeln. Würfelt ein Kind z.B. 5 und 3, so kann es wählen, ob es entweder die Fragekarte, die in der Einmaleinstabelle am Platz von 3 · 5 liegt, vorliest oder die Karte bei 5 · 3. Nach seiner Antwort liest das Kind die Antwort auf der Rückseite vor. Wenn die Antwort annähernd richtig ist (Entscheidung der Gruppe), darf das Kind die Karte an sich nehmen. Wenn nicht, muss es sie wieder mit der Frage nach oben hinlegen.

Hinweise zu den einzelnen Fragen
Genaue Rechnungen sind in der Klasse nicht nötig und sind hier ggf. nur „als Beweis" angeführt. Allerdings kann die Lehrerin den Kindern auch quasi im Vorgriff zeigen, wie man die eine oder andere „schwierige" Rechnung löst, und sie so neugierig auf künftige Lerninhalte machen. Oft merken sich manche Kinder solche „Nebenbeierklärungen" sogar besonders gut.
Auch wenn die Kinder noch nicht alle Größen im Unterricht kennengelernt haben, kennen sie diese oft schon aus dem Alltag (g, kg, Liter).
Während hier die Fragen bunt gemischt sind, sollten die Kinder sie zum Besprechen nach dem thematischen Zusammenhang ordnen:

- Schulgegenstände: Frage 11, 12, 19, 20, 23, 24
- Geld: Frage 13, 14
- Zeit: Frage 1, 2, 3, 4, 8, 25, 26, 33, 34
- Längenmaße: Frage 7, 10, 15, 17, 18, 22, 32, 34, 35
- Gewicht: Frage 5, 6, 9, 21, 28, 30, 31

1) 1 000 : 350 → 100 : 35 ⊕3, denn 35 + 35 = 70, 70 + 35 = 105
2) Hier ist ggf. die Regelung im Bundesland oder Land zu berücksichtigen. Wochenenden und Feiertage sind hier eingerechnet (1 000 Stunden "hintereinander").
   Anschauliche Demonstration auf einer Folie mit zehn Hunderterfeldern: In jedes Hunderterfeld „passen" vier Tage mit je 24 Stunden und jeweils vier Stunden bleiben übrig. Zehn Hunderterfelder zeigen dann 10 · 4 = 40 Tage und 40 Stunden = 1 Tag 16 Stunden, genau 41 Tage 16 Stunden (1 000 : 24 = 41, 66), 42 Tage = 1 008 Stunden

3) Verdoppeln von Aufgabe 2: Wenn in ein Hunderterfeld die 24 viermal passt, passt die Zwölf doppelt so oft hinein: 2 * 40 = 80; in jedem Hunderterfeld bleiben wieder 4 übrig: 40 Monate = 3 Jahre 4 Monate (1 000 : 12 = 83, 33).
4) Gespräch: In Sonderfällen (Schullandheim, Reisen, Sylvester) bleiben die Kinder schon auch einmal länger auf, spüren aber dann die folgende Ermüdung sehr wohl.
   1 000 : 60 = 100 : 6, 60 : 6 = 10, 40 : 6 ⊕6, 1 000 Minuten ⊕16 Stunden

   Anschließende Rechenübung (z. B. Hausaufgabe):

Kann ich 1000 Minuten lang wach bleiben?		
Aufstehen		ins Bett gehen
7 Uhr →	16 Stunden später →	23 Uhr
9 Uhr →	16 Stunden später →	... Uhr

5) Das genaue Gewicht von einer 1-Euro-Münze (7,5 g) wurde auf 8 g aufgerundet.
   Klären des Begriffs „etwa“: Es sind etwa (etwas mehr oder weniger als, ungefähr, rund, fast) 8 g, genau sind es 7,5 g. (Um schneller rechnen zu können, nimmt man oft „Etwa-Zahlen“
   (gerundete Zahlen, Regeln zum Runden werden später eingeführt, vgl. Kap.7.1).
6) Das genaue Gewicht von einer 1-Cent-Münze (2,3 g) wurde auf 2 g abgerundet.
7) Der genaue Durchmesser beträgt 2,3 cm.
   Klären des Begriffs Durchmesser: Die Kinder umfahren eine Münze auf Papier, schneiden den Kreis aus, falten ihn exakt zur Hälfte, kniffen die Faltlinie, falten den Kreis wieder auf und messen die Länge der Faltlinie (die längste Linie „durch den Kreis“). → Mit dieser Messzahl kann man die Größe von Kreisen vergleichen.
8) Vgl. Frage 4
9) Rechenfreundliche Angabe: Jungen mit 9 Jahren wiegen etwa 30 Kilogramm (Mädchen etwas weniger). 1 000 Jungen würden 30 000 Kilogramm wiegen, etwa so viel wie 30 Autos (vgl. Frage 30).
   Ggf. Vergleichen der Angabe mit den Gewichten in der Klasse: Gewichte der Kinder sammeln, Gewichte addieren (Lehrerin) und durch die Anzahl der Kinder teilen. Bei einem kleineren Mittelwert als 25 (abrunden auf 20) wird für die Klasse das „Tausendergewicht“ mit 20 000 kg festgelegt.

11) Eine DIN-A4-Seite hat etwa 40 · 58 = 2 320 Kästchen.
Analog zehn Hunderterfelder auf eine DIN-A5-Seite zeichnen. Selbst eine DIN-A5-Seite hat noch etwas mehr als 1 000 Kästchen.

12) Beispiel: In einer Zeile stehen etwa 50 Buchstaben, in zwei Zeilen stehen dann 100 Buchstaben.
Nach 20 Zeilen sind es dann 1 000 Buchstaben. Wenn eine Seite 30 Zeilen hat, sind es somit mehr als 1 000 Buchstaben. Grafisch veranschaulichen:

100 ————————
———————— 2 Zeilen
100 ————————
———————— 4 Zeilen
usf.

19) Vgl. Frage 12; Beispiel: In einer Zeile stehen etwa zehn Wörter, in zehn Zeilen dann 100 Wörter.
Wenn eine Seite 30 Zeilen hat, sind es 300 Wörter auf einer Seite. Für 1 000 Wörter braucht man drei ganze Seiten und von der vierten Seite noch zehn Zeilen.

25) Vgl. Frage 4; 1 000 : 60 ⊕16 (genau: 17 Minuten = 1 020 Sekunden).

29) In sechs Badewannen passen knapp 1 000 l (6 · 180 l = 980 l).

30) Die Kinder überprüfen zu Hause mit dem Kfz-Schein: Gewicht etwa/weniger/mehr als 1 000 kg.

32) Vgl. Frage 9.

33) Abweichungen sind je nach Bundesland möglich. Übrigens: In Japan wird diese Zahl schon fast in 4 Jahren erreicht.

Weitere Fragen für Quiz-Fans

- Sind an deiner Schule etwa 1 000 Kinder?
- Hat dein Ort mehr als 1 000 Einwohner?
- Ist dein Ort schon 1 000 Jahre alt?
- Gibt es in deinem Ort ein Gebäude, das schon 1 000 Jahre alt ist?
- Kann ein Flugzeug in einer Stunde 1 000 Kilometer weit fliegen? (Ja, hängt vom Typ ab.)
- Gibt es Pflanzen, die etwa 1 000 Jahre alt werden können? (Ja, die Eiche.)
- Hat ein Mensch etwa 1 000 Haare? (Nein, es sind viel mehr.)
- Hat ein Igel etwa 1 000 Stacheln? (Nein, es sind viel mehr.)
- Wie lange wäre eine Schlange aus 1 000 Zehneuroscheinen, wenn ein Schein etwa 13 cm lang ist? (13 000 cm = 130 m).

Arbeitsblatt KV 27.1

1) Bist du schon 1000 Tage alt?	2) Gibt es im Schuljahr 1000 Stunden hintereinander Ferien?	3) Bist du schon 1000 Monate alt?	4) Kannst du jeden Tag 1000 Minuten ohne Schlaf auskommen?
5) Kannst du einen Sack mit 1000 Ein-Euro-Münzen tragen, wenn eine Münze etwa 8 Gramm wiegt?	6) Kannst du einen Sack mit 1000 Ein-Cent-Münzen tragen, wenn eine Münze etwa 2 Gramm wiegt?	7) Wie lange wäre eine Schlange aus 1000 Ein-Euro-Münzen, wenn eine Münze einen Durchmesser von etwa 2 cm hat?	8) Hast du schon länger als 1000 Minuten in einem Stück geschlafen?
9) Wie schwer etwa sind 1000 Kinder?	10) Wie viele cm etwa ist ein Stoß mit 1000 Blatt Papier hoch?	11) Hat eine DIN-A4-Seite in deinem großen Rechenheft mehr oder weniger als 1000 Kästchen?	12) Stehen in einer Geschichte auf einer Seite deines Lesebuches 1000 Buchstaben?
13) Welchen Geldschein bekommst du für 1000 Ein-Cent-Münzen?	14) Welchen Geldschein bekommst du für 1000 Zehn-Cent-Münzen?	15) Kannst du mit einem Sprung 1000 cm weit springen?	16) Hat ein Tausendfüßler wirklich 1000 Füße?
17) Wie lang wäre eine Schlange aus 1000 Pkw, wenn ein Pkw etwa 4 m lang ist?	18) Wie lang etwa wäre eine Schlange, wenn sich 1000 Kinder hintereinanderstellen?	19) Haben auf einer Seite deines Lesebuches 1000 Wörter Platz?	20) Auf wie vielen Seiten deines Lesebuches haben 1000 Zeilen Platz?
21) Kannst du 1000 Tafeln Schokolade in üblicher Größe tragen?	22) Wie lang etwa wäre eine Schlange aus 1000 Tafeln Schokolade, wenn eine bekannte quadratische Tafel eine Seitenlänge von 9 cm hat?	23) Wie viele Kinder haben zusammen etwa 1000 Stifte in ihrem Mäppchen?	24) Wie viele Kinder haben zusammen etwa 1000 Schulbücher?
25) Kannst du 1000 Sekunden lang schweigen?	26) Kannst du in etwa einer halben Stunde bis 1000 zählen?	27) Wie viele Kinder haben zusammen 1000 Finger?	28) Welches Tier wiegt etwa 1000 Kilogramm?
29) Wie viele Badewannen würde man für 1000 Liter Wasser brauchen?	30) Wiegt das Auto deiner Familie etwa 1000 Kilogramm?	31) Wie viele Kinder etwa wiegen zusammen 1000 Kilogramm?	32) Wie lange etwa wäre eine Schlange, wenn sich 1000 Kinder hintereinander auf den Boden legen?
33) Wie viele Jahre dauert es, bis du 1000 Tage in die Schule gegangen bist?	34) Wie lange etwa brauchst du, um 1000 m (1 Kilometer) zu gehen?	35) Wie hoch wäre ein Turm aus 1000 Ein-Cent-Münzen, wenn eine Münze etwa 1 Millimeter dick ist?	36) Wie viele Kinder haben zusammen 1000 einzelne Schuhe?

Arbeitsblatt KV 27.2

4) Nein, normalerweise brauchst du vorher Schlaf. Denn 1000 MInuten sind etwa 16 Stunden.	3) Nein! Denn 1000 Monate sind mehr als 80 Jahre.	2) Ja, die Sommerferien. Denn 1000 Stunden sind etwa 40 Tage oder 6 Wochen.	1) Ja. Denn 1000 Tage sind fast drei Jahre.
8) Ja, als Baby und vielleicht, wenn du krank warst. Sonst nicht. Denn 1000 Minuten sind etwa 16 Stunden.	7) Die Schlange aus 1000 Ein-Euro-Münzen wäre 20 m lang.	6) Ja, locker! Denn 1000 Ein-Cent-Münzen wiegen etwa 2000 Gramm, das sind 2 Kilogramm.	5) Ja, aber der Sack ist schon schwer. Denn 1000 Ein-Euro-Münzen wiegen fast 8000 Gramm, das sind 8 Kilogramm.
12) Ja, es können sogar noch mehr sein. So kannst du es auf einer Seite mit viel Text nachprüfen. Zähle die Buchstaben in einer Zeile, zähle dann die Zeilen und rechne nun.	11) Es sind viel mehr als 1000 Kästchen, sogar mehr als doppelt so viele. So kannst du es nachprüfen. Zeichne zehn zusammenhängende Felder mit je zehn Zehnerreihen.	10) Ein Stoß mit 500 Blatt Papier ist etwa 5 cm hoch, ein Stoß mit 1000 Blatt dann etwa 10 cm.	9) Wenn ein Kind etwa 30 Kilogramm wiegt, wiegen 1000 Kinder 30000 Kilogramm. Das ist etwa so viel wie 30 mittelgroße Pkws.
16) Nein. Die Tausendfüßler bei uns haben zwischen 17 und 21 Beinpaare, also 34 bis 42 Füße, tropische Arten bis zu 300 Beinpaare, also bis zu 600 Füße.	15) Nein. Denn 1000 cm sind 10 m.	14) Einen 100-Euro-Schein.	13) Einen 10-Euro-Schein.
20) Wenn eine Seite etwa 30 Zeilen hat, braucht man für 1000 Zeilen 34 Seiten.	19) Nein. Zähle die Wörter in einer Zeile, zähle dann die Zeilen.	18) Wenn ein Kind etwa 30 cm Platz braucht, wäre die Schlange 30 000 cm = 300 m lang.	17) 1000 · 4 = 4000 Die Autoschlange ist 4000 m = 4 Kilometer lang.
24) Wenn ein Kind fünf Schulbücher hat, haben zwei Kinder zehn Bücher, 20 Kinder 100 Bücher und 200 Kinder 1000 Bücher.	23) Wenn ein Kind zehn Stifte hat, haben zehn Kinder 100 Stifte und 100 Kinder (etwa vier Schulklassen) zusammen 1000 Stifte.	22) 1000 Tafeln mit einer Seitenlänge 9 cm sind 9000 cm = 90 m lang.	21) Nein, denn eine Tafel Schokolade wiegt 100 Gramm. 1000 Tafeln wiegen dann 100 000 Gramm = 100 Kilogramm.
28) Bulle junger Elefant (2 Jahre) Eisbär	27) Ein Kind hat zehn Finger, 100 Kinder haben dann zusammen 1000 Finger.	26) Ja, wenn du es schaffst, in zwei Sekunden je eine Zahl zu sagen.	25) Ja, denn 1000 Sekunden sind etwa eine Viertelstunde.
32) Mädchen mit 8 Jahren sind etwa 1,30 m groß. Die Schlange wäre dann 1300 m lang (1 Kilometer 300 m).	31) Wenn ein Kind etwa 30 Kilogramm wiegt, wiegen 33 Kinder zusammen etwa 1000 Kilogramm.	30) Ja. Denn ein mittelgroßer Pkw wiegt etwa 1000 Kilogramm.	29) Wenn eine Badewanne bis zum Rand gefüllt ist, passen etwa 180 l hinein. Für 1000 Liter braucht man sechs Badewannen.
36) 500 Kinder.	35) Eine 1-Cent-Münze ist etwa 1 Millimeter dick. Zehn 1-Cent-Münzen sind dann 1 cm dick, 100 Münzen 10 cm und ein Turm aus 1000 Münzen wäre etwa 1 m hoch.	34) Etwa 20 Minuten.	33) Wenn man pro Schuljahr etwa 200 Schultage rechnet, dauert es 5 Jahre.

Wenn man die Scheine mit der kurzen Seite (etwa 7 cm) hintereinandergelegt, wäre die Schlange etwa 70 m lang.

- Kannst du 1 000 Sekunden lang schreiben/laut vorlesen/...?

Die Kinder suchen nach weiteren Fragen.

Weiterführung

- Die Kinder spielen das Quiz zusammen mit einer Parallelklasse.
- Quiz-Stand an einem Spielfest oder Schulfest

5.4 Meine Tausendertafel – selbst gemacht

Material

Kinder: Zwei Blätter zum Abdecken, Zahlkärtchen;
für je zwei Kinder eine kurze Pinnnadel (mit kleinem Kopf) oder auch eine Stecknadel;
Lehrerin: Stoppuhr, Folie mit einer Tausendertafel.

Herstellung

Nach einer Erklärung der Lehrerin und dem Zeichnen eines Beispiels an die Tafel, zeichnen die Kinder in ihr *Merkheft* (DIN A4) mit Lineal die Umrisse von zehn Hunderterfeldern.

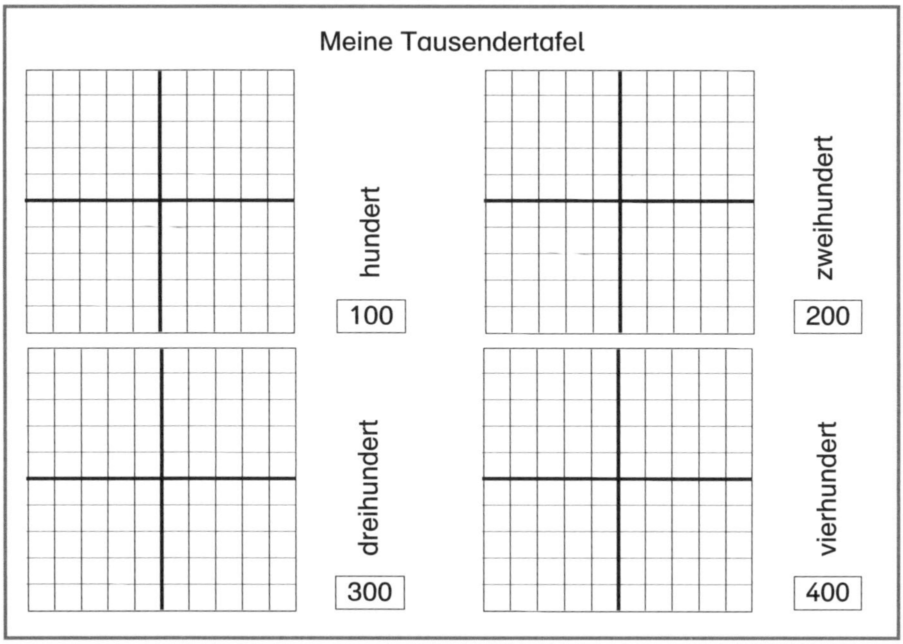

Damit diese auf eine Seite passen, sind folgende Vorgaben zu beachten:

- Oben: Zwei Kästchenreihen frei lassen, in die dritte Kästchenreihe die Überschrift schreiben.
- Nach der vierten Kästchenreihe wird der obere Rand des ersten Hunderterfelds gezeichnet.
- Zwischen zwei nebeneinander liegenden Hunderterfeldern jeweils fünf Kästchen Abstand.
- Zwischen zwei untereinander liegenden Hunderterfeldern jeweils nur ein Kästchen Abstand.

So bleibt unten eine Kästchenreihe als Rand frei.

- Zum besseren Überblick teilen sie zum Schluss die Hunderterfelder jeweils in vier quadratische Viertel (nach fünf Einern und nach fünf Zehnern).

Zeiterfahrung: Die Kinder zeichnen in jedes Kästchen der 1000er-Tafel einen farbigen Punkt. Wie viele Minuten brauchen sie dazu? Die Lehrerin stoppt die Zeit mit einer Stoppuhr und schreibt die Zeiten der ersten drei Kinder und die des letzten Kindes an die Tafel.

Übungen an der 1000er-Tafel

Schrittweiser Aufbau des Tausenders

Die Kinder decken mit zwei Blättern die übrigen Hunderterfelder ab und lassen schrittweise je einen Hunderter mehr sichtbar werden. Dazu sprechen sie gemeinsam: 100 + 100 = 200, 200 + 100 = 300, ... 900 + 100 = 1 000.
Partnerübung wie oben: Beide decken jeweils ein Feld mehr auf. Im Wechsel nennt ein Kind die passende Malaufgabe: 1 · 100 = 100, 2 · 100 = 200, 3 · 100 = 300, ... 10 · 100 = 1 000.

Ergänzen von Hundertern auf 1 000
Gruppenarbeit: Reihum nennt ein Kind je eine Ergänzungsaufgabe auf 1 000, z.B.: 600 + ? = 1 000.
Die anderen zeigen 600 auf ihrer 1 000er-Tafel, stellen fest, wie viele Hunderter auf 1 000 fehlen, und schreiben die Aufgabe in ihr Heft. Der „Aufgabensteller“ liest jeweils die Aufgabe mit Lösung vor, wenn er sieht, dass alle Kinder der Gruppe sie gelöst haben.

Wie viele Punkte sind zu sehen, wie viele sind verdeckt?
Die Lehrerin deckt auf der Folie mit der 1000er-Tafel mit zwei Blättern Punkte ab. Die Kinder decken an ihrer 1000er-Tafel ebenso viele Punkte ab und geben an, wie viele Punkte zu sehen sind (z.B. 740) und wie viele verdeckt sind (260).

Eintrag ins Heft:

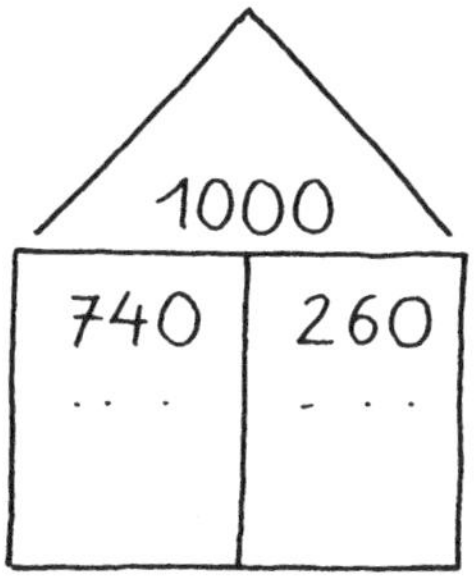

Hunderterquadrate – Zehnerstriche-Einerpunkte
Die Quadrat-Strich-Punkt-Darstellung erinnert anschaulich an das Bündeln und lässt sich an der 1 000er-Tafel gut zeigen.

- Die Lehrerin nennt Hunderterzahlen (z.B. 700), die Kinder umfahren auf ihrer 1 000er-Tafel entsprechend viele Hunderterquadrate (z.B. sieben).
- Sie nennt Hunderter-Zehnerzahlen (z.B.460), die Kinder umfahren wieder entsprechend viele Hunderterquadrate und fahren mit dem Finger die Zehnerreihen entlang.
- Analog wird bei Hunderter-Zehner-Einerzahlen für die Einer jeweils mit dem Finger getupft.

Schnapszahlenrätsel
Die Lehrerin stellt Zahlenrätsel oder zeigt Zahlen in Quadrat-Strich-Punkt-Darstellung (Tafel), die Kinder piksen ihre Pinnnadel auf die passende Zahl.
Beispiel: Meine Zahl hat zwei Hunderter, zwei Zehner und zwei Einer. → Die Zahl 222 liegt im dritten Hunderter (nach zwei vollen H) im ersten Viertel. – Partnerkontrolle
Nach einigen Beispielen stellen sich die Kinder in Partner- oder Gruppenarbeit analoge Rätsel, allerdings mit verschiedenen H-, Z- und E-Ziffern.

Visualisierungsübungen zum Aufbau innerer Vorstellungsbilder
Beispiel: Suche auf deiner „inneren“ 1000er-Tafel die Zahl 570. Wie viele volle Hunderter siehst du, wie viele Zehner?

Fühlzahlen
Partnerübung: Kind ① „malt“ auf den Rücken von Kind ② eine Zahl und legt für jeden Hunderter seine flache Hand auf den Rücken, macht für jeden Zehner einen Strich und tippt für jeden Einer mit dem Finger. Kind ② nennt die Zahl sowie ihre dekadische Zerlegung und steckt eine Pinnnadel auf diese Zahl in der 1000er-Tafel. Dann wird gewechselt.

Luftzahlen
Die Lehrerin „malt“ Hunderterquadrate, Zehnerstriche und Einerpunkte in die Luft. Die Kinder nennen die Zahl sowie ihre dekadische Zerlegung und zeigen sie mit einer Pinnnadel in der 1000er-Tafel.

Hörzahlen
Die Lehrerin, dann ein Kind, stampft für jeden Hunderter einmal mit dem Fuß auf den Boden, klatscht für jeden Zehner und klopft für jeden Einer auf den Tisch oder schnalzt mit den Fingern. Die Kinder schreiben die Zahl auf (jeweils sofortige Kontrolle an der Tafel) und markieren die Zahl wieder mit einer Pinnnadel.
Darstellung mit Orff-Instrumenten: Becken- oder Trommelschlag für jeden Hunderter, Xylofonton für jeden Zehner und Glockenspielton für jeden Einer.

Nachbarzahlen
Partnerarbeit: Im Wechsel stecken die Kinder ihre Pinnnadel auf eine Zahl (keine Zehnerzahl, keine Zahl mit der Einerziffer 1), schreiben die vier angrenzenden Zahlen auf und vergleichen beide sofort ihre Lösungen.
Beispiel:
573: Links und rechts davon stehen die Nachbarzahlen 572 (um 1 kleiner) und 574 (um 1 größer).
Darüber steht die Zahl, die um 10 kleiner ist (563), darunter die Zahl, die um 10 größer ist (583).

	563	
572	**573**	574
	583	

Lösungen zu Kopiervorlage 28

Nr. 2: Auf welchen Zahlen stehen die Buchstaben?

R	E	C	H	E	N	L	Ö	W	E
532	533	534	535	536	537	556	557	558	559

Nr. 3 Start: 515

3 →	3 ↓	3 ←	2 ↓	4 →	2 ↓	3 ←	1 ↑	3 ←	3 ↑
518	548	545	565	569	589	586	576	573	543

Ziel

Name ______________________________	Datum ______________

Kennst du dich in der Tausendertafel aus?

(1)

501									510
	R	E	C	H	E	N			
					L	Ö	W	E	
591									600

(1) Trage die Zahlen in der oberen Reihe ein, in der unteren, in der linken und in der rechten Reihe.

(2) Auf welchen Zahlen stehen die Buchstaben?

R	E	C	H	E	N	L	Ö	W	E
532									

(3) Ziehe mit einer Figur und trage die Zahlen ein, auf die du kommst. Die Pfeile bedeuten:

3 → 3 Felder nach rechts   2 ↑ 2 Felder nach oben
4 ← 4 Felder nach links   5 ↓ 5 Felder nach unten

Start: 515

Ziel

3 →	3 ↓	3 ←	2 ↓	4 →	2 ↓	3 ←	1 ↑	3 ←	3 ↑
518									

(4) Zahlenquiz

für Rechenlöwen

	zwischen 500 und 600	zwischen 1 und 1000
Wie viele Zahlen mit der Einer-Ziffer 5 gibt es …		
Wie viele Zahlen mit der Zehner-Ziffer 5 gibt es …		
Wie viele Zahlen mit der Hunderter-Ziffer 5 gibt es…		
Wie viele Zahlen mit der Ziffer 5 gibt es …		
Wie viele gerade Zahlen gibt es …		

Lösung Nr. 4: Zahlenquiz

	zwischen 500 und 600	für Rechenlöwen zwischen 1 und 1000
Wie viele Zahlen mit der Einer-Ziffer 5 gibt es ...	10 Zahlen (505, 515, 525, 535, 545, 555, 565, 575, 585, 595)	10 · 10 = 100 Zahlen
Wie viele Zahlen mit der Zehner-Ziffer 5 gibt es ...	10 Zahlen (550, 551, 552, 553, 554, 555, 556, 557, 558, 559)	10 · 10 = 100 Zahlen
Wie viele Zahlen mit der Hunderter-Ziffer 5 gibt es...	100 Zahlen	100 Zahlen
Wie viele Zahlen mit der Ziffer 5 gibt es ...	100 Zahlen	280 Zahlen 100 zwischen 500 u. 600 In jedem anderen H je 10 bei den E und Z, also 20 Zahlen: 9 · 20 = 180 100 + 180 = 280 Zahlen
Wie viele gerade Zahlen gibt es	50 Zahlen	500 Zahlen

Zahlkärtchen

100	200	300	400	500	600	700	800	900
10	20	30	40	50	60	70	80	90
1	2	3	4	5	6	7	8	9

Die Kinder malen die Karten mit den Hunderterzahlen rot an, die Karten mit den Zehnerzahlen blau und die Karten mit den Einern grün und schneiden sie dann aus.

Übungen in der Gruppe:

1) Reihum nennt ein Kind eine Zahl (z.B. 464), die anderen legen die passenden Zahlkärtchen aufeinander (400, 60, 4) und zeigen sie mit einer Pinnnadel an ihrer Tausendertafel.
2) Wie 1), jedes Kind schreibt die Zahl auf und die Einernachbarn,
   z.B.: 463 | 464 | 465
3) Wie 1), jedes Kind schreibt die Zahl auf und die Zehnernachbarn,
   z.B.: 460 | 464 | 470
   Den Zehnernachbarn (460), der näher bei 464 liegt, malen sie gelb an.
4) Wie 1), jedes Kind schreibt die Zahl auf und die Hunderternachbarn,
   z.B.: 400 | 464 | 500
   Den Hunderternachbarn (500), der näher bei 464 liegt, malen sie gelb an.

Sicherung: Kopiervorlage 29

Name ______________________ Datum ____________

Zahlensteckbrief

0	6	4

(1) Welche vier Zahlen über 100 kannst du aus diesen drei Karten legen?

640			

Schreibe die H rot, die Z blau, die E grün.

(2) Zeichne zu diesen vier Zahlen Hunderterquadrate, Zehnerstriche und Einerpunkte in dein Heft.

(3) Stecke auf diese vier Zahlen in deiner Tausendertafel eine Nadel.

(4) Trage diese Zahlen in die Stellentafel ein und zerlege sie in H, Z und E:

H	Z	E	
6	**4**	**0**	640 = 600 + 40 + 0

(5) Schreibe zu jeder Zahl die Nachbarn auf.

H-Nachbar	Z-Nachbar	E-Nachbar		E-Nachbar	Z-Nachbar	H-Nachbar
600	630	639	**640**	641	650	700

(6) Schreibe die richtige Zahl daneben.

vierhundertsechzig ☐ sechshundertvier ☐

sechshundertvierzig ☐ vierhundertsechs ☐

(7) Lege diese vier Zahlen mit Geld und zeichne auf die Rückseite.

5.5 Mein Tausenderstrahl – selbst gezeichnet

Material
Für jedes Kind ein kariertes DIN-A4-Heft (Merkheft), eine Pinnnadel und ein Würfel;
Lehrerin: Großer Tausenderstrahl (Tausenderband) zur Demonstration, für jedes Kind zwei Zahlkarten (alle H- und einige HZ-Zahlen; HZE-Zahlen zwischen 100 und 200 sowie zwischen 890 und 1 000), Tafelzeichnung oder Folie (s.u.).

Einführung: Orientierung am großen Tausenderstrahl
Die Kinder versammeln sich im doppelten, lang gezogenen Halbkreis vor dem 1 000er-Strahl, die erste Reihe sitzt auf Teppichfliesen auf dem Boden, die zweite auf dem Stuhl. Jedes Kind zieht aus einem Korb oder einer Schachtel eine Zahlkarte.
Betrachten des 1 000er-Strahls und Gespräch: Wie beim Hunderterstrahl sind nur einige Zahlen angegeben, z.B. die H-Zahlen. Da nicht genug Platz für alle Zahlen ist, steht für die anderen Zahlen nur ein Strich. – Je nach Art des 1 000er-Strahls werden die Besonderheiten (Farbe der Striche, unterschiedliche Höhe der Striche und jeweils zuzuordnende Zahlen) hervorgehoben.
Gemeinsam zählen die Kinder in Hunderterschritten bis 1 000, wobei jeweils das Kind mit der entsprechenden Zahlkarte vortritt, seine Karte zeigt und auf den entsprechenden Strich am 1 000er-Strahl zeigt. Anschließend setzen sich die „Hunderterkinder" direkt vor dem 1 000er-Strahl mit ihrer Fliese auf den Boden.
Anschließend werden in jedem Hunderter die HZ-Zahlen genannt. Wieder treten jeweils die entsprechenden Kinder vor, zeigen ihre Zahlkarte und gehen wieder an ihren ursprünglichen Platz.

Ausschnitte des 1 000er-Strahls
Folie oder Tafelzeichnung:

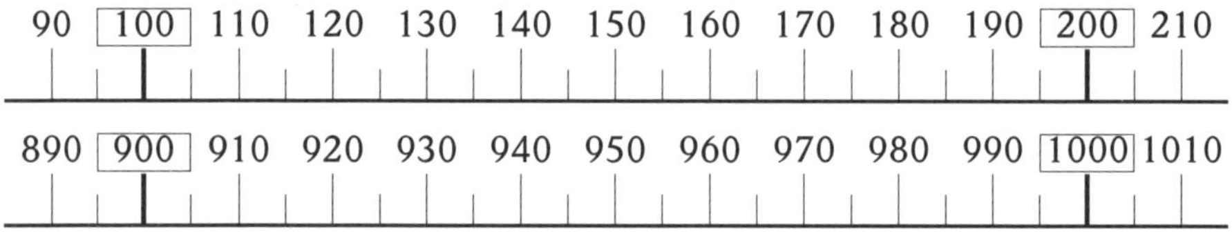

Lehrerin: Hier siehst du nicht den ganzen 1 000er-Strahl, sondern nur einen vergrößerten Teil davon, so als ob man diesen Teil durch eine Lupe betrachtet.

Gespräch über den Zahlenstrahl: Über den langen Strichen stehen die HZ-Zahlen. Die kurzen Striche dazwischen stehen für die Zahlen mit der Einerziffer 5. Dazwischen muss man sich noch vier Striche denken für die Einer, die dazwischen liegen.

Übungen für mehrere Tage:

- Reihum zählen die Kinder von 90 bis 200 (von 890 bis 1 000). Jedes Kind nennt dabei drei aufeinander folgende Zahlen. Bei jeder HZ-Zahl zeigt ein Kind diese auf der Folie oder an der Tafel und alle Kinder klatschen in die Hände.
- Die Lehrerin schreibt zwei Zahlen an die Tafel (z.B. 138, 144) oder zeigt entsprechende Zahlkarten.
  Ein Kind nennt die dazwischen liegenden Zahlen.
- Reihum zählen die Kinder rückwärts. Dabei würfelt jedes Kind und nennt so viele Zahlen, wie es Augen gewürfelt hat.
- Jedes Kind erhält eine Karte mit einer HZE-Zahl. Es liest seine Zahl vor, zeigt sie am Zahlenstrahl und nennt E-, Z- und H-Nachbarn. Die anderen Kinder schreiben die Zahl auf. Zur Kontrolle zeigt das Kind seine Karte. Danach ergänzt es seine HZE-Zahl schrittweise auf 1 000. Dazu zeichnen alle Kinder auf einen unskalierten Zahlenstrahl, z.B.:

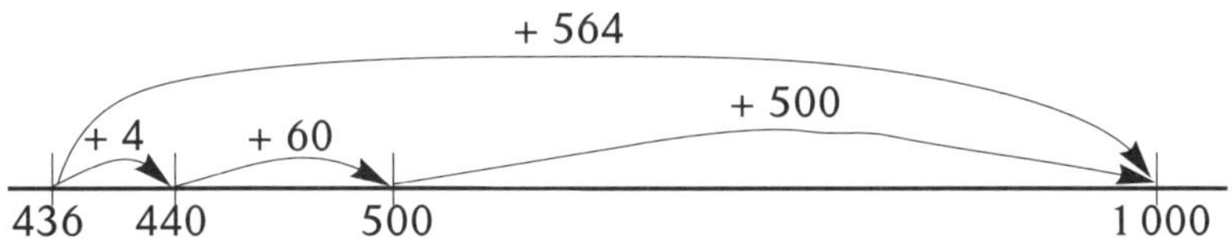

Sicherung: Kopiervorlage 30 (auch als Aufgabe für Wochenplanarbeit geeignet)
Nach der Anleitung zeichnen die Kinder zuerst den 1 000er-Strahl und dann einen Zahlenstrahl von 390 bis 500 in ihr Heft.

Übungen mit dem Partner:

- Kind 1 zeigt mit einer Nadel auf seiner Tausendertafel eine HZ-Zahl, z.B. 340. Kind 2 zeigt diese Zahl mit einer Nadel auf seinem Tausenderstrahl. Dann zeigt Kind 2 eine neue Zahl auf der Tausendertafel.
- Würfelspiel am Zahlenstrahl von 390 bis 500: Abwechselnd würfeln beide Kinder. Jeder nennt so viele Zahlen, wie er Augen gewürfelt hat, zeigt seine Endzahl am Zahlenstrahl und schreibt sie auf.
  Beim nächsten Wurf wird von der letzten Endzahl fortlaufend weitergezählt. Wer erreicht zuerst die Zahl 444?
  Varianten:
  Bis 500 würfeln. Wer auf eine Zahl mit der Einerziffer 6 kommt, darf zur nächsten HZ-Zahl vorrücken (Vorübung zum Runden).

Name ______________________________ Datum ______________

Der Tausenderstrahl

1 So kannst du einen Tausenderstrahl in dein Heft (DIN A4) zeichnen:
- Nimm dein Heft quer. Überschrift: Mein Tausenderstrahl
- Lasse unter der Überschrift sechs Kästchen frei. Zeichne dann auf der Linie mit einem spitzen Bleistift einen 25 cm langen Strich.
- Mache am Anfang und jeweils nach fünf Kästchen einen senkrechten roten Strich, zwei Kästchen hoch.
- Schreibe die Null und die Hunderterzahlen möglichst klein unter den Tausenderstrahl.
- Ziehe nun jeweils nach zwei und einem halben Kästchen einen Bleistiftstrich, ein Kästchen hoch. Schreibe diese Zahlen über den Tausenderstrahl.
- Rahme diese Zahlen rot ein: 0, 1 000, 500, 250, 750.

2 Suche am Tausenderstrahl diese zwölf Zahlen.

a) Mache an ihrem Platz einen grünen Strich.

80	160	240	320	400	480	Regel: Immer ... weiter!	960

b) Suche zu den Zahlen die Hunderter- und Zehnernachbarn und schreibe in dein Heft. 100 < 150 < **160** < 170 < 200

c) Ergänze diese Zahlen zum nächsten Hunderter und schreibe in dein Heft.

80 + 20 = 100

3 Zeichne einen Zahlenstrahl von 390 bis 500 in dein Heft. So geht es:
- Nimm dein Heft wieder quer.
- Zeichne einen Strich, der 27,5 cm lang ist (27 cm und ein Kästchen). Beginne vorne und lass nur ein Kästchen frei.
- Ziehe am Anfang und dann jeweils nach fünf Kästchen einen senkrechten roten Strich, zwei Kästchen hoch.
- Beginne mit 390 und schreibe die Hunderter-Zehnerzahlen (400, 410 ...) bis 500 möglichst klein unter den Zahlenstrahl.
- Mache nun jeweils nach zwei und einem halben Kästchen einen Bleistiftstrich, ein Kästchen hoch. Schreibe diese Zahlen über den Tausenderstrahl.
- Rahme diese Zahlen rot ein: 400, 500, 450, 425, 475.

4 Suche am Zahlenstrahl diese 13 Zahlen.

a) Mache an ihrem Platz einen grünen Strich.

398	406	414	422	Regel: Immer ... weiter!	494

b) Suche zu den Zahlen die Einer- und Zehnernachbarn und schreibe in dein Heft.

410 < 413 < **414** < 415 < 420

c) Ergänze diese Zahlen zum nächsten Zehner und schreibe in dein Heft.

414 + 6 = 420

Arbeitsblatt 31

Name ________________________	Datum ______________

Mein Zahlenstrahl

1. Trage mit einem roten Stift die Hunderter und Zehner ein.
2. Trage mit Bleistift die Zahlen in die Luftballons ein.

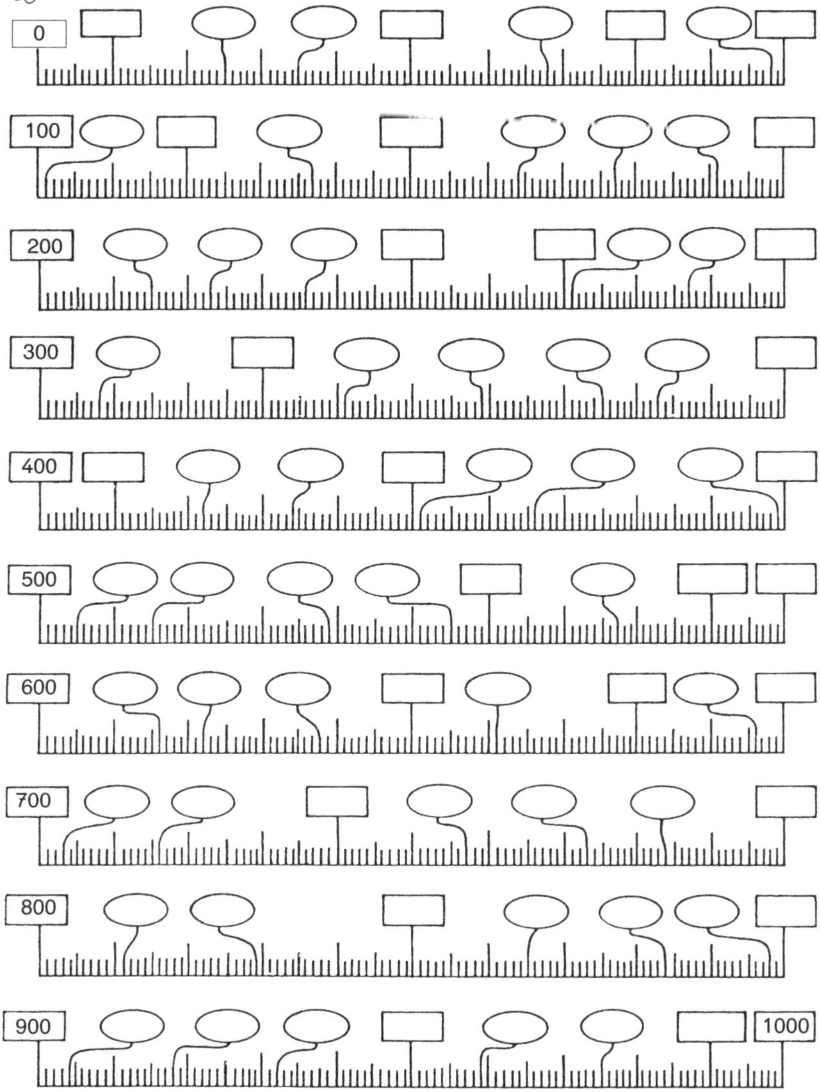

Bis 500 mit zwei Würfeln würfeln und jeweils um die Summe der Augenzahl vorwärtszählen.
Von 500 mit einem Würfel rückwärts zählen.

5.6 Geldbeträge bis 1 000 Euro

Material
Rechengeld zur Demonstration und für jedes Kind, Werbeprospekte und Kataloge

Überblick über die Scheine

Wert	Farbe	Abmessungen	Gestaltungsmotiv
5 €	grau	120 x 62 mm	Klassik
10 €	rot	127 x 67 mm	Romantik
20 €	blau	133 x 72 mm	Gotik
50 €	orange	140 x 77 mm	Renaissance
100 €	grün	147 x 82 mm	Barock und Rokoko
200 €	gelb-braun	153 x 82 mm	Eisen- und Glasarchitektur
500 €	lila	160 x 82 mm	Moderne Architektur 20. Jhdt.

Vorbereitende Hausaufgabe
Die Kinder überlegen sich einen Wunsch, der zwischen 100 und 1 000 € kostet. Sie schneiden den Gegenstand entweder aus einem Katalog aus oder malen ihn groß auf ein Zeichenblatt und schreiben den Preis in Euro dazu (Centbeträge weglassen).

Kennenlernen der Geldscheine
Die Kinder legen in Partnerarbeit alle Scheine (5 € bis 500 €) in einer aufsteigenden Wertreihe, die Lehrerin legt analog an der Tafel.
Betrachten der Scheine und Klassengespräch:

- Wenn man von jedem Schein genau einen hat, wie viel Geld ist das zusammen? (885 €)
- Die sieben Euro-Geldscheine sind durch ihre unterschiedliche Farbe (Farben und Werte aufzählen) und Größe gut zu unterscheiden. Je höher der Wert ist, desto größer ist der Schein.
  Hier ergibt sich eine gute Gelegenheit das Längenmaß Millimeter vorzustellen (1 cm = 10 mm) und das Messen mit mm zu üben.
  Rechenlöwen versuchen auszurechnen, wie lang die Schlange aus allen sieben Scheinen ist, wenn man sie erst der Länge nach, anschließend der

Breite nach aneinanderlegt, und messen. Der Länge nach: 980 mm = 98 cm, also fast 1 m; der Breite nach: 524 mm = 52,4 cm, also etwa ein halber Meter.

- Jeder Schein zeigt Fenster, Tore und Brücken aus einer anderen Zeit als Symbol der Offenheit und Zusammenarbeit in Europa. Die Kinder überlegen und berichten, an welchen Gebäuden sie ähnliche architektonische Elemente schon gesehen haben, sei es in der Heimat oder auf Reisen.
- Auf der Rückseite ist eine Landkarte mit den Ländern Europas zu sehen und die europäische Flagge mit zwölf Sternen, die für die zwölf Länder stehen, in denen man mit Euro bezahlt.

Kimspiel: Während die Kinder die Augen kurz schließen, entfernt die Lehrerin einen Schein von der Tafel. Die Kinder geben an, welcher Schein fehlt.
Eintrag ins *Merkheft:* Die Kinder zeichnen die Scheine vereinfacht in ihr Heft und zeichnen dazu mit Hilfe von Prospekten und Katalogen jeweils einen Gegenstand, den man für diesen Betrag kaufen kann.

Meine Wünsche kosten Geld

Etwa sechs Kinder stellen sich mit ihrem Wunschbild (s.o.) mit verdecktem Preis vor der Tafel auf. Nacheinander nennt jedes Kind seinen Wunsch, erzählt vielleicht kurz dazu und lässt die anderen Kinder den Preis schätzen. Dann nennt es den Preis und legt ihn mit Rechengeld an der Tafel. Die sitzenden Kinder legen ebenfalls den genannten Betrag.
Anschließend stellen sich die Kinder mit dem niedrigsten Preis beginnend in einer geordneten Reihe auf und vergleichen den Preis ihres Wunsches mit dem des folgenden Kindes, z.B. Kind 1: Mein Lerncomputer kostet 189 € . Er kostet weniger als Lauras Keyboard für 229 €.
Dabei schreiben die sitzenden Kinder auf: 189 € < 229 € < ... < ...
An den folgenden Tagen stellen die anderen Gruppen ihre Wünsche vor.
Evtl. Gespräch: Viele Preise haben eine 9 am Schluss. Damit soll den Kunden ein vermeintlich günstiger Preis suggeriert werden.

Weitere Übungen

- Legen eines Geldbetrages (1 000, 500 ... €) auf verschiedene Weise
- Ergänzen von Geldbeträgen auf 500 oder 1 000 Euro
  Kartei: Die Kinder schneiden aus Prospekten und Katalogen Artikel mit Preis und Abbildung aus, kleben einen Artikel mit dem Preis jeweils auf eine Karteikarte und zeichnen einen 500-Euro-Schein und zwei 500-Euro-Scheine dazu. Auf die Rückseite der Karte zeichnen sie den Preis in Scheinen und Münzen sowie das Rückgeld auf 500 € oder 1 000 € (bei Preisen über 500 €).

Partnerarbeit: Kind ① zieht eine Karte und legt den Preis (einfache Variante) oder die Geldbeträge (schwierigere Variante: Preis, Rückgeld auf 500 €, Rückgeld auf 1 000 €). Kind ② kontrolliert auf der Rückseite.

Beispiel für eine Karteikarte:

Vorderseite:

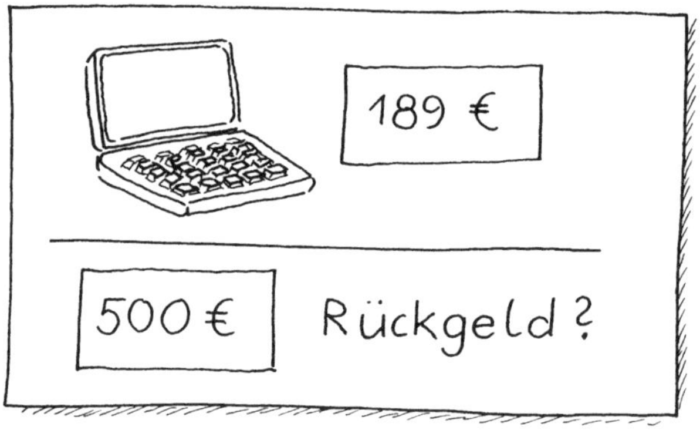

Rückseite:

Preis	
100 € 50 € 20 € 10 € 5 € 2 € 2 €	
Rückgeld auf 500 €	200 € 100 € 10 € 1 €

- Verdoppeln und Halbieren von Geldbeträgen
  Die Kinder legen Geldbeträge, verdoppeln sie und schreiben z. B. in ihr Heft: 2 · 230 € = 460 €
  Beim Halbieren teilen sie den Betrag handelnd in zwei Hälften und wechseln z. B. bei 760 € einen 100-Euro-Schein in zwei 50-Euro-Scheine um, damit sie die Hälfte legen können: 760 € : 2 = 380 €
- Berechnen des Rückgeldes und Anlegen einer Tabelle:

Bezahlt	Preis	zurück
1000 €	750 €	
…		

- „Geschicktes“ Bezahlen
  Tafelanschrift als Problemstellung:

> Frau Fit muss für ihr Fahrrad 194 € bezahlen.
> Sie bezahlt mit einem 200-Euro-Schein und zwei 2-Euro-Münzen.

Ggf. Hilfsimpuls, wenn die Kinder nicht von selbst die Lösung finden: Der 200-Euro-Schein hätte doch zum Bezahlen genügt.
Gespräch: Es ist für den Verkäufer einfacher, schnell einen 10-Euro-Schein zurückzugeben als lange zu rechnen und nach verschiedenen Münzen und Scheinen als Rückgeld zu suchen.

Tafelanschrift oder Folie: Wie wurde hier geschickt bezahlt?

Preis	gegeben	zurück
163 €		20 € 20 €
297 €		5 €
471 €		20 € 10 €
354 €		50 €

Die Kinder legen mit Rechengeld, übertragen die Tabelle in ihr Heft und zeichnen in die zweite Spalte die Scheine und Münzen, mit denen bezahlt wurde.
Lösungen:

163 €/200 € + 3 €
297 €/200 € + 100 € + 2 €
471 €/200 € + 200 € + 100 € + 1 €
354 €/200 € + 200 € + 2 € + 2 €

Spiele und Übungen für Freiarbeit

Geldkartei
Die Lehrerin beklebt Karteikarten mit je einem Geldbetrag in Euro (Rechengeld) und schreibt auf die Rückseite die Lösung. Oder sie steckt das Rechengeld und den mit einer Büroklammer zusammengeklammerten Lösungszettel in einen Briefumschlag.
Verwechslungszahlen: Auf einer Karte sind z. B. 430 € zu sehen, auf der andern 340 €. Die Kinder ordnen Paare zu und schreiben in ihr Heft:
340 € < 430 €.

Nimmspiel (für zwei Kinder)
Auf dem Tisch hat jedes Kind sein Rechengeld ausgebreitet. Während Kind ②„Eins, zwei, drei, fertig!" spricht, nimmt Kind ① mit geschlossenen Augen drei (in einem neuen Spiel auch vier) Scheine und legt diese auf sein Heft. Es errechnet den genommenen Betrag und notiert ihn auf dem Block, während Kind ② kontrolliert. Nun verfährt Kind ② ebenso. Anschließend vergleichen beide die notierten Beträge. Wer den größeren Betrag genommen hat, kreist ihn ein. Wer nach beliebig vielen Durchgängen zum Schluss die meisten Beträge einkreisen konnte, hat gewonnen.

Partnerspiel: Wer macht die 1 000 € voll?
Jeder hat zu Beginn gleich viel Geld vor sich liegen: einen 500-Euro-Schein, zwei 200-Euro-Scheine, zwei 100-Euro-Scheine und zwei 50-Euro-Scheine. Abwechselnd wird ein Schein in die Mitte gelegt. Wer nicht anlegen kann (weil der Betrag dann größer als 1 000€ wäre), muss aussetzen (nach *S. Schütte* 2001, S.37).

6. Flächen- und Körperformen

Ziele und didaktische Hinweise

- Untersuchen, Beschreiben, Vergleichen, Klassifizieren und Benennen der Körperformen Zylinder, Pyramide und Kegel (Rechenlöwen: zusätzlich Dreiecksprisma)
- Entdecken bekannter Flächenformen an Körperformen
- Entdecken von Körperformen in der Umwelt (z.B. Bauklötze, Verpackungsmaterial)
- Herstellen von Würfelmodellen (Kanten-, Massiv- und Flächenmodell)
- Beschreiben von Eigenschaften des Würfels
- Aufsuchen und Herstellen von rechten Winkeln
- Finden und Überprüfen von Würfelnetzen

Vorwissen: Im 1./2. Schuljahr werden die Flächenformen Viereck, Rechteck, Quadrat, Dreieck, Kreis (fakultativ: Drachen, Raute) erkundet sowie die Körperformen Würfel, Quader und Kugel. Beim Beschreiben der Formen werden die Fachbegriffe Ecke, Kante und Fläche eingeführt. Günstig erscheint uns ein Wiederholen der Begriffe als Voraussetzung für erfolgreiches Lernen im 3. Schuljahr.

Der Bereich Geometrie eignet sich besonders dazu, selbstständig Erfahrungen zu gewinnen. Deshalb schlagen wir hier folgende Vorgehensweise vor:
In Freiarbeitsphasen erarbeitet eine Gruppe zusammen mit Hilfe von Material, Aufgabenkarten und Arbeitsblättern selbstständig ein Thema. Benötigt die „Expertengruppe" Hilfe, wendet sie sich an die Lehrerin. Ihre Arbeitsergebnisse und selbst gebastelten Modelle stellt jede Gruppe auf ihrem Formentisch aus. Wenn die „Expertengruppe" das Thema beendet hat, stellt sie entweder die Inhalte der gesamten Klasse vor oder ein oder zwei „Experten" der Gruppe führen je eine andere Gruppe in das Thema ein, entweder zeitgleich oder auch zeitlich versetzt.
Zum Schluss, wenn alle Kinder der Klasse „Bescheid wissen", erfolgen eine Zusammenschau, Zusammenfassung und eine Vertiefung des Gelernten.

Überblick über Körperformen in der Umwelt und ihre Merkmale

Formen	Gegenstände	Merkmale
Würfel	Spielwürfel, Einerwürfel des Rechenkastens, Schachtel, Baustein, Zettelblock, Zauberwürfel, Margarine, Pflasterstein ...	acht Ecken, sechs gleich große Quadrate als Flächen, zwölf gleich lange Kanten, kann stehen, nicht rollen
Quader	Buch, Schwamm, Kiste, Schuhschachtel, Klassenraum, Streichholzschachtel, Milchtüte, Schrank, Ziegelstein, Koffer, Waschmittelpackung, Balken, Suppenwürfel (!), Zuckerwürfel (!)	acht Ecken, sechs Rechtecke als Flächen (nur die zwei gegenüberliegenden Flächen sind gleich groß), zwölf Kanten (nur die vier Kanten von je zwei gegenüberliegenden Flächen sind gleich lang), kann stehen, nicht rollen
Kugel	Ball, Murmel, Perle, Weihnachtsbaumkugel, Globus, Luftballon, Erbse, Mandarine, Orange, Lampe ...	gleichmäßig gekrümmte Fläche ohne Ecken und Kanten, kann in jede Richtung rollen, aber nicht stehen
Kegel	Vgl. 6.5	Kreis als Grundfläche, Kreisausschnitt als Mantel, hat eine Ecke, kann stehen und im Kreis rollen
Zylinder Walze	Vgl. 6.3	Je ein Kreis als Grund- und Deckfläche, gekrümmtes Rechteck als Mantel, kann stehen und in eine Richtung vor- und zurückrollen
Pyramide	Vgl. 6.4	Quadrat als Grundfläche, vier gleich große Dreiecke als Seitenflächen, die in einer Spitze (Ecke) zusammenstoßen, insgesamt fünf Ecken
Dreiecksprisma	Schokoladenverpackung	je ein Dreieck als Grund- und Deckfläche, drei Rechtecke als Seitenflächen

Bausteine für den Unterricht

6.1 Wiederholung: Quiz über Würfel, Quader und Kugel

Material: Für die Lehrerin ein großer Quader (z.B. Schuhschachtel), ein großer Würfel (Baustein) und eine große Kugel (Ball) sowie drei Schilder mit den Zahlen 1, 2 und 3. (Kopiervorlage 32, S. 148; Lösungen s. S. 146)

Durchführung
Die Lehrerin stellt die drei Gegenstände mit den Zahlenschildern für alle gut sichtbar auf.

6.2 Würfel

Material
Je ein in Silberfolie eingewickelter Gegenstand, der die Form eines Würfels, Zylinders, einer Pyramide, eines Kegels und eines Dreiecksprismas hat; Wortkarten mit den Namen der Körperformen;
Für jedes Kind der „Würfelgruppe“ (oder für alle Kinder) eine Unterlage, ein stumpfes Messer, ein Holzwürfel (Schreinerei) oder eine würfelförmige Schachtel (evtl. selbst gebastelt), Buntpapierreste in verschiedenen Farben, Plastilin, zwölf Schaschlikstäbe, Tonpapier, Klebstoff, Transparentpapier, Karopapier DIN A4, Kopiervorlagen 33 – 36 (siehe S. 149 ff.)

Vorbereitung und Einführung (etwa eine Woche vor Beginn des Projekts)
Die Lehrerin stellt je einen in Silberfolie eingewickelten Gegenstand, der die Form eines Würfels, Zylinders, einer Pyramide, eines Kegels und eines Dreiecksprismas hat, auf einen Tisch.
Die Kinder betrachten die Körperformen und überlegen, welche Gegenstände hier verpackt sein könnten. Je nach Nennung werden den Körpern die korrekten oder von den Kindern erfundenen Namen auf Wortkarten zugeordnet.
Auftrag: Die Kinder sollen von zu Hause Gegenstände mitbringen, die diese Formen haben, und auf den „Würfel-, Zylinder-, Kegel-, Pyramiden- oder Prismatisch“ legen.
Nach einigen Tagen überprüft jede Gruppe „ihren“ Tisch. Dabei werden auch erste Merkmale angesprochen, z.B.: Ist eine Tube ein Zylinder? Oder: Gehört die Tube auf diesen Tisch? – Nein, denn sie ist an einem Ende flach. Zylinder aber haben an beiden „Enden“ einen Kreis.
Zum Einführen in wiederholt benötigte Arbeitstechniken kann die Arbeit am Würfel auch mit der gesamten Klasse erfolgen.

Name ______________________ | Datum ______________

Quiz

1. Wie heißen die Formen der drei Gegenstände, die du siehst?

____

2. Schreibe drei Dinge auf, die die gleiche Form haben wie Gegenstand 1. (Wörterbuch!)

____

3. Schreibe drei Dinge auf, die die gleiche Form haben wie Gegenstand 2.

____

4. Schreibe drei Dinge auf, die die gleiche Form haben wie Gegenstand 3.

____

5. Wie viele Ecken hat …?
die Kugel ☐ der Quader ☐ der Würfel ☐

6. Wie viele Flächen hat …?
die Kugel ☐ der Quader ☐ der Würfel ☐

7. Wie viele Kanten hat …?
die Kugel ☐ der Quader ☐ der Würfel ☐

8. Was ist das Besondere an den Flächen des Würfels?

____

9. Was ist das Besondere an den Flächen des Quaders?

____

____

Name ______________________________	Datum ______________

Einen Würfel bekleben und erforschen

1 Beklebe einen Würfel mit Buntpapier, jede Seite in einer anderen Farbe.
So kannst du das Buntpapier leicht zuschneiden:
Lege den Würfel auf das Papier und umfahre die Kanten.
Vor dem Aufkleben: Miss nach, wie lang jede Seite ist.

☐ ☐ ☐ ☐ cm

Was stellst du fest? Das Buntpapier hat vier ☐ Seiten.

Ein solche Flächenform ist ein ☐ .

Auch so kannst du nachprüfen, ob eine Fläche ein Quadrat ist. Lege Eck auf Eck und falte ein Kopftuch. Bei einem Quadrat steht keine Seite über.

Schneide nun für jede Würfelfläche ein Quadrat zu.
Wie viele Quadrate brauchst du? ☐

Lege alle Quadrate aufeinander. Was stellst du fest?

Alle sechs Quadrate sind ☐ .

Beklebe nun den Würfel mit den Quadraten.

2 Warum kannst du den Würfel nicht
mit solchen Vierecken bekleben?

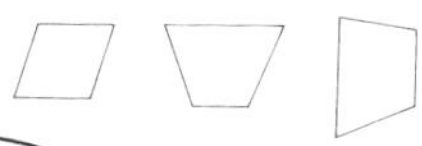

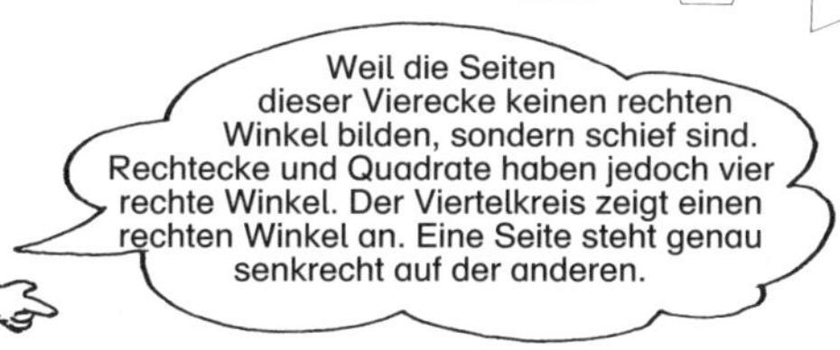

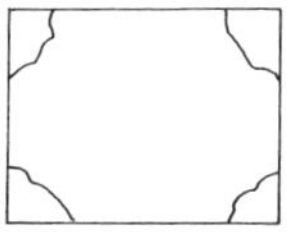

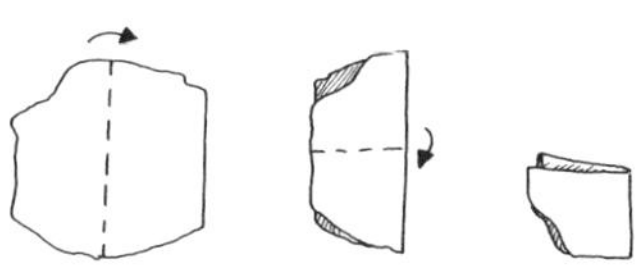

So kannst du selbst einen
rechten Winkel herstellen:
Falte ein Blatt Papier einmal.
Falte quer dazu und lege Knick auf Knick.
Klebe das Papier zusammen, damit der rechte Winkel fest wird.
Lege nun deinen rechten Winkel in die Ecken der „Schiefecke“ oben.

Was stellst du fest? ☐

3 Suche im Klassenzimmer rechte Winkel und lege deinen rechten Winkel an.
Schreibe zum Beispiel in dein Heft: Der Spiegel hat vier rechte Winkel.

Arbeitsblatt KV 34

Name ______________________	Datum ______________

Die Flächen des Würfels

(1) Arbeite mit einem Partner.
Lege deinen bunten Würfel vor dich.
Dein Partner sagt nun,
welche Farbe jede Seite hat.
Die Grundfläche ist …
Die Deckfläche ist …
Die Seitenflächen sind …
Wähle nun eine andere Farbe als
Grundfläche und lass dir von deinem
Partner wieder die Farben nennen.

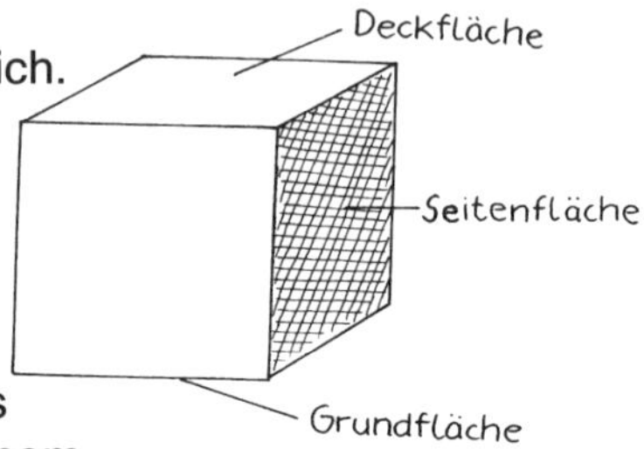

(2) Setze richtig ein.

Ein Würfel hat eine ____________________,

eine ____________________ und vier

____________________. Je nachdem, wie

ich den Würfel hinlege, kann die gleiche Fläche einmal

____________________, ____________________

oder ____________________ sein. Insgesamt

hat ein Würfel __________ Flächen und __________ Kanten.

(3) Forme einen Würfel aus Plastilin.
Nimm dir dazu eine Unterlage und ein stumpfes Messer.
Wie kannst du es schaffen, dass alle Flächen des Würfels gleich groß sind?
Gruppenarbeit: Sammelt in der Gruppe Ideen und probiert sie aus.

(4) Gruppenarbeit: Baut aus euren Plastilin-Würfeln und bunt beklebten Würfeln Bauwerke.

Name ______________________________	Datum ______________

Einen Würfel selbst formen und erforschen

(1) So kannst du aus Plastilinkügelchen und gleich langen Schaschlikstäben das Gerüst eines Würfels bauen.
Trage ein, wie viele Kugeln und Stäbe du jeweils brauchst.

> Zuerst stecke ich für die Grundfläche aus ☐ Kugeln und ☐ Stäben ein Quadrat. Dann stecke ich in die ☐ Kugeln senkrecht ☐ Stäbe hinein. Auf die ☐ senkrechten Stäbe stecke ich jeweils eine Kugel.
> Nun stecke ich in jede Kugel einen waagrechten Stab und forme so die Deckfläche.
> Insgesamt habe ich ☐ Kugeln und ☐ Stäbe gebraucht.

(2) Setze richtig ein.
Am Würfelgerüst sehe ich:
Ein Würfel hat ☐ Kanten und ☐ Ecken.

Alle Kanten sind ______________________.

(3) So kannst du aus einem Würfelgerüst eine Tischlaterne basteln.
Für jede Kante brauchst du einen Streifen aus Tonpapier, 10 cm lang und 4 cm breit. Du musst also ☐ gleiche Streifen schneiden.
Falte jeden Streifen längs in der Mitte und klebe die Ecken zusammen.

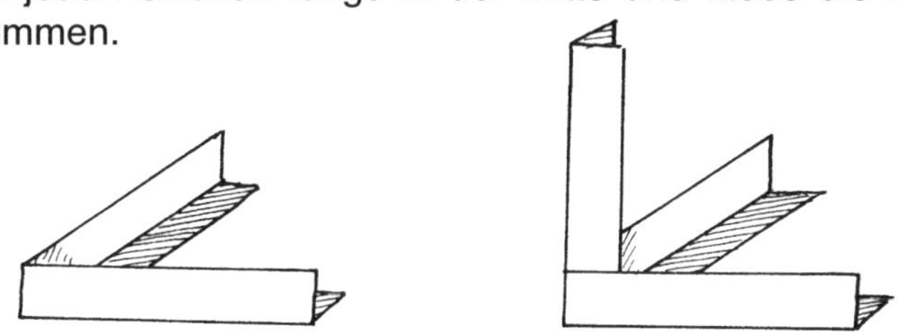

Schneide aus Transparentpapier vier Quadrate mit der Seitenlänge ☐ cm.
Klebe die Quadrate als Seitenflächen auf das Würfelgerüst.

Kunst: Im Anschluss an das Betrachten des Bildes „Open Kube“ von Sol LeWitt (1968, Teil der Marzona-Sammlung) stellen die Kinder aus Tonpapierstreifen (vgl. Tischlaterne) ähnliche Formen her und gehen der Frage nach, auf wie viele Kanten man verzichten kann, ohne dass der Würfel umfällt.

Staatliche Museen zu Berlin – Preußischer Kulturbesitz, Nationalgalerie, Sammlung Marzona. Foto: Peter Neumann, Ammerbuch.

Hinweis: Aus solchen Netzen lassen sich Würfel falten:

- Vier Quadrate hängen in einer Reihe zusammen.
- An beiden Seiten dieser Reihe ist je ein Quadrat (1, 7, 8, 9, 10, 11, 15, 17 sowie 13, 14).

Vertiefung: An ein Würfelnetz Kleberänder zeichnen, es ausschneiden und zu einem Würfel zusammenkleben.

6.3 Zylinder

Material

Für jedes Kind der „Zylindergruppe“: Plastilin, Unterlage, stumpfes Messer, runde Bierdeckel, Tonpapier (ca. 35 cm breit je nach Umfang des Bierdeckels), Büroklammern, Heftklammerzange oder Heftgerät, Klebestreifen, Schneidebrett, Klopapierrollen, Kopiervorlagen (siehe S. 154 ff.) als Arbeitsblätter oder laminierte Arbeitskarten (zum Beschriften mit wasserlöslichem Stift) einer Geometriekartei.

Name ______________________________ Datum ______________

Würfelnetze

(1) Nimm deinen mit Buntpapier beklebten Würfel, lege ihn auf Karopapier ganz oben hin und umfahre eine Fläche.
Kippe nun den Würfel an einer Seite, sodass er auf einer anderen Seite liegt und umfahre auch diese Fläche.
Kippe den Würfel weiter und umfahre alle Flächen.
Nun hast du ein Würfelnetz. Wenn du es ausschneidest, kannst du daraus wieder einen Würfel falten.

(2) Wie sieht dein Würfelnetz aus? Male es aus.
Wenn dein Würfelnetz nicht dabei ist, male es klein dazu.

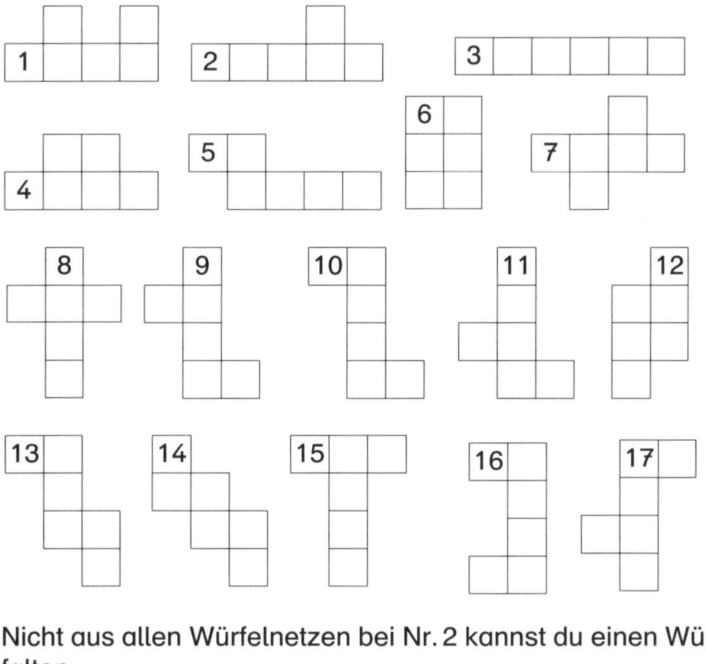

(3) Nicht aus allen Würfelnetzen bei Nr. 2 kannst du einen Würfel falten.
Gruppenarbeit: Jeder zeichnet ein anderes Würfelnetz auf Karopapier ab (Seitenlänge 3 cm), schneidet es aus und versucht, daraus einen Würfel zu falten.
So findet ihr die falschen Netze heraus.
Streiche sie bei Nr. 2 durch.

Name ______________________________	Datum ______________

Dinge in der Form eines Zylinders

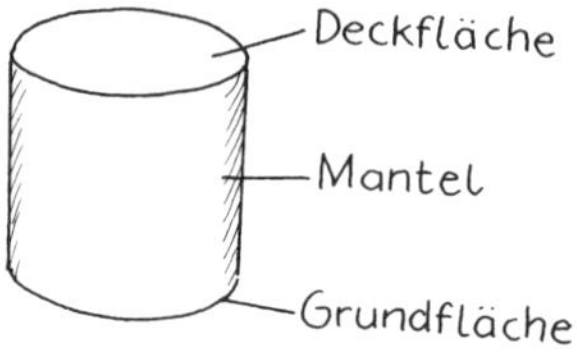

(1) Kreuze an, welche Dinge in Zylinderform ihr gesammelt und mitgebracht habt.

Dinge in der Schule

❑ Stift
❑ Kleberolle
❑ Zeigestock
❑ Mattenrolle
❑ Anspitzer
❑

Spielzeug

❑ Bauklotz
❑ Trommel
❑ Zylinderhut
❑ Straßenkreide
❑ Spielsteine (Mühle, Dame)
❑

Dinge aus der Küche

❑ Nudelholz
❑ Dose
❑ Trinkhalm
❑ Topf
❑ Küchenrolle
❑ Eimer
❑ Zahnstocher
❑ Bierkrug
❑ Salzstreuer
❑ Salzstangen
❑ Besenstiel
❑ gerollte gelbe Säcke
❑ Keksrolle
❑ Kerze
❑ Käseschachtel
❑ Trinkglas, Becher
❑ Keksrolle
❑ Stapelchips
❑ Vase
❑ Marmeladenglas
❑ Limonadendose
❑ Salami
❑ Teelicht
❑
❑

Dinge aus dem Bad

❑ Klopapierrolle
❑ Spraydose
❑ Waschpulver
❑ Zahnbecher
❑ Parfümflasche
❑ Arzneifläschchen
❑ Tablettenröhrchen
❑ Lippenstift
❑ Brausetablette

Sonstiges

❑ Blumenübertopf
❑ Tapetenrolle
❑ Filmdose
❑ Fadenrolle
❑ Münze
❑

(2) Bei einigen zusammengesetzten Wörtern weist ein Wort auf die Zylinderform hin. Unterstreiche dieses Wort.

(3) Habt ihr noch andere Dinge in Zylinderform mitgebracht?
Schreibe bei Nr. 1 ihre Namen auf und verwende dabei dein Wörterbuch.

(4) Suche zu Haus nochmals mit dieser Liste nach Dingen in Zylinderform und bringe sie mit.

(5) Auch im Freien kannst du Dinge in Zylinderform entdecken.
Schreibe zu jedem Bild das passende Wort.

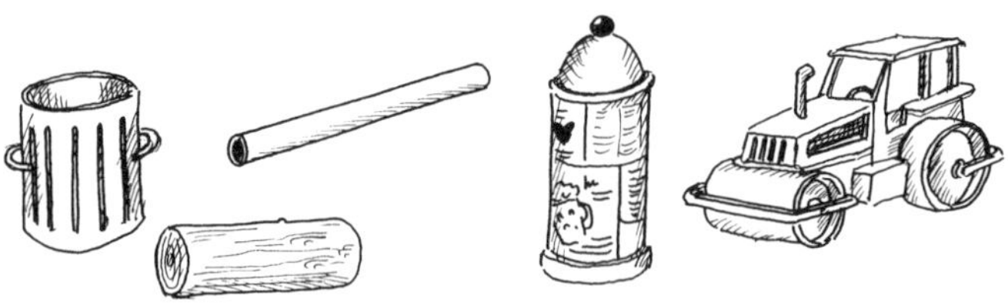

Tonne
Baumstamm
Plakatsäule
Rohr
Walze

Name ______________________ | Datum ______________

Einen Zylinder selbst formen und erforschen

1. Forme einen Zylinder aus Plastilin. Richte dir dazu eine Unterlage her und ein stumpfes Messer. Probiere das Formen zuerst, bevor du weiterliest.

2. Ist dir der Zylinder aus Plastilin geglückt? So geht das Formen. Bringe die Sätze mit Nummern in die richtige Reihenfolge.

   ☐ Schneide mit dem Messer die beiden Enden der Rolle ab.

   ☐ Lege eine Unterlage und ein stumpfes Messer bereit.

   ☐ Rolle das Plastilin zu einer runden Rolle.

3. Wie kannst du aus Papier einen Zylinder formen?
   Sammelt in der Gruppe Ideen und probiert sie aus.

4. So kannst du aus Papier einen Zylinder formen:
   Du brauchst zwei runde Bierdeckel, Tonpapier und Klebestreifen.
   Lege einen Bierdeckel auf deinen Tisch. Stelle das Tonpapier senkrecht auf, rolle es eng um den Bierdeckel und halte es mit Büroklammern zusammen. Klebe die Säule aus Tonpapier oben, unten und in der Mitte mit Klebestreifen zusammen. Klebe danach den unteren Bierdeckel mit Klebestreifen an der Säule fest. Klebe zuletzt den zweiten Bierdeckel oben auf die Säule.

5. Welche Flächen hat ein Zylinder? Streiche durch, was falsch ist.

   ein Dreieck – ein Quadrat – ein Rechteck – zwei Dreiecke – zwei Kreise – zwei Rechtecke – einen Kreis – zwei Quadrate – drei Kreise – drei Dreiecke

6. 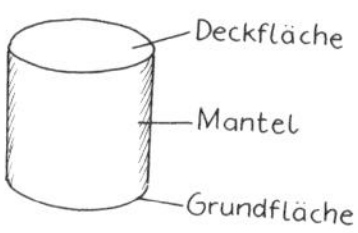

   Setze richtig ein.

   Die Grundfläche ist ein ______________ .

   Auch die Deckfläche ist ein ______________ .

   Der Mantel ist ein gekrümmtes ______________ .

7. Rollversuch
   Nimm ein kleines Schneidebrett und halte es leicht schräg.
   Stelle deinen Zylinder mit der Grundfläche auf das Brett. Was geschieht?

   ____

   Lege deinen Zylinder nun mit dem Mantel auf das Brett. Was geschieht?

   ____

   Vergleiche den Zylinder mit einer Kugel. Eine Kugel kann in jede Richtung rollen.

   Ein Zylinder kann nur in ______________ .

Lösungsblatt zu Kopiervorlage 38

Nr. 2

3	Schneide mit dem Messer die beiden Enden der Rolle ab.
1	Lege eine Unterlage und ein stumpfes Messer bereit.
2	Rolle das Plastilin zu einer runden Rolle.

Nr. 5

~~ein Dreieck – ein Quadrat~~ – ein Rechteck – ~~zwei Dreiecke~~ – zwei Kreise – ~~zwei Rechtecke – einen Kreis– zwei Quadrate – drei Kreise – drei Dreiecke~~

Nr.6

Die Grundfläche ist ein **Kreis.**

Auch die Deckfläche ist ein **Kreis.**

Der Mantel ist ein gekrümmtes **Rechteck.**

Nr.7 Rollversuch

Stelle deinen Zylinder mit der Grundfläche auf das Brett. Was geschieht?

Der Zylinder bleibt stehen.

Lege deinen Zylinder nun mit dem Mantel auf das Brett. Was geschieht?

Der Zylinder rollt.

Vergleiche den Zylinder mit einer Kugel. Eine Kugel kann in jede Richtung rollen.

Ein Zylinder kann nur in **eine Richtung rollen.**

Mit Zylindern basteln

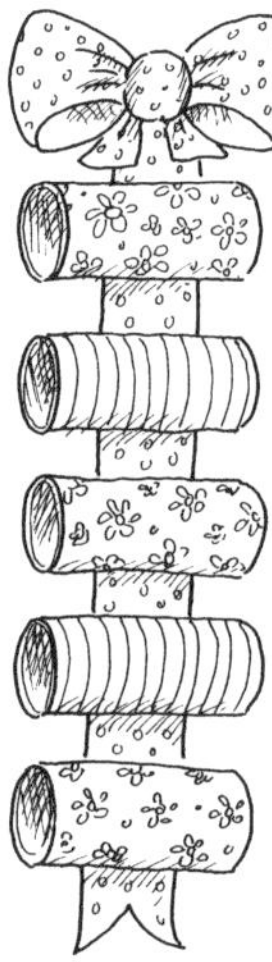

So kannst du einen Überraschungskalender basteln.

Du brauchst:
Klopapierrollen,
Buntpapier oder Folie zum Bekleben
ein breites Band
Heftgerät

So geht es:
1) Beklebe den Mantel der Klopapierrollen.
2) Hefte die bunten Klopapierrollen mit dem Heftgerät an das Band.
3) Lege in jede Rolle eine kleine Überraschung oder einen lieben Brief.

Vor dem Basteln bespricht die Lehrerin den Zweck des Kalenders.
Möglichkeiten:

- Wenn eine Gruppe oder die Klasse einen Adventskalender für die Klasse basteln will, werden 24 Klopapierrollen benötigt.
- Für einen Geburtstagskalender der Klasse werden Rollen in der Zahl der Klassenstärke benötigt.
- Will jedes Kind z.B. für seine Mutter einen Geburtstags- oder Muttertagskalender herstellen, kann es selbst die Anzahl der Rollen bestimmen. Wie beim Adventskalender kann die Mutter jeden Tag vorher eine kleine Überraschung herausnehmen.

6.4 Pyramide

Material
Für jedes Kind der Gruppe: Formenplättchen (ein Quadrat, vier Dreiecke aus dem Kasten des 1. Schuljahres) oder selbst hergestellte Plättchen aus Papier oder Pappe (Länge einer Quadratseite 6 cm, vier gleichschenklige Dreiecke mit der Grundlinienlänge 6 cm), Klebestreifen, Plastilin, Unterlage, ein stumpfes Messer, acht Schaschlikstäbe; Kopiervorlage 39 als Arbeitsblatt oder laminierte Arbeitskarte (zum Beschriften mit wasserlöslichem Stift) einer Geometriekartei.

Lösung zu Kopiervorlage 39

Nr. 3
Die Pyramide hat ein **Quadrat** als Grundfläche.
Vier gleich große **Dreiecke** stoßen in einer **Spitze** zusammen.

Nr. 5
Zuerst stecke ich für die Grundfläche aus **4** Kugeln und **4** Stäben ein Quadrat. Dann stecke ich in die **4** Kugeln senkrecht **4** Stäbe hinein, biege die Stäbe so, dass eine Spitze entsteht, und stecke die Spitze mit einer Kugel fest. Insgesamt habe ich **5** Kugeln und **8** Stäbe gebraucht.

6.5 Kegel

Material
Für jedes Kind der Gruppe: Kopiervorlage 40 und 41 (siehe S. 159 f., Kuchenteller und Bierdeckel als Schablone, Klebestreifen, Büroklammern, Plastilin, Unterlage, ein stumpfes Messer, Kugel (z.B. Perle), Zylinder (z.B. Dose), Heftklammerzange oder Heftgerät, Material zum Verzieren der Hüte.

Name ______________________ Datum ______________

Eine Pyramide selbst formen und erforschen

1. Es gibt nicht viele Dinge in der Form einer Pyramide.
Am bekanntesten sind die Pyramiden, die die alten Ägypter schon vor vielen tausend Jahren gebaut haben.
Schreibe zu jedem Bild das passende Wort.

Turmdach
Pyramide in Ägypten
Zelt

[ ]

2. So kannst du aus Formenplättchen aus Plastik oder Papier eine Pyramide legen.
Lege ein Quadrat als Grundfläche.
Nimm vier gleiche Dreiecke. Ihre untere Seite muss genauso lang sein wie eine Quadratseite.
Stelle nun die Dreiecke um das Quadrat und lasse sie an der Spitze zusammenstoßen.
Wenn die Pyramide nicht hält, kannst du die Seiten mit Klebestreifen zusammenkleben.

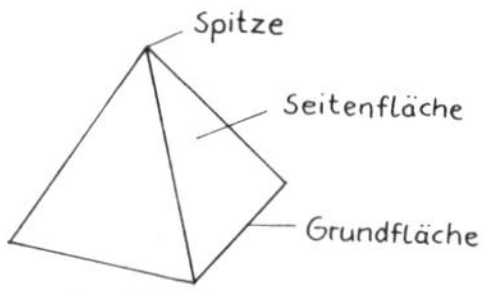

3. Setze richtig ein.

Die Pyramide hat ein [ ] als Grundfläche. Vier gleich große [ ] stoßen in einer [ ] zusammen.

4. Forme eine Pyramide aus Plastilin.
Richte dir dazu eine Unterlage her und ein stumpfes Messer.
Drücke mit dem Messer die Seitenflächen, sodass scharfe Kanten entstehen.
Forme ebenso eine Spitze.

5. So kannst du aus Plastilinkügelchen und Schaschlikstäben das Gerüst einer Pyramide bauen. Trage ein, wie viele Kugeln und Stäbe du jeweils brauchst.

Zuerst stecke ich für die Grundfläche aus [ ] Kugeln und [ ] Stäben ein Quadrat. Dann stecke ich in die [ ] Kugeln senkrecht [ ] Stäbe hinein, biege die Stäbe so, dass eine Spitze entsteht, und stecke die Spitze mit einer Kugel fest. Insgesamt habe ich [ ] Kugeln und [ ] Stäbe gebraucht.

Arbeitsblatt KV 40

Name ______________________________	Datum ______________

Dinge in der Form eines Kegels

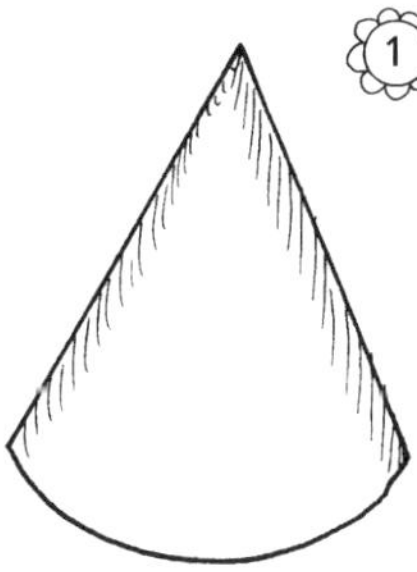

(1) Gespräch in der Gruppe:
Welche Dinge haben die Form eines Kegels?
Rahme sie ein.

Ball Kreisel Eiswaffeltüte Bleistiftspitze
Trichter Eiszapfen Koffer Limonadendose
Schultüte Kasperlhut Buch Fingerhut
Bergkegel Markierungskegel auf der Straße
Baumstamm Feenhut Schuhschachtel
Chinesenhut Klopapierrolle

(2) Bei einigen zusammengesetzten Wörtern weist ein Wort auf die Kegelform hin. Unterstreiche dieses Wort.

(3) Findest du noch mehr Gegenstände mit Kegelform?
Schreibe sie auf und verwende dabei dein Wörterbuch.

Mit Kegeln basteln

Je nach Jahreszeit ergeben sich verschiedene Möglichkeiten:

- Kegelhüte: Aus einem Kreis (mindestens 24 cm Durchmesser) aus Tonpapier einen Viertelkreis ausschneiden und zum Hut biegen. Mit einem Heftgerät den Hut zusammenhalten und je nach Jahreszeit verzieren (Faschingshut, Frühlingshut ...)
- Advents- oder Geburtstagskalender: Wie oben Tüten formen, die Tüten an die Pinnwand heften und in die Tüten Überraschungen hineingeben. Wenn die Tüten entsprechend groß und fest sind, können die Kinder sie auch zum Aufbewahren von Bastelmaterial nutzen.

6.6 Dreiecksprisma

Material

Für jedes Kind der Gruppe: Kopiervorlage 42, siehe S. 161, drei gleich große Taschenspiegel, festes Klebeband (am besten Textilband oder Leukoplast), Pappe für die Grundfläche, Silberfolie, bunte Glasperlen, Plastilin, Unterlage, stumpfes Messer, Schaschlikstäbe und Zahnstocher.

Name ______________________________	Datum ______________

Einen Kegel selbst formen und erforschen

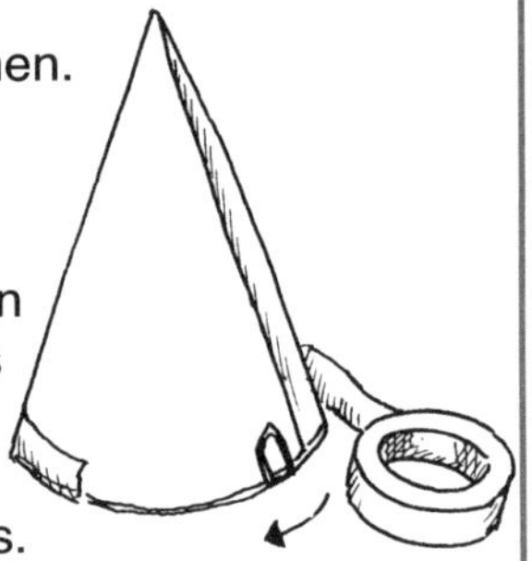

(1) So kannst du aus Papier einen Kegel formen.
Lege einen Bierdeckel auf ein Papier, umfahre ihn und schneide den Kreis aus.
Dieser Kreis ist die Grundfläche.
Mache mit dem Kuchenteller einen zweiten Kreis für den Mantel. Falte dazu den Kreis einmal zur Hälfte und dann noch einmal.
Klappe den gefalteten Kreis auf.
Schneide aus dem Kreis ein Viertel heraus.
Biege den Dreiviertelkreis zu einem Hut so, dass er auf die Grundfläche passt. Halte ihn mit Büroklammern zusammen und klebe ihn dann mit Klebestreifen fest.

(2) Welche Flächen hat ein Kegel? Kreuze an.

☐ zwei gleiche Kreise ☐ einen großen und einen kleinen Kreis ☐ einen Kreis und einen Kreisausschnitt

(3) Setze richtig ein.
Die Grundfläche eines Kegels ist ein ____________________ .

Der Mantel des Kegels
ist ein gekrümmter ____________________ .

(4) Forme einen Kegel aus Plastilin.
Richte dir dazu eine Unterlage her und ein stumpfes Messer.
Rolle das Plastilin so, dass du einen Kreis als Grundfläche erhältst.
Rolle nun das andere Ende kräftig, dass du oben eine Spitze erhältst, und drücke mit dem Messer die Spitze zurecht.

(5) Rollversuch
Lass eine Kugel, einen Zylinder und einen Kegel rollen.
Beobachte, in welche Richtungen diese Körperformen rollen, und kreuze an.

	Kugel	Zylinder	Kegel
rollt nur in eine Richtung vor und zurück			
rollt nur im Kreis			
rollt in alle Richtungen			

Name ______________________ | Datum ____________

Ein Dreiecksprisma selbst herstellen und erforschen

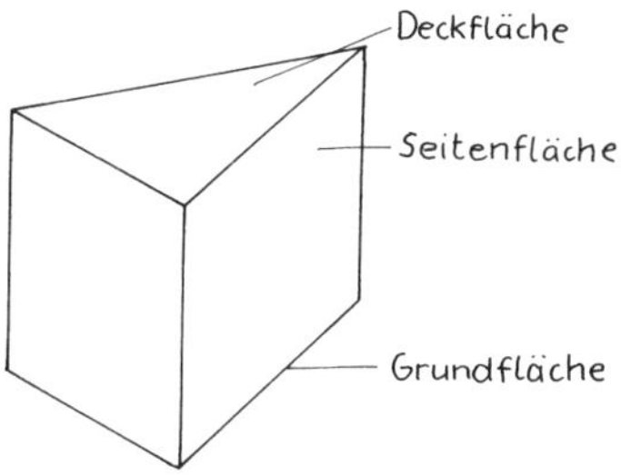

(1) Baue dir einen Spiegelkasten.
Stelle drei gleich große rechteckige Spiegel in einem Dreieck auf. Klebe die Spiegel mit Klebeband fest zusammen.
Stelle das Prisma auf Pappe und umfahre die dreieckige Grundfläche.
Schneide das Dreieck aus, umwickle es mit Silberfolie und befestige es mit Klebeband am Prisma.
Gib drei Perlen in verschiedenen Farben hinein.
Wie oft kannst du jede Perle sehen?

(2) Forme ein Prisma aus Plastilin.
Richte dir dazu eine Unterlage her und ein stumpfes Messer.
Drücke mit dem Messer die Seitenflächen, sodass scharfe Kanten entstehen.

(3) Setze richtig ein.
Ein Dreiecksprisma hat als Grundfläche und Deckfläche zwei

gleich große ______________ .

Die ______________ Seitenflächen sind

______________ .

(4) So kannst du das Gerüst eines Prismas bauen.
Trage ein, wie viele Kugeln und Stäbe du jeweils brauchst.

Zuerst stecke ich für die Grundfläche aus ☐ Kugeln und ☐ kurzen Stäben ein Dreieck. Dann stecke ich in die ☐ Kugeln senkrecht ☐ lange Stäbe hinein. Auf die ☐ senkrechten Stäbe stecke ich jeweils eine Kugel. Aus ☐ kurzen Stäben stecke ich die Deckfläche. Insgesamt habe ich ☐ Kugeln und ☐ Stäbe gebraucht, ☐ lange und ☐ kurze.

6.7 Übungen für Freiarbeit

Ausstellungstisch
Zuordnen von Körpern, Körpernetzen, Wortkarten und Rätselkarten (s.u.)

Zylindernetz

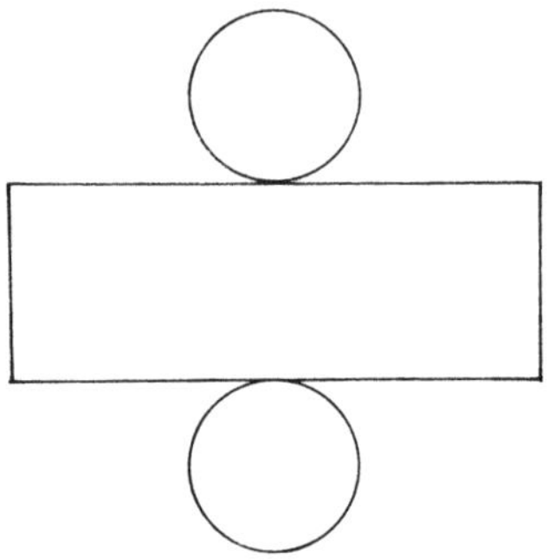

Pyramidennetz

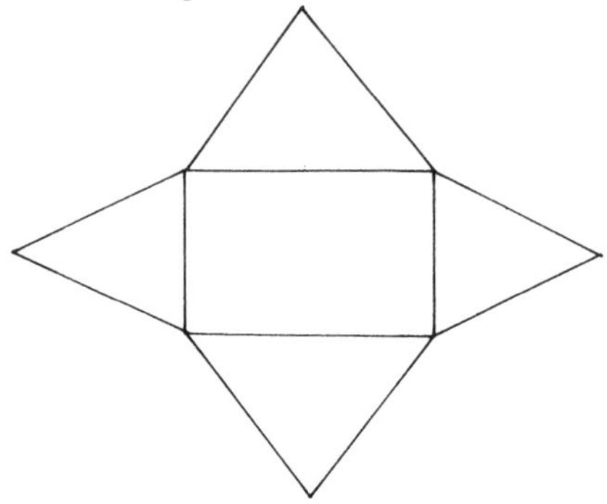

Kegelnetz

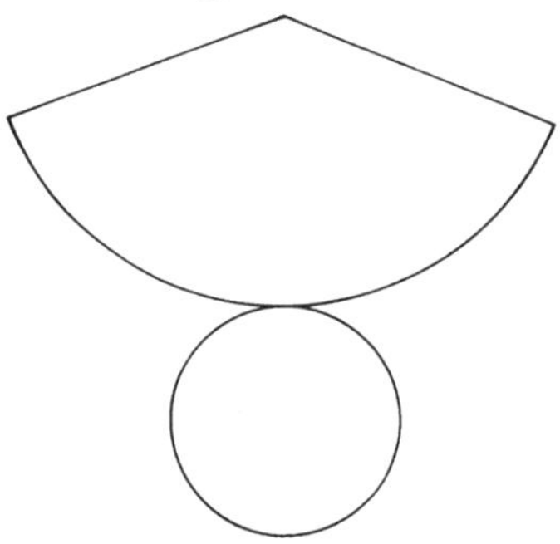

Prismennetz

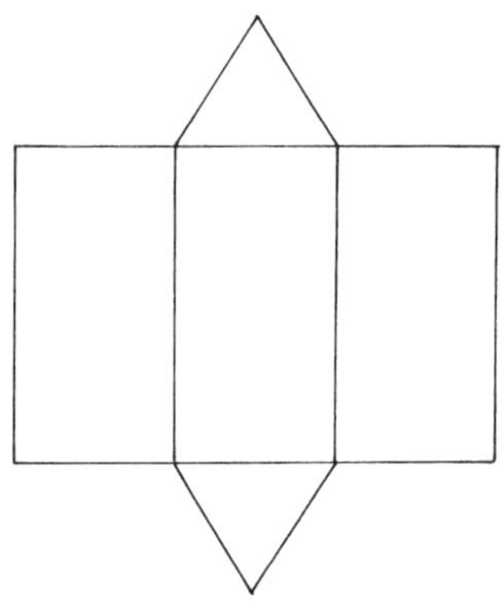

Ratespiele
- Unter einem undurchsichtigen Tuch ist ein Körper versteckt. Ein Kind tastet ihn ab und beschreibt ihn dabei.
- Zwei Kinder sitzen Rücken an Rücken. Kind ① hat einen Körper in der Hand und beschreibt ihn, Kind ② nennt seinen Namen.
- Ein Kind legt einen Körper oder einen Gegenstand auf den Overheadprojektor. Die anderen Kinder geben an, an welchem Körper diese Flächenform zu finden ist (z. B. Pyramide → Schattenbild Dreieck).

Deutsch
- Wörter suchen, in denen die Namen von Körperformen enthalten sind, z.B. Bergkegel, Kegelspiel ...
- Rätsel aufschreiben und den Körpern zuordnen, z. B.:

Ich habe einen Kreis als Grundfläche. Mein Mantel ist ein gekrümmter Kreisausschnitt. Er hat oben eine Spitze. Ich habe eine Kante und eine Ecke. Ich kann fest stehen und im Kreis herumrollen.	Ich habe als Grundfläche und Deckfläche jeweils einen Kreis. Mein Mantel ist ein gekrümmtes Rechteck. Ich habe zwei Kanten und keine Ecke. Ich kann fest stehen und in eine Richtung vor- und zurückrollen.
Ich habe ein Quadrat als Grundfläche. Meine vier Seitenflächen sind gleich große Dreiecke. Ich habe sechs Kanten und fünf Ecken.	Ich habe als Grundfläche und Deckfläche jeweils ein Dreieck. Meine drei Seitenflächen sind gleich große Rechtecke. Ich habe neun Kanten und sechs Ecken.

- Dominospiel zum Lesen und Nachdenken

	Warum haben Töpfe eine Zylinderform und keine Quaderform?	Weil man die Ecken nur mühsam sauber bekommt.	Welcher Würfel ist gar kein richtiger Würfel?
Spielwürfel Würfelzucker Eiswürfel	Warum rollt man den Kuchenteig nicht mit einer Kugel aus, sondern mit einem Nudelholz?	Weil eine Kugel nur eine schmale Spur hat, ein Zylinder aber eine breite.	Warum ist ein Schrank ein Quader und kein Würfel?
Weil ein Quader weniger Platz braucht als ein Würfel.	Warum nimmt man zum Fußballspielen eine Kugel und keine Konservendose?	Weil die Kugel in alle Richtungen rollt, die Dose aber nur in eine Richtung.	Warum haben Schreibgeräte meist die Form eines Zylinders?
Weil ein langer, dünner Zylinder gut in der Hand liegt.	Warum verwendet man beim Eishockey einen Puck (Hartgummischeibe) und keinen Ball?	Ein Ball würde überall hinrollen. Der Puck dagegen gleitet auf dem Eis und kann mit dem Schläger besser beherrscht werden.	

7. Addition und Subtraktion bis 1 000

Ziele und didaktische Hinweise

- Auf- und Abrunden von Zahlen
- Rechnen mit gerundeten Zahlen (Überschlagen)
- Halbschriftliches Rechnen: Entdecken, Begründen und Vergleichen von verschiedenen Lösungswegen und individuelles Anwenden
- Abschätzen von Ergebnissen durch Überschlagsrechnungen
- Erkennen von Fehlern und Fehlerursachen (hier beim Hunderterübergang)
- Erschließen von Sachsituationen und ihrer Darstellung (Fragebogen, Schaubild)

Regeln zum Runden

- Es wird jeweils nur eine Stelle gerundet, im 3. Schuljahr also nur von Einern auf Zehner oder von Zehnern auf Hunderter.
- Die Ziffern 1 bis 4 werden abgerundet, die Ziffern 5 bis 9 aufgerundet.

Das Rechnen mit runden Zahlen (Überschlagen) spielt im Alltag oft eine größere Rolle als das Rechnen mit HZE-Zahlen. Es wird deshalb beim folgenden halbschriftlichen Rechnen eingeführt.

Beim *halbschriftlichen Rechnen* wird eine schwierige Rechnung in vorteilhafte Teilaufgaben zerlegt, die mehr oder weniger ausführlich notiert werden. Die Teilaufgaben werden durch einen Strich von der Hauptrechnung abgegrenzt. Beim Notieren wird keine feste Form für alle vorgegeben. Vielmehr soll sich jedes Kind für den Rechenweg entscheiden, der ihm zusagt. Analog der Addition und Subtraktion mit zweistelligen Zahlen im 2. Schuljahr lassen sich die Rechenwege auf dreistellige Zahlen übertragen (vgl. 7.2 sowie Kap.2). Das Beschreiben, Benennen und Vergleichen der Rechenwege unterstützt das bewusste Anwenden.

Bausteine für den Unterricht

7.1 Runden von Zahlen

Material
Lehrerin: Bewegliche Bilder und Schilder für die Tafel;
Kinder: Rechengeld
Einstieg: Tafelanschrift und bewegliche Einzelbilder (Personen mit Sprechblasen)

Welche Fahrräder wollen die Kunden kaufen?

① Rennrad Mars mit 14 Gängen 368,– €	② Mountain Bike für Herren mit 18 Gängen 389,– €	③ Mountain Bike mit 18 Gängen 313,– €	④ Leichtlauf-Sportrad für Damen 345,– €

Herr Schnell | Frau Fix | Herr Radler | Frau Radler

Partnerarbeit: Die Kinder legen die genauen (Kind ①) und die gerundeten Preise (Kind ②) mit Rechengeld. Sie ordnen den Preisen die gerundeten Zahlen (Sprechblasen) zu.

Tafelanschrift:

(Zeile frei lassen für die spätere Überschrift)
313 € sind rund 310 €.
345 € ~ 350 €
368 € ~ 370 €
389 € ~ 390 €

Gespräch:
- Vergleichen der gerundeten und genauen Preise: Die genauen Preise sind HZE-Zahlen, die gerundeten Preise sind HZ-Zahlen.
- Warum nennen die Kunden gerundete Preise und nicht die genauen Preise? (Die runden Preise kann man sich besser vorstellen; sie sind

schneller auszusprechen; man kann sie sich besser merken; man kann leichter mit ihnen rechnen.

Ergänzen der Tafelanschrift:

Wir runden die Einer zum nächsten Zehner.

Erarbeiten der Regeln zum Runden
Die Lehrerin deutet auf die Zahlen in der Tafelanschrift:

313 € sind rund 310 €.
345 € ~ 350 €

Gespräch:
313 wurde auf den Zehnervorgänger 310 gerundet. (Einer 3 rot markieren)
345 wurde auf den Zehnernachfolger 350 gerundet. (Einer 5 blau markieren)
Das Rundungszeichen ist eine Wellenlinie. (Mehrmals groß in die Luft zeichnen)

Tafelanschrift:

Abrunden (rot schreiben)
Die Einer **1, 2, 3, 4** zum
Zehnervorgänger **abrunden**

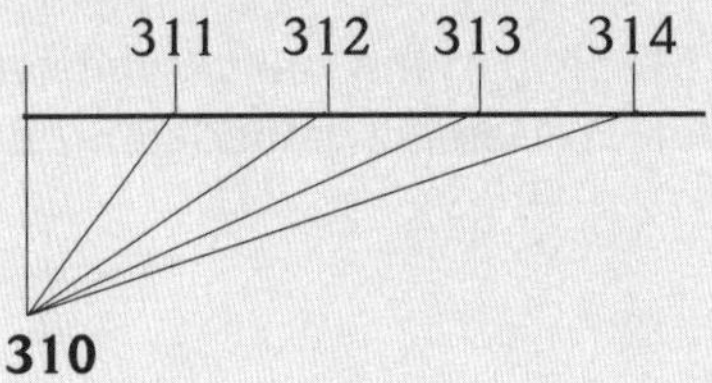

Aufrunden (blau schreiben)
Die Einer **5, 6, 7, 8, 9** zum
Zehnernachfolger **aufrunden**

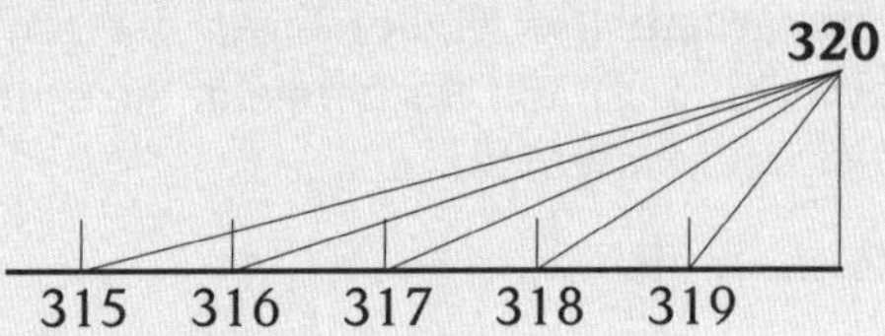

Sicherung
- Die Kinder übernehmen die Tafelanschrift in ihr Heft.
- Zahlendiktat: Die Lehrerin nennt Zahlen, die die Kinder aufschreiben und runden. – Kontrolle jeweils sofort an der Tafel.

Übertragen der Regeln auf das Runden von Zehnern auf Hunderter

Tafelbild (mit beweglichen Radangeboten) oder Folie als Einstieg:

Welches Fahrrad bietet der Verkäufer den Kunden an?

Damen City Bike mit 5 Gängen nur 569 €	Rennsportrad zum Sonder- preis 493 €	Damensportrad zum Einführungspreis 286 €	Herrensportrad für nur 375 €
Frau A: Ich möchte ein Rad für rund 300 €.	Herr B: Ich möchte höchstens 500 € ausgeben.	Herr C: Haben Sie ein Rad für rund 400 €?	Frau D: Das Rad darf etwa 600 € kosten.

Die Kinder

- legen in Partnerarbeit die genauen (Kind ①) und die gerundeten (Kind ②) Preise,
- wiederholen die Rundungsregeln,
- erkennen, dass hier vom Zehner auf den Hunderter gerundet wurde,
- ordnen die Angebote den entsprechenden Personen zu und sprechen dazu.

Tafelanschrift:

Wir runden die Zehner zum nächsten Hunderter.
286 € sind rund 300 €.
375 € ~ 400 €
493 € ~ 500 €
569 € ~ 600 €

Die Kinder formulieren die Regel zum Runden. → Tafelanschrift:

Abrunden (rot schreiben)
Die Einer **1, 2, 3, 4** zum
Hundertervorgänger **abrunden**

Aufrunden (blau schreiben)
Die Zehner **5, 6, 7, 8, 9** zum
Hunderternachfolger **aufrunden**

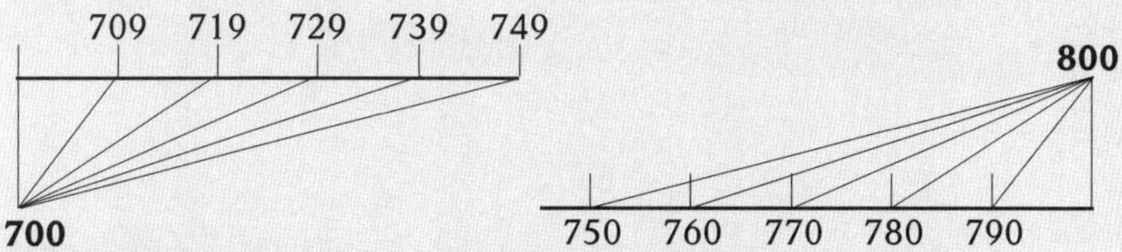

bis 49 abrunden

ab 50 aufrunden

Sicherung

- Die Kinder übernehmen die Tafelanschrift in ihr Heft.
- Zahlendiktat: Die Lehrerin nennt Zahlen, die die Kinder aufschreiben und runden. – Kontrolle jeweils sofort an der Tafel.

Spiel zum Runden für zwei Kinder (nach *S. Schütte* 2002, S. 29)
Material: Drei Würfel mit den Zahlen 0 bis 9 oder 14 Karten mit verschiedenen HZE-Zahlen, Spielplan (s. S. 169), für jedes Kind sieben Plättchen in einer anderen Farbe.

Spielregel
1. Runde zur Einführung: Die Kinder würfeln abwechselnd mit den drei Würfeln und bilden eine Zahl daraus.
Oder: Sie ziehen von den verdeckt ausliegenden Zahlenkarten eine Karte.
Sie runden ihre Zahl entsprechend den Regeln und zeichnen die Zahlen in ihr Heft, z. B.:

Danach legen sie ihr Plättchen auf die gerundete Zahl im Spielplan. Das Kind gewinnt, das die beiden Plättchen hat, die am weitesten voneinander entfernt liegen.

Gesteigerter Schwierigkeitsgrad:
Die Kinder sollen nun ihre Zahl aus den Würfelaugen geschickt bilden oder von den nun offen ausliegenden Zahlkarten eine für sie günstige Zahl auswählen. Denn wer ein Plättchen so legen kann, dass es weniger als 50 Punkte von einem Plättchen des Mitspielers entfernt ist, darf dieses entfernen.

Spielplan:

10	20	30	40	50	60	70	80	90	100
110	120	130	140	150	160	170	180	190	200
210	220	230	240	250	260	270	280	290	300
310	320	330	340	350	360	370	380	390	400
410	420	430	440	450	460	470	480	490	500
510	520	530	540	550	560	570	580	590	600
610	620	630	640	650	660	670	680	690	700
710	720	730	740	750	760	770	780	790	800
810	820	830	840	850	860	870	880	890	900
910	920	930	940	950	960	970	980	990	1000

7.2 Rechenwege bei der halbschriftlichen Addition

Material

Für jede Gruppe sechs Karten mit Aufgaben sowie vergrößerte Karten für die Tafel;

Lehrerin: Drei vergrößerte Rechentabellen (s. u.), evtl. kleines Plakat für jeden Aufgabentyp (oder Tafelanschrift).

Kopfrechnen

396 + = 400	299 + = 300	693 + = 700	894 + = 900	595 + = 600
792 + = 800	596 + = 600	492 + = 500	192 + = 200	393 + = 400
495 + = 500	892 + = 900	297 + = 300	993 + = 1000	292 + = 300
197 + = 200	995 + = 1000	391 + = 400	798 + = 800	494 + = 500
691 + = 700	797 + = 800	594 + = 600	696 + = 700	898 + = 900

Die Kinder bilden drei Gruppen. Jede Gruppe setzt sich auf Teppichfliesen im Halbkreis um eine vergrößerte Tabelle. Reihum trägt jedes Kind schweigend ein Ergebnis seiner Wahl ein, während die anderen Kinder aufpassen, dass keine falsche Zahl eingetragen wird. Welche Gruppe hat zuerst die Tabelle fehlerlos gelöst?

Ordnen von Aufgaben nach ihrem Schwierigkeitsgrad
Gruppenarbeit: Jede Gruppe erhält folgende Aufgabenkarten, soll sie von leicht nach schwierig ordnen, die Aufgaben ausrechnen und die Rechenwege, die in der Gruppe gefunden werden, aufschreiben. Gruppen, die schneller als andere mit ihrer Arbeit fertig sind, suchen zu jedem Aufgabentyp weitere Zahlenbeispiele und schreiben diese jeweils auf einen Zettel. Sie rechnen die weiteren Aufgaben aus und legen die Zettel jeweils unter die passende Karte.

400 + 200	430 + 200	430 + 240	436 + 200	436 + 240	436 + 248

Beschreiben von Rechenwegen
Jede Gruppe stellt ihre Ordnung mit den großen Karten an der Tafel vor und begründet sie. Dabei werden die Zahlen betrachtet und Rechenwege vorgestellt, die entweder an die Tafel oder auf Plakate geschrieben werden:

H + H	**HZ + H**	**HZ + HZ**	**HZE + H**	**HZE + HZ**
400 + 200 = 600	430 + 200 = 630	430 + 240 = 670	436 + 200 = 636	436 + 240 = 676
Rechenweg	Rechenweg	Rechenweg	Rechenweg	Rechenweg
4 + 2 = 6	400 + 200 + 30	400+200+30+40	400 + 200 + 36	430 + 240 + 6
40 + 20 = 60	H + H + Z	430+ 200 + 40	440 + 200 – 4	440 + 240 – 4
		...	...	...

Gespräch:
Während man diese Aufgaben im Kopf rechnen kann, ist dies bei der nun folgenden Aufgabe nicht mehr so einfach. Wir müssen die Aufgabe in leichtere Aufgaben zerlegen.
Deshalb werden zuerst die ausführlichen Rechenschritte geschrieben, dann Möglichkeiten für verkürztes Aufschreiben gesucht und am unskalierten Zahlenstrahl dargestellt.

HZE + HZE 436 + 248	kurz
Weg 1: Ich zerlege und rechne: H + H, Z + Z, E + E 400 + 200 = 600 30 + 40 = 70 6 + 8 = 14 600 + 70 + 14 = 684	<u>436 + 248 = 684</u> 600 + 70 + 14 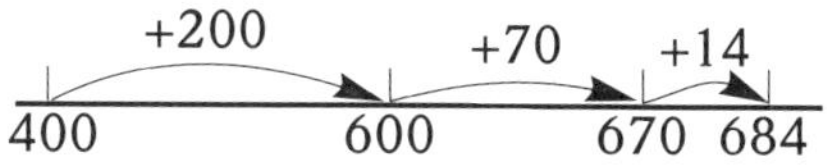
Weg 2: Ich zähle schrittweise dazu: HZE + H, HZE + Z, HZE + E 436 + 200 = 636 636 + 40 = 676 676 + 8 = 684	<u>436 + 248 = 684</u> 636 + 40 + 8 = 676 + 8 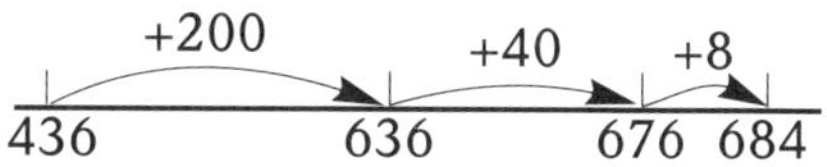
Weg 3: Ich mache ein Zahl zu einer HZ-Zahl (gegensinniges Verändern) 436 + 248 436 + 248 (−2) (+2) (+4) (−4) 434 + 250 = 684 440 + 244 = 684	<u>436 + 248 = 684</u> 434 + 250 oder 440 + 244 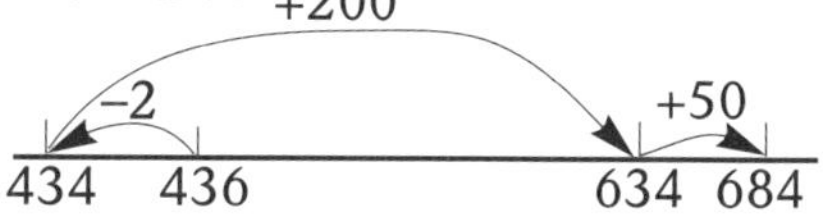

Vergleichen der Rechenwege

Lehrerin: Wähle einen Weg aus und sage dir nochmals leise vor, wie du rechnest.

Nacheinander beschreiben einige Kinder laut ihren Weg und die anderen Kinder geben an, ob Weg 1, 2 oder 3 gewählt wurde.

Partnergespräch: Je zwei Kinder erklären sich gegenseitig ihren Weg.

Sicherung im Merkheft: Die Kinder schreiben ihren Weg auf und zeichnen dazu. Wer damit fertig ist, rechnet eine oder weitere Aufgaben auf dem gleichen Weg.

7.3 Abschätzen von Ergebnissen durch Überschlagsrechnungen

Material
Für jede Gruppe ein Zeichenblatt oder eine Folie;
Lehrerin: Große Karten mit Aufgaben (von 7.2).

Hinführung
Die Lehrerin zeigt nochmals die Aufgabenkarten aus der vorigen Unterrichtseinheit: Die meisten von euch haben die gleichen Aufgaben als leicht oder schwierig empfunden.

400 + 200	430 + 200	430 + 240	436 + 200	436 + 240	436 + 248

Die Kinder geben nochmals an, wie sie die Aufgaben einschätzen.
Die Lehrerin kennzeichnet die letzte „schwierige“ Aufgabe farbig: Aus einer schwierigen Aufgabe kann man eine leichtere Aufgabe machen.

Sammeln von Lösungswegen zum Vereinfachen von Aufgaben
Gruppenarbeit: Jede Gruppe sucht Lösungswege zur Aufgabe 436 + 248 und schreibt sie groß auf ein Zeichenblatt oder auf Folie.
Nacheinander stellt jede Gruppe ihre Wege vor. Sie werden gemeinsam besprochen und gewürdigt. Die Lehrerin hält sinnvolle Wege an der Tafel fest, z. B.:

Wie wird aus 436 + 248 eine leichte Aufgabe?

Ich mache eine Zahl zur Zehnerzahl.

436 + 248
↓ (+4) ↓ (−4)
440 + 244 = 684

436 + 248
↓ (−2) ↓ (+2)
434 + 250 = 684

Ich rechne mit runden Zahlen und überschlage.

436 + 248
Ü 440 + 250 = 690

Ich rechne genau:
600 + 70 + 14 = 684

Ich vergleiche die Ergebnisse 684 < 690

- Wiederholen des Vereinfachens (vgl. 7.2, Weg 3, s. S. 171)
- Für das Rechnen mit runden Zahlen werden die Regeln zum Runden wiederholt (vgl. 7.1, S. 165), es wird der Begriff „Überschlagen“ vorgegeben.

Das Ü kennzeichnet die Überschlagsrechnung (kurz: den Überschlag) und setzt es von der eigentlichen Rechnung ab.

- Im Heft sollen die Kinder künftig die vorgegebene Schreibweise übernehmen: Aufgabe, Überschlag, genauer Rechenweg sowie Vergleich der Ergebnisse mit den Zeichen < oder >, um sicher zu stellen, dass sie das Ergebnis des Überschlags und das genaue Ergebnis auch zueinander in Beziehung setzen.

Es wird vereinbart, dass vor jeder „schwierigen" Rechnung (mit HZE-Zahlen) das Vereinfachen oder Überschlagen durchgeführt wird. Die Kinder werden dabei nicht auf einen Weg festgelegt.

Sicherung

- Eintrag der Tafelanschrift ins *Merkheft*
- *Kopiervorlage 43,* s. S. 174
- Die Kinder schreiben bei entsprechenden Aufgaben aus dem Rechenbuch in ihr Heft das Vereinfachen oder den Überschlag dazu.

7.4 Fehler erkennen beim Hunderterübergang

Material

Kinder: Tausendertafel, Rechengeld

Tafelanschrift als Einstieg:

Findest du die fünf Fehler?

1)	398 + 7 = 405	6)	470 + 60 = 530
2)	896 + 9 = 903	7)	680 + 90 = 760
3)	697 + 8 = 705	8)	360 + 70 = 430
4)	494 + 8 = 502	9)	590 + 40 = 620
5)	596 + 6 = 603	10)	760 + 80 = 850

Gruppenarbeit: Je zwei Kinder in der Gruppe lösen gemeinsam die Aufgaben mit Hilfe der Tausendertafel, zwei andere mit Rechengeld und zwei andere zeichnen einen Zahlenstrahl. Nach jeder Aufgabe vergleichen sie ihre Ergebnisse, schreiben das richtige Ergebnis auf und notieren die Nummern der falsch gelösten Aufgaben (Nr. 2, 5, 7, 9, 10).

Finden von Fehlerursachen

Die Kinder teilen die Nummern der falsch gelösten Aufgaben mit und geben die richtigen Ergebnisse an.

Name ______________________ Datum ____________

Aufgaben vereinfachen und Ergebnisse überschlagen

1 Mache eine Zahl zur Zehnerzahl und vereinfache die Rechnung.

a) 399 + 423 = 400 + 422 = [ ]
296 + 536 =
698 + 135 = ______
497 + 376 = ______
199 + 268 = ______
596 + 387 = ______
394 + 588 = ______

b) 717 + 249 =
438 + 549 = ______
384 + 447 = ______
267 + 548 = ______
545 + 346 = ______
627 + 249 = ______
164 + 148 = ______

Überprüfe deine Ergebnisse. Hake richtige Ergebnisse ab und streiche sie hier durch.

312	467	815	822	831	832	833	873	876	891	966	982	893	987

2 Welcher Überschlag passt zu welcher Rechnung?
Male jeweils zwei Felder mit der gleichen Farbe an.

Überschlag

740 + 230	260 + 230	320 + 570	430 + 460	260 + 130
450 + 340	360 + 330	360 + 210	570 + 320	630 + 250

Genaue Rechnung

324 + 569	628 + 253	447 + 342	359 + 333	574 + 317
364 + 209	433 + 459	256 + 131	744 + 228	263 + 228

Rechne nun den Überschlag und die genaue Rechnung schrittweise im Heft. Male das Ergebnis jeweils mit der gleichen Farbe wie oben an.

891 > 890	491 > 490	881 > 880	972 > 970	387 < 390
692 > 690	893 > 890	892 > 890	573 > 570	789 < 790

3 Nur ein Ergebnis ist richtig.
Überschlage im Kopf und streiche die falschen Ergebnisse durch.

153 + 746	446 + 142	325 + 574	204 + 673
899	578	809	778
989	588	899	877
999	688	909	887
Ü [ ]	Ü [ ]	Ü [ ]	Ü [ ]

Gespräch: Die Kinder vergleichen das richtige und das falsche Ergebnis von der Tafel und geben an, worin der Fehler besteht, z.B. bei 896 + 9 = 905, nicht 903, es wurden 2 zu wenig dazugezählt. Bei allen Aufgaben ist über den Hunderter zu rechnen. Dabei muss man besonders aufpassen.
Die Lehrerin löscht die Überschrift in der obigen Tafelanschrift und ersetzt sie durch folgende Überschrift:

Mit Einern über den H – mit Zehnern über den H

Suchen von Lösungswegen beim Hunderterübergang mit Einern
Partnergespräch: Die Kinder suchen Lösungswege zu den linken Aufgaben und zeichnen sie auf.
Besprechen der Wege und Sammeln an der Tafel:

```
896  +  9
       / \
      4   5
896 + 4 = 900
900 + 5 = 905
```

- Ich muss die Einer so zerlegen , dass der nächste Hunderter„voll“ wird.
- Ich zähle die übrigen Einer dazu.

Erinnern an den Neunervorteil (vgl. Kap. 2.4): Statt +9 kann ich auch +10, dann –1 rechnen.
Merkheft: Die Kinder schreiben die obigen fünf Aufgaben mit den Zerlegungsstrichen in ihr Heft.

Suchen von Lösungswegen beim Hunderterübergang mit Zehnern
Partnergespräch: Die Kinder suchen Lösungswege zu den rechten Aufgaben und zeichnen sie auf.
Besprechen der Wege und Sammeln an der Tafel:

```
68  +  9                680  +  90
      / \                      /  \
     2   7                   20    70
68 + 2 = 70             680  + 20     = 700
70 + 7 = 77                  700 + 70 = 770
```

- Ich lasse bei den HZ-Zahlen die Nullen weg und rechne wie bei den Zahlen bis 100.
- Oder: Ich zerlege die Zehner so, dass der nächste Hunderter „voll“ wird, und zähle die übrigen Zehner dazu.
- Ich nutze den „90er-Vorteil“ und rechne + 100, dann – 10.

Sicherung

- *Merkheft:* Die Kinder schreiben die obigen fünf Aufgaben mit den Zerlegungsstrichen in ihr Heft.
- Sie schreiben aus dem Rechenbuch entsprechende Aufgaben in ihr Heft und zeichnen dazu jeweils einen Zahlenstrahl, z. B.:

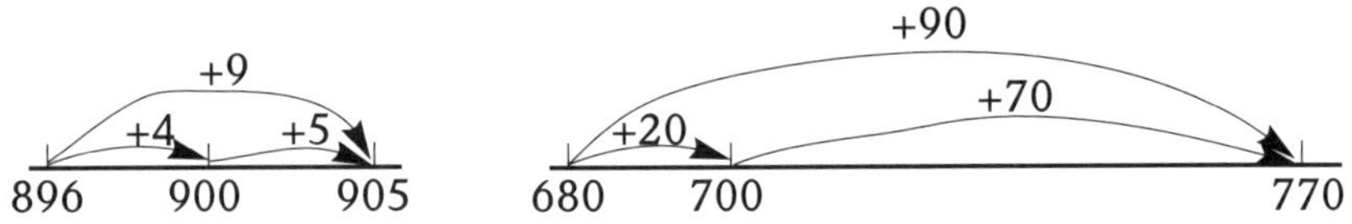

7.5 Rechenwege bei der halbschriftlichen Subtraktion

Material

Lehrerin: Drei vergrößerte Rechentabellen (s.u.)

Kinder: Rechengeld

Kopfrechnen

–	2	4	6	3	8	5	9	7
100								
300								
500								
700								
900								

Die Kinder bilden drei Gruppen. Jede Gruppe setzt sich auf Teppichfliesen im Halbkreis um eine vergrößerte Tabelle. Reihum trägt jedes Kind schweigend ein Ergebnis seiner Wahl ein, während die anderen Kinder aufpassen, dass keine falsche Zahl eingetragen wird. Welche Gruppe hat zuerst die Tabelle fehlerlos gelöst?

Übertragen der Rechenwege von der Addition auf die Subtraktion

Tafelanschrift: 358 + 127 = ?

Partnergespräch: Je ein Kind (Kind ①) erklärt seinem Nachbarn, wie es diese Aufgabe schrittweise rechnet, und schreibt die Schritte sowie das Ergebnis auf einen Zettel.

Ein Kind erklärt der Klasse seinen Rechenweg und schreibt das Ergebnis an die Tafel. Die Kinder überlegen, wie die Umkehraufgabe heißt.

Tafelanschrift:

485 – 127 = ?
Ü 490 – 130 = 260

Vor dem genauen Rechnen wird zuerst überschlagen.
Gruppenarbeit: Die Kinder suchen Rechenwege, erklären sich gegenseitig, wie sie die Aufgabe rechnen, und schreiben die Wege auf. Sie können dazu mit Rechengeld legen oder zur Rechnung zeichnen.
Besprechen und Sammeln der Rechenwege an der Tafel:

485 – 127	kurz
Weg 1: Ich ziehe schrittweise ab und rechne: HZE – H, HZE – Z, HZE – E 485 – 100 = 385 385 – 20 = 365 365 – 7 = 358 Vergleich mit dem Überschlag: 358 < 360	485 – 127 = 385 385 – 20 – 7 = 365 – 7 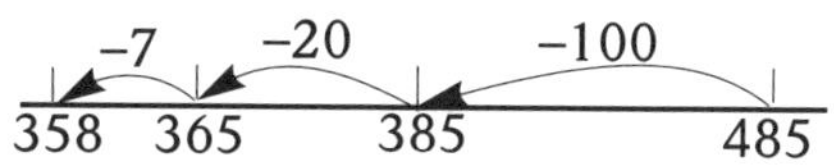
Weg 2: Ich mache eine Zahl zu einer HZ-Zahl (gleichsinniges Verändern) 485 – 127 485 – 127 (–5) (–5) (+3) (+3) 480 – 122 = 358 488 – 130 = 358	485 – 127 = 358 480 – 122 oder 488 – 130 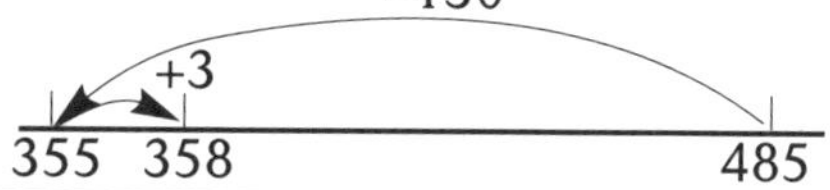
Weg 3: Ich zerlege und rechne: ZE – E, H – H, H + ZE 85 – 27 = 58 400 – 100 = 300 300 + 58 = 358	485 – 127 = 358 85 – 27 = 58 300 + 58

Wenn die Kinder weitere Wege nennen, werden auch diese angeschrieben und besprochen.

Vergleichen der Rechenwege
Lehrerin: Wähle einen Weg aus und sage dir nochmals leise vor, wie du rechnest.
Nacheinander beschreiben einige Kinder laut ihren Weg und die anderen Kinder geben an, ob Weg 1, 2 oder 3 gewählt wurde.
Partnergespräch: Je zwei Kinder erklären sich gegenseitig ihren Weg.

Sicherung

- *Merkheft:* Die Kinder schreiben ihren Weg auf und zeichnen dazu. Wer damit fertig ist, rechnet eine oder weitere Aufgaben auf dem gleichen Weg.
- *Kopiervorlage 44* (siehe S. 179)

7.6 Fehler erkennen beim Hunderterübergang

Material

Kinder: Tausendertafel, Rechengeld

Tafelanschrift als Einstieg:

Findest du die fünf Fehler?	
1) 305 – 7 = 298	6) 410 – 60 = 350
2) 806 – 9 = 798	7) 670 – 90 = 570
3) 603 – 8 = 595	8) 330 – 70 = 250
4) 402 – 8 = 394	9) 510 – 40 = 470
5) 504 – 6 = 497	10) 760 – 80 = 650

Gruppenarbeit: Je zwei Kinder in der Gruppe lösen gemeinsam die Aufgaben mit Hilfe der Tausendertafel, zwei andere mit Rechengeld und zwei andere zeichnen einen Zahlenstrahl. Nach jeder Aufgabe vergleichen sie ihre Ergebnisse, schreiben das richtige Ergebnis auf und notieren die Nummern der falsch gelösten Aufgaben (Nr. 2, 5, 7, 8, 10).

Fehlerursachen finden

Die Kinder teilen die Nummern der falsch gelösten Aufgaben mit und geben die richtigen Ergebnisse an.

Gespräch: Die Kinder vergleichen das richtige und das falsche Ergebnis von der Tafel und geben an, worin der Fehler besteht, z.B. bei 806 – 9 = 797, nicht 798, es wurde 1 zu wenig abgezogen. Bei allen Aufgaben ist über den Hunderter zu rechnen. Dabei muss man besonders aufpassen.

Die Lehrerin löscht die Überschrift in der obigen Tafelanschrift und ersetzt sie durch folgende Überschrift:

Mit Einern zurück über den H – mit Zehnern zurück über den H

Lösungswege suchen beim Hunderterübergang mit Einern

Partnergespräch: Die Kinder suchen Lösungswege zu den linken Aufgaben und zeichnen sie auf.

Name ______________________ | Datum ____________

Minusaufgaben vereinfachen und Ergebnisse überschlagen

(1) Mache eine Zahl zur Zehnerzahl und vereinfache die Rechnung.

a) 999 – 423 = 1000 – 424 = ☐
999 – 586 = ________
999 – 391 = ________
999 – 764 = ________
999 – 642 = ________
999 – 235 = ________

b) 764 – 249 = 765 – 250 = ☐
687 – 249 = ________
598 – 249 = ________
372 – 249 = ________
961 – 249 = ________
854 – 249 = ________

b) 799 – 536 = ________
698 – 135 = ________
497 – 376 = ________
599 – 268 = ________
696 – 387 = ________
894 – 588 = ________

b) 883 – 549 = ________
694 – 447 = ________
967 – 548 = ________
575 – 346 = ________
667 – 249 = ________
364 – 148 = ________

Überprüfe deine Ergebnisse.
Hake richtige Ergebnisse oben ab und streiche sie hier durch.

121	123	216	229	235	247	263	306	309	331	334	349
357	413	418	419	438	515	563	576	605	608	712	764

(2) Welcher Überschlag passt zu welcher Rechnung?
Male jeweils zwei Felder mit der gleichen Farbe an.

Überschlag

470 – 230	660 – 330	750 – 220	890 – 450	260 – 130
670 – 250	570 – 320	570 – 320	360 – 210	500 – 340

Genaue Rechnung

569 – 324	668 – 253	497 – 342	659 – 333	574 – 317
364 – 209	889 – 454	256 – 131	748 – 224	466 – 225

Rechne nun den Überschlag und die genaue Rechnung schrittweise im Heft. Male das Ergebnis jeweils mit der gleichen Farbe wie oben an.

241 > 240	155 < 160	125 < 130	524 < 530	245 < 250
257 > 250	435 < 440	415 < 420	326 < 330	155 > 150

Besprechen der Wege und Sammeln an der Tafel:

```
305 − 7
     / \
    5   2
305 − 5 = 300
300 − 2 = 298
```

- Ich muss die Einer so zerlegen , dass ich zum vorigen Hunderter zurückkomme.
- Ich ziehe die übrigen Einer ab.

Erinnern an den Neunervorteil (vgl. Kap. 2.4): Statt – 9 kann ich auch –10, dann + 1 rechnen.
Merkheft: Die Kinder schreiben die obigen fünf Aufgaben mit den Zerlegungsstrichen in ihr Heft.

Lösungswege suchen beim Hunderterübergang mit Zehnern
Partnergespräch: Die Kinder suchen Lösungswege zu den rechten Aufgaben und zeichnen sie auf.

Besprechen der Wege und Sammeln an der Tafel:

```
41 − 6                410 − 60
     / \                    /  \
    1   5                  10   50
41 − 1     = 40       410 − 10     = 400
    40 − 5 = 35            400 − 50 = 350
```

- Ich lasse bei den HZ-Zahlen die Nullen weg und rechne wie bei den Zahlen bis 100.
- Oder: Ich zerlege die Zehner so, dass ich zum vorigen Hunderter komme, und ziehe die übrigen Zehner ab.
- 670 – 90 = 580: Ich nutze den „90er-Vorteil" und rechne – 100, dann + 10.

Sicherung
- *Merkheft:* Die Kinder schreiben die obigen fünf Aufgaben mit den Zerlegungsstrichen in ihr Heft.
- Sie schreiben aus dem Rechenbuch entsprechende Aufgaben in ihr Heft und zeichnen dazu jeweils einen Zahlenstrahl, z. B.:

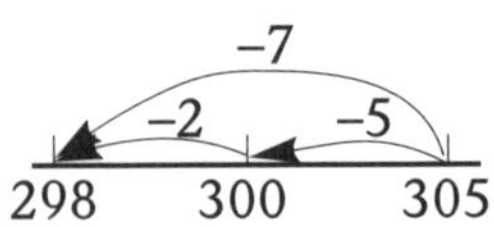

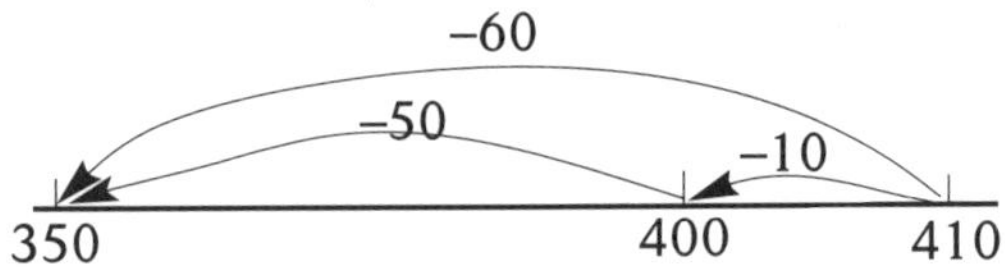

- *Kopiervorlage 45* (siehe S. 181)

Arbeitsblatt KV 45

Name ______________________ Datum ______________

Mit Einersprüngen über den Hunderter

(1) Zeichne an jeden Zahlenstrahl zwei Pfeile.

a) 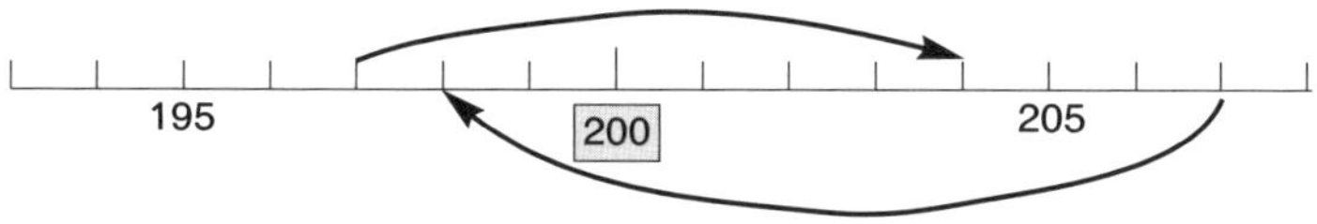

197 + 7 = ☐ 207 – ☐ = ☐

b) 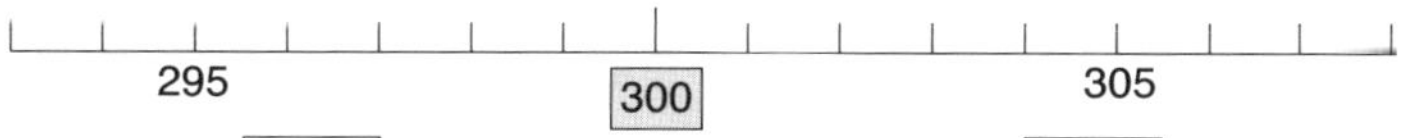

294 + 8 = ☐ 306 – 9 = ☐

c) 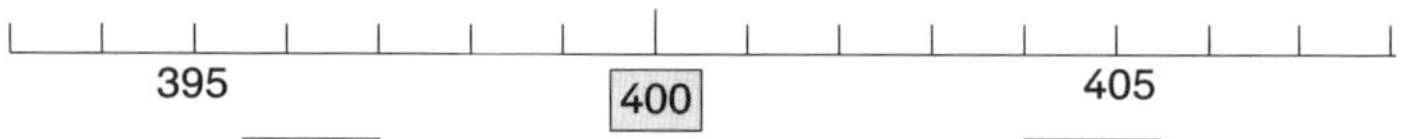

398 + 8 = ☐ 403 – 7 = ☐

d) 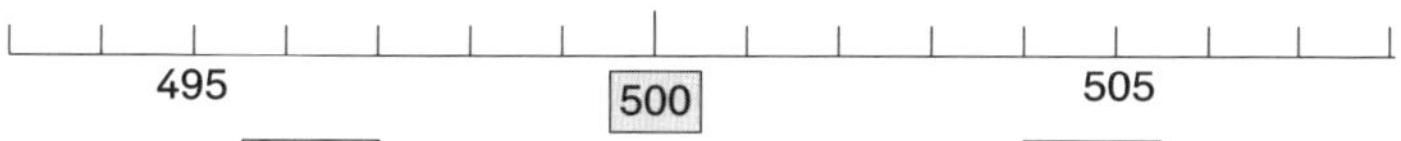

495 + 9 = ☐ 506 – 8 = ☐

e) 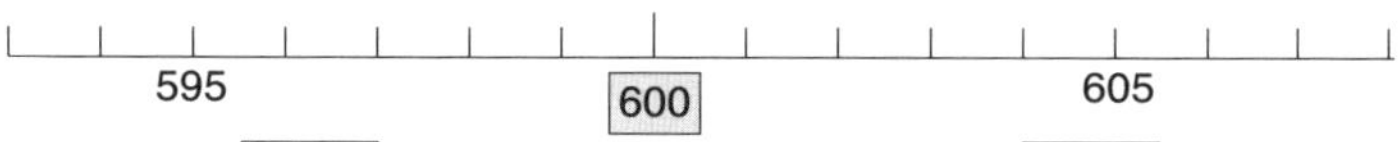

596 + 6 = ☐ 604 – 8 = ☐

f) 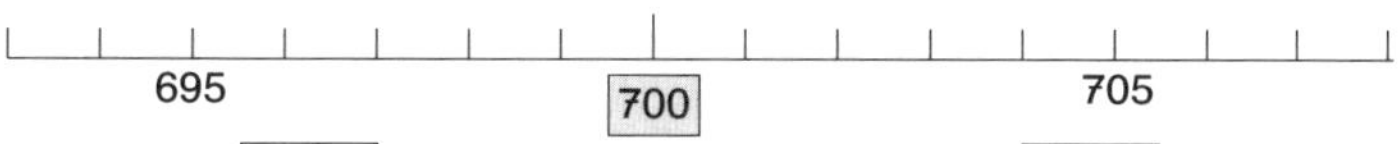

693 + 8 = ☐ 705 – 7 = ☐

g) 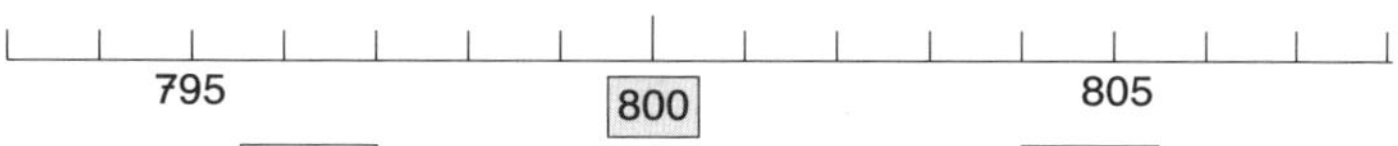

799 + 7 = ☐ 808 – 9 = ☐

h) 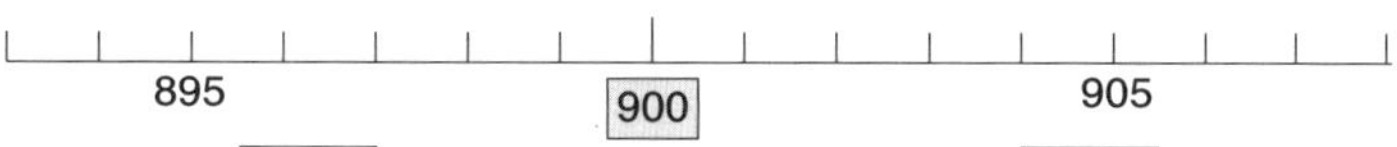

896 + 9 = ☐ 902 – 8 = ☐

(2) Schreibe zu jeder Aufgabe die Umkehraufgabe ins Heft.

7.7 Computerkids (Arbeit an Sachsituationen)

Material
Lehrerin: Kopiervorlage 46 (mehrfach kopieren: für 100 Kinder, für jede Klasse drei Fragebögen für die Auswertung), zwei Folien und drei vergrößerte Kopien davon, Kopie des Zeitungsberichts (s.u.) und Folie davon.
Für jede Gruppe ein Plakat und dicke Filzstifte.

Umfrage in der Klasse (siehe KV 46, S. 183)

Arbeitsteilige Gruppenarbeit
Gruppe 1 und 2: Auswertung der Fragebögen der eigenen Klasse:
Jede Gruppe zählt die Ergebnisse aus und trägt die Zahlen in einen Bogen ein, der dann nochmals in einem Bogen zusammengefasst wird.
Gruppe 3, 4 und 5: Erklären des Fragebogens in je einer anderen Klasse an der Schule und anschließende Auswertung.
Wenn mehr als 100 Kinder die Fragebögen ausgefüllt haben, werden nach dem Zufallsprinzip entsprechende Bögen vor dem Auswerten entnommen.
Klassengespräch: *Festhalten aller Ergebnisse* (Folie, vergrößerte Kopien)
Die Gruppen nennen jeweils die Zahlen der betreffenden Klasse. Die Lehrerin fasst alle Ergebnisse auf zwei Folien (Mädchen, Jungen) des Fragebogens zusammen.
Während die Kinder die Ergebnisse verbalisieren, übertragen drei Kinder die Ergebnisse in die vergrößerten Kopien, die für die weitere Arbeit im Klassenzimmer ausgehängt werden (Mädchen, Jungen, Kinder insgesamt).
Verbalisieren und Tafelanschrift (oder Plakat):
- An unserer Umfrage haben sich insgesamt ... Kinder beteiligt, ... Mädchen und ... Jungen.
- ... Kinder haben einen eigenen Computer, ... Mädchen und ... Jungen. Usw.

Computerumfrage

	Mädchen	Jungen	Kinder
Frage 2			
Frage 3			
...			

Computerumfrage

(1) Kreuze an. ☐ Mädchen ☐ Junge

(2) Hast du einen eigenen Computer? Kreuze an. ☐ ja ☐ nein

(3) Steht in deiner Wohnung ein Computer, den du benutzen kannst? Kreuze an. ☐ ja ☐ nein

(4) Kannst du woanders einen Computer benutzen? Kreuze an. ☐ ja ☐ nein

Wenn ja:
- ☐ In der Firma meines Vaters oder meiner Mutter
- ☐ Bei meinen Großeltern
- ☐ Bei anderen Verwandten
- ☐ Bei meiner Freundin oder bei meinem Freund
- ☐ Bei Bekannten oder Freunden
- ☐ ____________________

(5) Wie oft sitzt du am Computer? Kreuze an.
- ☐ Ich habe noch nie an einem Computer gearbeitet.
- ☐ Täglich etwa eine halbe Stunde
- ☐ Täglich etwa eine Stunde
- ☐ Täglich mehr als eine Stunde
- ☐ Einmal in der Woche
- ☐ Etwa zweimal oder dreimal in der Woche
- ☐ Nur am Wochenende
- ☐ Unregelmäßig

(6) Was machst du am Computer? Kreuze an.
- ☐ Spiele
- ☐ Texte, Briefe schreiben
- ☐ Lernprogramme
- ☐ malen, zeichnen
- ☐ E-Mails und Internet
- ☐ ____________________

(7) Wie gut kennst du dich am Computer aus? Kreuze an.
☐ sehr gut ☐ gut ☐ mittel ☐ schlecht ☐ gar nicht

(8) Was würdest du in der Schule gerne am Computer machen?

____

Suchen von Möglichkeiten der Darstellung der Ergebnisse
Gruppenarbeit: Jede Gruppe überlegt eine übersichtliche grafische Darstellung der Ergebnisse zum Aushang im Schulhaus und zeichnet sie mit den Zahlen auf ein Plakat.
Falls die Kinder keine Möglichkeiten finden, zeigt die Lehrerin u. a. den Zeitungsbericht und weist auf Darstellungsmöglichkeiten hin: Balken- oder Säulenbild, Kreisbild. Man könnte die gefundenen Zahlen auch auf Zehner runden und für jeden Zehner eine Strichfigur zeichnen.
Die Gruppen stellen anschließend ihre Darstellungen vor und hängen ihr Plakat aus. Die Klasse wählt aus den Plakaten eines oder zwei aus und erteilt ggf. noch Verbesserungsvorschläge.
Die Gruppe, deren Plakat ausgewählt wurde, verbessert ggf. ihr Plakat und hängt es später im Schulhaus aus.

Vergleich der eigenen Umfrage mit einem Zeitungsbericht
(Quelle: Nürnberger Zeitung Nr. 217 vom 18.9.2001, dort angegebene Originalquelle KVA 2001, © Globus Infografik)
Die Kinder vergleichen ihr Plakat mit dem Zeitungsbericht und finden heraus, welche Aussagen sich vergleichen lassen.

Tafelanschrift:

	Unsere Umfrage			Zeitung		
	Mä	Ju	Ki	Mä	Ju	Ki
Wie viele Kinder und Jugendliche besitzen einen eigenen PC?				–	–	25
Wie viele Kinder und Jugendliche können keinen PC in ihrer Wohnung benutzen?				–	–	50
Wie viele Kinder und Jugendliche benutzen den PC für Spiele?				71	89	160
Wie viele Kinder und Jugendliche benutzen den PC für Texte und Briefe?				71	59	130
Wie viele Kinder und Jugendliche benutzen den PC für Lernprogramme?				41	38	79
Wie viele Kinder und Jugendliche benutzen den PC zum Malen und Zeichnen?				46	31	77
Wie viele Kinder und Jugendliche benutzen den PC für das Internet?				40	41	81

Junge Leute aktiv am Computer

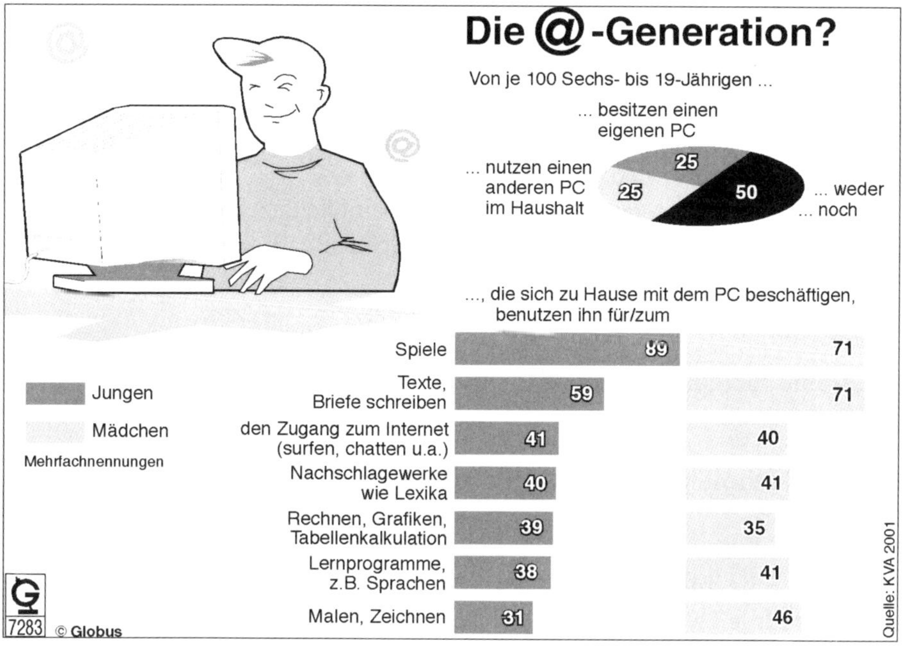

(aus NZ Nürnberger Zeitung Nr. 217 vom 18. 9. 2001) © Globus Infografik

Hinweis: Das Problem, dass die ersten drei Fragen sich auf 100 Kinder beziehen, die weiteren Fragen aber nur die Zahl der PC-Nutzer erfassen, wird hier vernachlässigt.

Gruppenarbeit:

Die Lehrerin trägt an der Tafel die Nummer der Gruppe ein, die die jeweilige Frage bearbeitet.

Die Gruppen tragen ihre Ergebnisse an der Tafel ein.

Schlussfolgerungen im Klassengespräch:

- Vermutlich werden die Zahlen der Schule niedriger ausfallen als die Zeitungsangaben, da hier die Altersgrenze höher liegt.
- Ist es auch in unserer Schule so, dass mehr Jungen als Mädchen mit dem PC spielen, dass aber die Mädchen mehr Texte schreiben, Lernprogramme anwenden und zeichnen als die Jungen?

8. Die Längenmaße

Ziele und didaktische Hinweise

- Wiederholen der bekannten Längeneinheiten cm und m
- Kennenlernen der Längeneinheiten mm und km
- Handelndes Umgehen mit Längenmaßen
- Einprägen von Standardgrößen als Hilfe beim Schätzen
- Schätzen, Messen und Zeichnen von Längen
- Anwenden der Kommaschreibweise

Bausteine für den Unterricht

8.1 Wiederholen der bekannten Längeneinheiten cm und m

Material

Lehrerin: Folie mit den Namen der Kinder und Spalte zum Eintragen der Körpergröße für je zwei Kinder: Zollstock, Metermaß, Lineal, Wollknäuel;
für jede Siebener- bis Achtergruppe: Maßband oder Wollfaden (10 m, 50 m) sowie je ein Schild mit 10 m, 20 m, 30 m, 40 m, 50 m;
für jedes Kind: Kopiervorlage 47.

Beim *Besprechen von Kopiervorlage 47* erinnert die Lehrerin an die vom Geld her bekannte Kommaschreibweise: Vor dem Komma stehen die Meter, hinter dem Komma die Zentimeter.
Hinweis: centum, lat. = 100, 100 cm = 1m (vgl. 100 Cent = 1 €)

Messen der Körpergröße

- Mit Partnerhilfe messen die Kinder ihre Größe,
- schneiden von einem Wollknäuel (dazu muss sich das Kind etwas auf das Ende der Wolle stellen) ein entsprechend langes Stück ab und
- tragen ihre Größe als Kommazahl auf einer Folie ein.
  Wer fertig ist,
- hängt seinen Wollfaden mit Namenschild an die Pinnwand, sodass der Faden an der Fußbodenleiste abschließt;
- sucht auf der Folie die Maße des bisher größten und kleinsten Kindes und notiert seine Größe.

Klassengespräch: Vergleichen der Größen auf der Folie, Eintragen einiger Größen in eine Stellentafel

Name ______________________________	Datum _______________

Messen mit Zentimeter und Meter

1. Zeige an deinem Körper, wie hoch 1 m ist. Dein Partner misst nach.
   1 m reicht mir vom Boden bis ____________________.

2. Zeige an deiner Spannweite, wie breit 1 m ist.
   1 m reicht von meiner linken Mittelfingerspitze bis
   ______________________________.

3. Kannst du einen Schritt machen, der 1 m lang ist? Dein Partner misst nach.

4. Suche an deinem Körper einen halben Meter (50 cm = 0,50 m).
   ____

5. Suche an deinem Körper einen Viertelmeter (25 cm = 0,25 m).
   ____

6. Suche an deinem Körper 10 cm (10 cm = 0,10 m).
   ____

7. Suche nun zusammen mit deinem Partner im Klassenzimmer Dinge mit diesen Längen und trage sie in die Tabelle ein.

etwa 1 m	etwa ein halber Meter 50 cm = 0,50 m	etwa ein Viertelmeter 25 cm = 0,25 m	etwa 10 cm = 0,10 m	etwa 1 cm
Breite und Höhe eines Tafelflügels			Musikkassette	Dicke eines Buches mit ... Seiten

Tafelanschrift:

Unsere Körpergrößen

T	H 100 cm	Z 10 cm	E 1 cm	
	1	3	4	134 cm = 1 m 34 cm = 1,34 m

Hefteintrag: Die Kinder schreiben die Namen der Mitschüler nach der Größe geordnet untereinander und notieren die Größe jeweils analog der fünften Spalte an der Tafel.
Fertige Kinder sammeln sich bei der Lehrerin im Sitzkreis und lösen mündlich Aufgaben zum Umwandeln wie z.B. 8 m = ? cm, 7,50 m = ? cm ...

Messübungen in der Turnhalle, im Schulhof oder im Gang

- Klassenschlange: Wie lange ist die Schlange, wenn sich alle Kinder unserer Klasse auf den Boden legen?
  Vorgehen: Die ersten fünf Kinder legen sich auf den Boden. Zwei Kinder messen, ein drittes schreibt die Länge auf ein Blatt. Nun legen sich die anderen Kinder zu je fünf als Schlange aus. Die erste Fünfergruppe misst und notiert. Zum Schluss werden die Maße addiert. Um einen Gesamteindruck der Länge zu erhalten, legt sich die ganze Klasse als Schlange aus.
- Übung in Gruppen mit sieben bis acht Kindern: Kind ① bleibt am Anfangspunkt stehen. Kind ② versucht zehn Meterschritte zu machen, bleibt stehen und hält das Schild 10 m hoch. Kind ③ und ④ messen mit einem Wollfaden oder einem Maßband nach. Nun geht Kind ③ wieder 10 m und hält das Schild 20 m hoch. Kind ④ und ⑤ messen nach. Analog wird weitergemacht, sodass Kind ④ bei 30 m steht, Kind ⑤ bei 40 m und Kind ⑥ bei 50 m. Die letzten Kinder rollen einen Wollfaden mit 50 m Länge ab.
- Die Kinder schätzen zuerst die Längen, vermessen dann das Klassenzimmer, die Turnhalle und den Schulhof und zeichnen einen Plan (je nach Größe ein Kästchen für 1 oder 2 m), vgl. dazu auch Kap.10. Im Anschluss stellen sie Standardlängen zusammen und notieren sie im Heft, z.B.:
  Höhe einer Tür etwa 2 m, Höhe eines Klassenzimmers fast 3 m, Länge eines Pkws etwa 4 m, ... 5 m, ... 10 m, ... 20 m, ... 50 m, ... 100 m.
- Übungskartei für Freiarbeit: Längen aus der Umwelt einschätzen und passende Karten einander zuordnen (fehlende Angaben je nach den lokalen Gegebenheiten ergänzen).

Bleistift neu	Höhe einer Klopapierrolle	Länge eines Tisches	Höhe der Tafel	Länge eines Pkws	Höhe des Kirchturms	Länge eines Sportplatzes
16 cm	10 cm		1 m	4 bis 5 m		100 m

Höhe der Tür	Höhe des Klassen-zimmers	Länge des Lineals	Höhe eines Hauses mit einem Stock	Höhe eines Hauses mit 4 Stockwerken	Länge des Klassen-zimmers	Länge der Turnhalle
2 m	3 m	30 cm	6 m	15 m		

8.2 Auf den Millimeter genau

Material
Lehrerin: Sieben Schilder mit Maßangaben (s.u.);
Kinder: Lineal, Kopiervorlage 48 (siehe S. 191), genormte Postkarte;
für jede Gruppe einen Satz „echter" Cent- und Euromünzen, großes Papier (Packpapier DIN A1).

Kennenlernen des Millimeters
Die Kinder betrachten ihr Lineal und sehen, dass jeder Zentimeter nochmals unterteilt ist. Sie zählen mit einer Bleistiftspitze zehn Teile. → Der winzig kleine Abstand von einem Strich zum anderen heißt Millimeter. „Milli" bedeutet 1 000, denn 1 cm hat 10 mm und 1 m hat dann 1 000 mm. 1 mm ist also der tausendste Teil eines Meters.

Tafelanschrift:

Der Millimeter
1 Millimeter = 1 mm

Damit man kleine Dinge genau messen kann,
wurde 1 Zentimeter in 10 mm aufgeteilt.

1 mm	· 10 →	10 mm	· 10 →	100 mm	· 10 →	1000 mm
	← : 10	1 cm	← : 10	10 cm	← : 10	100 cm
						1 m

Eintrag *ins Merkheft*
Kinder, die fertig sind,

- suchen Dinge mit 1 mm Länge, Breite oder Dicke und notieren sie, z.B. 5 Blatt Papier sind 1 mm dick, Spitze eines Faserstiftes, eines Bleistiftes, Wollfaden, Münze ...

- nehmen sich eine Karte mit einer Maßangabe. Wer gehört zusammen und darf sich die Hand geben? (Für die Kinder ist es einfacher, die Nullen nach dem Komma zu belassen.)

10 mm	1 cm	100 mm	10 cm	1000 mm	100 cm	1 m
0,50 m	50 cm	5 m	500 cm	0,50 cm	50 mm	

Kopiervorlage 48: Messen mit Millimetern
An Hand der Münzen werden die Begriffe „Dicke“ und „Durchmesser“ geklärt.

Genaue Lösungen zu Nr. 1, die Kinder tragen die gerundeten Millimeterangaben ein:

	1 Cent	2 Cent	5 Cent	10 Cent	20 Cent	50 Cent	1 Euro	2 Euro
Dicke	1,32 mm	1,36 mm	1,41 mm	1,51 mm	1,63 mm	1,69 mm	2,125 mm	1,95 mm
Durchmesser	16,25 mm	18,75 mm	21,25 mm	19,75 mm	22,25 mm	24,25 mm	23,25 mm	25,75 mm

Lösungen zu Nr. 2:

DIN-Formate	Länge	Breite
A0	1189 mm = 118,9 cm = 1,189 m	841 mm = 84,1 cm
A1	841 mm = 84,1 cm	594 mm = 59,4 cm
A2	594 mm = 59,4 cm	420 mm = 42 cm
A3 großer Zeichenblock	420 mm = 42 cm	297 mm = 29,7 cm
A4 großes Heft	297 mm = 29, 7 cm	210 mm = 21 cm
A5 kleines Heft	210 mm = 21 cm	148 mm = 14,8 cm
A6 Postkarte	148 mm = 14,8 cm	105 mm = 10,5 cm
A7	105 mm = 10,5 cm	74 mm = 7,4 cm
A8	74 mm = 7,4 cm	52 mm = 5,2 cm
A9 Passfoto	52 mm = 5,2 cm	37 mm = 3,7 cm
A10	37 mm = 3,7 cm	26 mm = 2,6 cm
A11	26 mm = 2,6 cm	18 mm = 1,8 cm

(Nr.2 aus *E. Wittmann,* Lehrerband 3. Schuljahr 1999, S. 136)

Lösung zu Nr. 3: Nicht einmal öfter. Kein Blatt Papier – und sei es noch so groß und dünn – kann mehr als siebenmal auf die Hälfte gefaltet werden. (aus: Brockhaus! Was so nicht im Lexikon steht. Kurioses und Schlaues aus allen Wissensgebieten. F.A. Brockhaus GmbH, Leipzig 1996, S.163)

Name ______________________	Datum ______________

Auf den Millimeter genau!

1 Wie dick sind unsere Münzen? Welchen Durchmesser haben sie?

	1 Cent	2 Cent	5 Cent	10 Cent	20 Cent	50 Cent	1 Euro	2 Euro
Dicke								
Durch-messer								

2 DIN-Formate für Papier
Mit der Deutschen Industrie-Norm (DIN) wird die einheitliche Größe von Papier festgelegt. Das Format A1 entsteht durch Halbieren von A0, A2 durch Halbieren von A1.
a) Wandle die Längen um.
b) Miss die fehlenden Längen und Breiten in mm.

DIN-Formate	Länge	Breite
A0	1189 mm = 118,9 cm = 1,189 m	841 mm =
A1	841 mm	594 mm
A2	594 mm	420 mm
A3 großer Zeichenblock		
A4 großes Heft		
A5 kleines Heft		
A6 Postkarte		
A7	105 mm	74 mm
A8	74 mm	52 mm
A9 Passfoto		
A10	37 mm	26 mm
A11	26 mm	18 mm

c) Partnerarbeit: Legt aus zwei Zeichenblättern das Format DIN A2 auf großes Papier und schneidet es aus.
d) Gruppenarbeit: Legt aus DIN A2 das Format DIN A1.
e) Zeichne die Formate DIN A9, DIN A10 und DIN A11 genau in dein Merkheft.

3 Probiere aus: Wie viel öfter kann man ein DIN-A3-Blatt auf die Hälfte falten als ein DIN-A4-Blatt?

8.3 Der Kilometer

Ist mein Schulweg 1 km lang? (nicht für Fahrschüler)

Material
Für jede Sechsergruppe: Maßband aus dem Sportunterricht oder Schneidermaßband und Wäscheklammern.

Vorbereitung in der Turnhalle: Ausmessen der Schrittlängen, Begriff „Mittelwert/durchschnittlich“
In der Turnhalle wird für jede Sechsergruppe mit Abstand ein Maßband bis 10 m ausgerollt. Ist nur ein Maßband vorhanden, werden an den Strichen entlang auf dem Boden entsprechend viele Strecken ausgemessen und ab 5 m jeweils im Meterabstand eine Wäscheklammer hingelegt. Zur feineren Unterteilung eines Meters nehmen die Kinder ein Schneidermaßband.
Nacheinander machen die Kinder jeder Gruppe am Maßband entlang zehn normal große Schritte und lesen mit Hilfe der anderen ab, wie weit sie mit zehn Schritten gekommen sind. Jedes Kind schreibt seinen Wert auf, teilt ihn durch 10, ermittelt so eine durchschnittliche Schrittlänge und notiert diese.
Beispiel: Sophia ist mit zehn Schritten 6 m weit gekommen. Eine Schrittlänge ist dann 60 cm.
Erklärung für die Kinder: Wir könnten natürlich auch nur einen Schritt messen. Aber der ist oft besonders groß und wird über längere Strecken nicht durchgehalten. Deshalb machen wir zehn Schritte. Da macht es nichts, wenn einmal ein Schritt größer ausfällt und einer kleiner. Durch das Teilen erhalten wir einen „Mittelwert“ oder die „durchschnittliche“ Schrittlänge. (Das Verfahren und die Begriffe bei passender Gelegenheit mit anderen Beispielen aufgreifen und wiederholen.)

Vorbereitende Hausaufgabe: Die Kinder sollen notieren, wie lange sie bei normaler Geschwindigkeit (also ohne zu trödeln, aber auch ohne zu rennen) für ihren Schulweg brauchen und wie viele Schritte sie dabei machen. Zählhilfe: Nach jeweils 50 Schritten auf einem Zettel einen Strich machen. Den fünften 50er-Strich wie bei der Fünferbündelung jeweils quer zeichnen.

Erinnerungszettel:

Mein Schulweg
Ich brauche ... Minuten.
Ich mache dabei ... Schritte.
Mein Schritt ist etwa ... cm lang.

Sammeln der Ergebnisse (auf Zehnerzahlen gerundet) an der Tafel oder auf Folie, z. B.:

	Gehzeit	Anzahl der Schritte	Länge eines Schrittes	Länge des Schulwegs	Vergleich mit 1 km
Sophia	2 bis 3 min.	250	60 cm	(150 m)	(150 m < 1km)
Lukas	10 min.	1000	50 cm	(500 m)	
...					

Die Werte in der Spalte 5 und 6 trägt die Lehrerin erst später ein.
Vergleichen der Ergebnisse (Gehzeit, Anzahl der Schritte): Wer hat den kürzesten Schulweg? Wer den längsten? Die Eckwerte werden farbig markiert.
Die Frage „Ist mein Schulweg 1 km lang?“ führt zur Frage „Was ist ein Kilometer?“
Ordnen und Erweitern der Vorkenntnisse der Kinder im Gespräch und mit einer Tafelanschrift:

Der Kilometer

Große Entfernungen messen wir in Kilometern.
1 Kilometer = 1000 Meter
1 km = 1000 m
ein halber km = 500 m = 0,500 km
Wenn man langsam geht, braucht man
ungefähr 20 min für 1 km.

Um festzustellen, ob ein Schulweg 1 km lang ist, ist noch die Schrittlänge zu beachten. Deshalb zeigt die Lehrerin auf einfache Weise, wie sie die Werte in Spalte 5 berechnet. (Die Kinder müssen dies nicht nachvollziehen.)
Die Kinder vergleichen die Länge ihres Schulwegs mit einem Kilometer: Mein Schulweg ist kürzer/länger als 1 km. Oder: ... ist so lang wie 1 km.
In Spalte 6 tragen die Kinder nun ein: 150 m < 1 km, 1 km 500 m > 1 km oder 1 000 m = 1 km.

Anfertigen einer Zeichnung des Schulweges
Je nach Fähigkeit zeichnen die Kinder einen einfachen Plan oder eine lineare Darstellung wie z. B.:

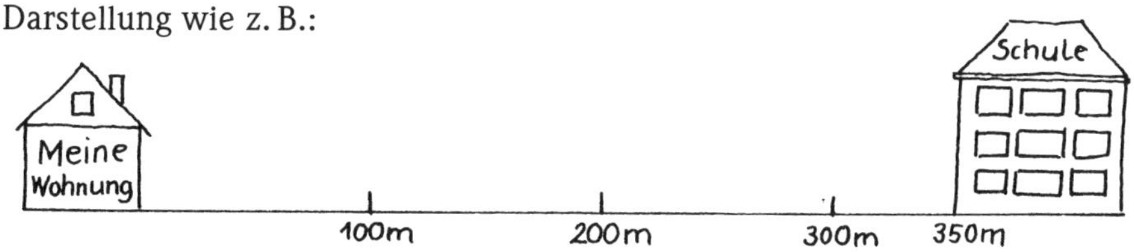

Wir gehen 1 km

Material

Lehrerin: 50-Meter-Bandmaß, 100-Meter-Schnur, Messrad, Fahrradtachometer, Kreide, einige Stoppuhren, Sanduhren, Fotoapparat, evtl. Videokamera (Elternteil), Wäscheklammern, Karten mit Längenangaben zum Üben des Umwandelns, Karten mit Geschwindigkeitsangaben;
für jede Gruppe eine Anweisungskarte, ein Zeichenblatt oder eine Folie;
für jedes Kind der „Schrittgruppe, Fotogruppe, Stopp- und Sanduhrgruppe“: Klemmbrett (auf einem Zeichenblockdeckel wird mit einer Wäscheklammer ein Zettel befestigt).

Vorbereitung

Zwei, drei Elternteile um Begleitung bitten.
Auswahl der Strecke: Günstig ist eine gerade, gut überschaubare und verkehrsarme Strecke entweder im Schulsprengel oder auch außerhalb.
In der Mitte des Sitzkreises liegen die o.a. Messgeräte.
Die Kinder beschreiben Möglichkeiten des Ausmessens und bewerten sie auf ihre Durchführbarkeit hin, z. B.:

- Messen mit Meterschritten → Für die Kinder sind Meterschritte auf Dauer zu anstrengend.
- Messen mit Schritten → Wie beim Messen des Schulwegs empfiehlt sich als Zählhilfe: Nach jeweils 50 Schritten auf einem Zettel einen Strich machen. Den fünften 50er-Strich wie bei der Fünferbündelung jeweils quer zeichnen.
- Messen mit dem Bandmaß → Das geht, es ist 20 mal anzulegen.
- Messen mit der Schnur → Das geht, sie ist 10 mal anzulegen.
- Messen mit dem Messrad (Lehrmittelhandel, ca. 20 €) → Einfach; das Messrad knackt nach jedem Meter hörbar.
- Ein Fahrrad schieben und Messen mit Fahrradtachometer → Einfach, den Anfangsstand notieren.

Besprechen des Vorgehens

Die Lehrerin legt die Messgeräte mit der Anweisungskarte (s.u.) weiträumig aus. Die Kinder stellen sich zu dem Messgerät, mit dem sie den Kilometer ausmessen wollen, und bilden so Gruppen. In jeder Gruppe werden mindestens zwei „Schreiber“ eingeteilt, die abwechselnd mit Kreide auf den Gehweg 50 m, 100 m, 150 m ... schreiben. Es schreibt jeweils die Gruppe, die zuerst die Strecke zurückgelegt hat. Die Schreiber der folgenden Gruppen machen jeweils einen Strich, um die Zahl einzurahmen.

Tachogruppe Notiert den Tachostand am Anfang. Schiebt abwechselnd je 50 m. Notiert den Tachostand nach 1 km.	**Messradgruppe** Zählt abwechselnd laut je um 50 weiter.	**Schnurgruppe** So legt ihr die Schnur an: Kind ① stellt seinen Fuß auf den Anfang. Kind ② rollt die Schnur ab. Kind ③ bleibt am Ende stehen und winkt Kind ① zu sich.	**Bandmaßgruppe** So legt ihr das Bandmaß an: Kind ① stellt seinen Fuß auf den Anfang. Kind ② rollt das Bandmaß ab. Kind ③ bleibt am Ende stehen und winkt Kind ① zu sich.
Schrittgruppe Notiere auf einem Zettel bei 50 m, 100 m, 150 m ..., wie viele Schritte du bis dahin gemacht hast.	**Stoppuhrgruppe** Notiere auf einen Zettel, wie lange du jeweils für 100 m gebraucht hast. Zähle am Schluss die Zeitangaben zusammen.	**Sanduhrgruppe** Lass beim Gehen deine Sanduhr einmal durchlaufen. Schreibe auf, wie weit du gekommen bist. Drehe die Uhr dann um. Wie oft läuft die Sanduhr durch?	**Fotogruppe** Kind ① fotografiert Ampeln, Verkehrszeichen, Gebäude, Bäume, ... Kind ② schreibt die Entfernung auf. Beispiel: Ampel bei 100 m.

Jedes Kind der entsprechenden Gruppe liest laut die Anweisungskarte vor. In der Zwischenzeit weist die Lehrerin die Gruppen in den Gebrauch der Geräte ein. Die Kinder üben den Umgang reihum ein.

Durchführen des Lerngangs

- Jede Gruppe wiederholt, was zu tun ist.
- Hinweis auf allgemeine Verhaltensregeln, z.B.: Bei der Gruppe bleiben, auf dem Gehsteig bleiben, (wenn nötig) die Fahrbahn vorsichtig und in Gruppen überqueren ....
- Am Beginn der Strecke schätzen die Kinder, wie weit 1 km wohl reicht. Kann man den Endpunkt sehen?
- Ein Elternteil geht vorneweg, einer am Schluss. Die Lehrerin stellt sich dort auf, wo eine Straße zu überqueren ist.
- Ein Elternteil filmt mit seiner Videokamera die Umgebung und die Kinder bei ihren Tätigkeiten.

- Am Schluss sammeln sich die Kinder und sprechen über evtl. aufgetretene Probleme beim Messen, damit ggf. die Messung auf dem Rückweg wiederholt werden kann. Es wird überprüft, ob 20 Minuten für 1 km ausgereicht haben.
  (Die weiteren Messwerte werden erst im Klassenzimmer ausgetauscht.)
- Eltern, Kinder oder Lehrerin bringen den Film der Fotogruppe zur Schnellentwicklung.

Auswertung des Lerngangs im Klassenzimmer
Die Gruppen überlegen, wie sie der Klasse ihre Ergebnisse präsentieren (Folie, Zeichenblatt), und gestalten dann die Zusammenfassung. Gruppen, die ihre Arbeit eher als andere beendet haben, berechnen Aufgaben aus dem Rechenbuch oder auf einem Arbeitsblatt, z. B.:
Ergänzen auf 1 km (760 m + ? m = 1 km), Abziehen von 1 km (1 km – 450 m = ? m)
Zuerst berichtet die *Fotogruppe,* hängt die Objektbezeichnungen mit der Entfernungsangabe an eine Wäscheleine und beschreibt dabei nochmals den Weg, z.B.: 100 m von der Schule entfernt ist eine Ampel. Nach 250 m kamen wir zur Kirche St. Georg. ... (Verbindung zum Deutschunterricht: Beschreiben von Wegen)

Schule	Ampel 100 m	Kirche 200 m	Spielplatz 350 m	Bäcker 400 m	U-Bahn 500 m = 0,5km

Später hängt die Gruppe die Fotos an die Schilder.
Die *Uhrengruppen* hängen Schilder mit der für die jeweilige Entfernung benötigten Zeitangabe auf.
Tafelanschrift und Hefteintrag als Hilfe für das künftige Schätzen von Entfernungen:

Die Uhr hilft beim Schätzen von Entfernungen.

100 m	250 m	500 m = 0,500 km	750 m	1 km
2 min	5 min	10 min	15 min	20 min

Weiterführung
- Wie lange brauchen andere Verkehrsteilnehmer und Tiere für 1 km?
  Die Lehrerin zeigt nacheinander Karten (s.u.), die Kinder schätzen die für 1 km benötigte Zeit.

In Freiarbeit ordnen sie dann die Karten zu und kontrollieren mit einem Lösungsblatt.

Fußgänger	Radfahrer	Autofahrer	Hase	Schwalbe	Pferd	Gepard
1 km in 20 min	1 km in 4 min	1 km in 1 min	1 km in 1 min	1 km in 20 s	1 km in 2 min	1 km in 30 s

„Geschwindigkeitsfans“ können in Lexika, Tierbüchern oder im Internet nach weiteren Angaben suchen.

- Hausaufgabe: Die Kinder gehen von ihrer Wohnung aus 20 Min. und schreiben auf, zu welchem Gebäude sie kommen. – Sie leihen sich ein Hilfsmittel aus und stellen fest, wie weit die Entfernung zu ihren Freunden ist.
- Auf künftigen Wanderungen schätzen die Kinder Strecken von 1 km Länge und gehen sie ab.
- Umwandeln von Größen

  Zu den Karten bei Kap. 8.2 werden zum Üben folgende hinzugefügt:

1 km	0,500 km	0,100 km	0,200 km	0,300 km	0,600 km
1000 m	500 m	100 m	200 m	300 m	600 m

8.4 Deutschlandreise

Hinweis: Das Spiel eignet sich auch zum Üben der schriftlichen Addition. Dann kann das Runden bei Spielregel 4 auf Kopiervorlage 50 entfallen.

Material

Für jede Gruppe Karten mit Gesprächspunkten, ein Zeichenblatt, ein Würfel und eine lärmdämpfende Unterlage (z.B. kleines Gästehandtuch), Kopiervorlage 50;

für je zwei Kinder: Würfel und Unterlage, zwei Spielfiguren in verschiedenen Farben;

für jedes Kind: Kopiervorlage 49 (siehe S. 198).

Name ______________________________ Datum ______________

Deutschlandreise

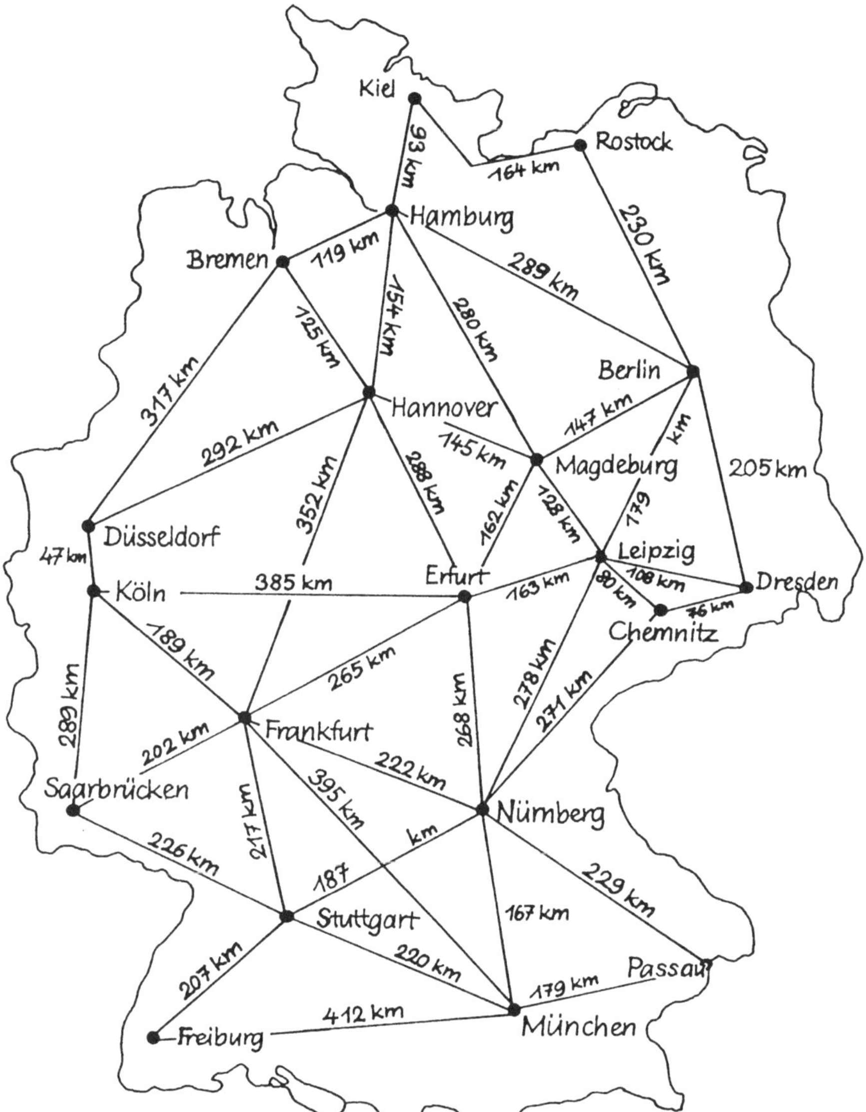

Erkunden der Deutschlandkarte und spielen (Kopiervorlage 49)

- Gespräch in der Gruppe: Reihum zeigt ein Kind eine Karte, die anderen sprechen jeweils dazu.

1) Welche große Stadt liegt am nächsten bei uns?	2) Wie weit ist es von dieser Stadt zur deutschen Hauptstadt Berlin?	3) Welche Städte kennst du?	4) In welchen Städten warst du schon?	5) Erfindet eine Spielregel zur Deutschlandkarte.

2: Die Gruppe rechnet gemeinsam mit ggf. gerundeten Zahlen.
3 und 4: Jedes Kind kann auch die Namen mit Hilfe der Karte aufschreiben.
4: Ein Kind schreibt den Vorschlag auf ein Zeichenblatt, den die Gruppe favorisiert.

- Die Gruppen stellen ihre selbst erdachten Spielregeln der Klasse vor und hängen das Zeichenblatt mit der Spielregel an die Tafel.
- Die Gruppen wählen eine Regel aus und führen das Spiel danach durch.
- *Kopiervorlage 50* (s. S. 200): Vorbereitete Spielanleitung für Gruppen, die rasch fertig sind:

Arbeitsblatt KV 50

Spiel Deutschlandreise

Du brauchst einen Würfel, eine Unterlage, eine Spielfigur, Stift und Papier.

1) Immer zwei Kinder spielen zusammen.
2) Jedes Kind wählt für sich eine beliebige Stadt als Startpunkt.
3) Kind ① würfelt und darf in beliebiger Richtung so viele Strecken ziehen, wie es Augen gewürfelt hat. Bei jeder Strecke notiert es auf einem Blatt Papier, wie viele km es dabei „reist“
4) Wenn Kind ① die Entfernungen in km notiert hat, rundet es die Angaben und zählt sie zusammen.
5) Nun würfelt und zieht Kind ② und schreibt seine Reisestrecken auf.
6) Wer am weitesten „reisen“ konnte und die höhere Kilometerzahl erreicht hat, kreist seine Zahl auf dem Papier ein.
7) Wählt nun einen neuen Startpunkt und beginnt eine neue Reise.
8) Es gewinnt, wer die meisten Zahlen einkreisen konnte.

Reisegeschichten

Gruppenarbeit:

- Die Kinder denken sich „Reisegeschichten“ aus und schreiben sie auf Karteikarten.
- 1 000 km-Rallye: Die Kinder stellen Strecken zusammen, die etwa 1 000 km lang sind, und schreiben den Reiseweg auf.
- *Kopiervorlage 51*

Lösungsblatt zu Kopiervorlage 51

A) 147 km + 162 km = 309 km
Ü 150 km + 160 km = 310 km
B) 482 km – 265 km = 217 km Stuttgart
Ü 480 km – 270 km = 210 km
C) 2 · 110 km = 220 km München
D) 167 km + 278 km + 179 km = 624 km
Ü 170 km + 280 km + 180 km = 630 km
630 km : 100 km ~ 6 6 Stunden

Name ______________________________ | Datum ______________

Reisegeschichten zur Deutschlandkarte

1 Lies zuerst die Geschichten.
In jedem Text sind überflüssige Wörter. Streiche sie durch.

A) Familie Lustig, das sind Frau und Herr Lustig und ihre drei Kinder, fährt an einem schönen Tag mit ihrem VW-Bus von Berlin über Magdeburg nach Erfurt zu Verwandten.
Wie viele km sind das zusammen?

B) Am nächsten Tag, einem strahlenden Sonntag, fährt Familie Lustig von Erfurt insgesamt 482 km weiter. Die erste Strecke mit 265 km Länge fährt Frau Lustig. Dann fährt Herr Lustig. Wie viele km fährt er? In welcher Stadt kommt Familie Lustig an?

C) Von dieser Stadt im Süden Deutschlands reist Familie Lustig auf der Autobahn weiter. In einer Stunde schafft Frau Lustig 110 km. Wie weit kommt die Familie in zwei Stunden? Suche diese Strecke auf der Karte, dann weiβt du, in welcher Stadt die Familie nun ist.

D) Am nächsten Tag fährt Familie Lustig wieder über Nürnberg und Leipzig zurück in ihre Heimatstadt Berlin. In Nürnberg machen die Lustigs eine Pause und besichtigen die Burg. Da viel Verkehr ist, schaffen sie in einer Stunde nicht mehr als 100 km. Wie viele Stunden Fahrzeit braucht die Familie von München nach Berlin? Rechne mit gerundeten Zahlen.

2 Welche Zeichnung passt zu den Texten?
Schreibe den Buchstaben des passenden Textes zu jeder Zeichnung.
Trage in die Zeichnung die Entfernungen aus der Deutschlandkarte ein und die fehlenden Anfangsbuchstaben der Städte.

2 Rahme je einen Text und das passende Streifenbild mit gleicher Farbe ein.
Schreibe in jedes Feld die passende Zahl.

Anzahl der Stunden	·	Strecke in 1 Stunde
Gesamtstrecke		

1. Teilstrecke	+	2. Teilstrecke
Gesamtstrecke		

Gesamtstrecke	:	Strecke in 1 Stunde
Anzahl der Stunden		

Gesamtstrecke	–	1. Teilstrecke
2. Teilstrecke		

9. Multiplikation und Division

Ziele und didaktische Hinweise

- Verdoppeln und Halbieren
- Multiplikation und Division mit 10 und 100
- Multiplikation und Division mit Vielfachen von 10

Beim Multiplizieren einer Zahl mit 10 (100) rücken alle Ziffern um eine (zwei) Stelle (n) nach links und die Einerstelle wird mit einer Null belegt (Kindgemäß: Aus Einern werden Zehner). Diese Stellenverschiebung wird im Alltag mit der einfachen Regel „eine Null anhängen" beschrieben, was mathematisch jedoch bei Dezimalzahlen nicht korrekt ist:
1,5 € · 10 ist eben nicht 1,50 €, sondern 15 € (Verschiebung einer Stelle nach links).
Umgekehrt rücken bei der Division durch 10 alle Ziffern um eine Stelle nach rechts (Aus Zehnern werden Einer.).
Beim Malnehmen mit Vielfachen von 10 ergeben sich für manche Kinder beim Kopfrechnen sprachliche Probleme, da die Einer vor den Zehnern gesprochen werden:

Sieben mal acht	ist gleich **sechs**-und-**fünfzig**
Sieben mal achtzig	ist gleich **fünf**-hundert-**sechzig** (und eben nicht **sechs**-hundert-**fünfzig**).

Deshalb ist das schriftliche Darstellen solcher Zahlen zu empfehlen. (vgl. *H. Falkner,* S. 170)

Bausteine für den Unterricht

9.1 Verdoppeln und Halbieren

Material

Lehrerin: 32 Spielchips, große Unterlage (Packpapier, Bodentuch ...), evtl. Tapetenstreifen für die Tabelle, zehn Zahlkarten;
für jedes Kind: ein Klebezettel (Post-it), drei Würfel und Unterlage;
für jede Gruppe: ein Zeichenblatt.

Lehrererzählung

Im Sitzkreis liegt auf einer Unterlage ein Chip als Taler.

Ein Verdoppelungs-Märchen

Einst lebte ein König, der lange Jahre ohne sich zu sorgen sein ganzes Hab und Gut mit Feiern und Faulenzen durchbrachte. Die Leute murrten, weil sie nicht richtig regiert wurden, ja nicht einmal Geld für die Arbeiten bekamen. Es wurde nichts gebaut: Keine Straßen und Wasserleitungen, keine Schulen und Krankenhäuser und auch keine Gefängnisse.
Schließlich hatte der König kein Geld mehr. Er musste hungern und besann sich endlich darauf, dass wieder Geld in die Staatskasse kommen musste. Wenn sie voll wäre, würde er gerne anfangen, richtig zu regieren und das Geld zusammenhalten. Aber: Woher nehmen? Da kam ihm eine Idee.

Er legte seinen letzten Taler auf dem Marktplatz in einen Korb. Jeder, der vorüberkam, sollte den Betrag, den er vorfand, einfach verdoppeln. Dafür brauchten die Leute keine Steuern zu bezahlen.

Das Volk war einverstanden mit dieser Lösung. Es schien ja auch ganz wenig zu kosten, am Anfang jedenfalls.

1 Taler lag da.	
Der 1. Bürger legte dazu 1 Taler	1 + 2 = 2
Der 2. Bürger legte dazu 2 Taler	2 + 2 = 4
Der 3. Bürger legte dazu 4 Taler	4 + 4 = 8
Der 4. Bürger legte dazu 8 Taler	8 +

Rasch kamen viele herbei, zehn, hundert neugierige Leute, die alle sehen wollten, wie sich des Königs Geld vermehrte. Sie hatten aber vergessen, dass dieses Gesetz für jeden galt, der vorüberkam. Da entstand ein großes Gedränge. Wenn nur jeder möglichst rasch wieder vom Marktplatz weggekommen wäre! Aber jetzt standen die Soldaten des Königs im Wege. Wer das Geld nicht eingesteckt hatte, musste bleiben und warten, bis er von seinen Angehörigen ausgelöst wurde. Es musste schnell gehen.
Alle hatten es nun verstanden: Das neue Gesetz des Königs war schlimm! Bloß nicht der Letzte sein!
Als der 18. Bürger zahlen sollte, brach ein Aufstand los. Wer noch wartete, stürzte sich auf die Wache und stürmte zum Palast des Königs. Der wurde vom Volk abgesetzt und wegen seiner Ungerechtigkeit und seines Leichtsinns außer Landes gebracht. Das angesammelte Geld aber wurde an die Spender wieder gerecht verteilt. Von da an zahlten die Leute gerne und ohne Murren ihre Steuer an einen neuen, gerechteren König.

Hans Falkner

(aus: *H. Falkner* S.120 f., leicht verändert)

Nach dem ersten Erzählen wird zu dem einen „Taler“ eine Schachtel voll Chips gestellt und die Kinder spielen das Märchen nach. Dazu nehmen sich die ersten fünf Kinder reihum so viele Chips wie sie zum Verdoppeln benötigen und legen die Chips fortlaufend in eine Reihe mit Fünfergliederung:

○
○○
○○○○
○○○○○ ○○○
○○○○○ ○○○○○ ○○○○○ ○
○○○○○ ○○○○○ ○○○○○ ○○○○○ ○○○○○ ○○○○○ ○○

Danach wird das Legen eingestellt, da es zu lange dauert.
Gleichzeitig wird an der Tafel oder auf einem leeren Tapetenstreifen (Einteilung nicht vorgeben, damit die Kinder schätzen können) auf dem Boden eine Tabelle angelegt:

1.Bürger	2.Bürger	3.Bürger	4.Bürger	5.Bürger	6.Bürger	7.Bürger	8.Bürger	9.Bürger	10.Bürger
1	2	4	8	16	32	64	128	256	512
2	4	8	16	32	64	128	256	512	1024

Nach dem fünften Bürger überlegen die Kinder: Wie viele Bürger insgesamt müssen den Betrag wohl verdoppeln, bis etwa 1 000 Taler erreicht sind? – Die Kinder schreiben ihre Schätzzahl auf einen Zettel (Post-it) und heften ihn an die Tafel.
Beim Verdoppeln von 64 und 128 wird es nötig, im Gespräch den bekannten Rechenweg auf dreistellige Zahlen zu übertragen.

Rechenweg beim Verdoppeln
Die Kinder wiederholen das Verdoppeln von zweistelligen Zahlen: Ich zerlege die Zahl in Z und E. Ich verdopple die Z. Dann verdopple ich die E. Zum Schluss zähle ich die verdoppelten Z und verdoppelten E zusammen.
Bei dreistelligen Zahlen wird in H, Z und E zerlegt. Die verdoppelten H, Z und E werden anschließend zusammengezählt.

Tafelanschrift (innen):

HZE-Zahlen verdoppeln

$2 \cdot 128 = ?$ $\quad 2 \cdot 256 = ?$ $\quad 2 \cdot 512 = ?$

$2 \cdot 100 = 200$
$2 \cdot 20 = 40$
$2 \cdot 8 = \underline{16}$
$\underline{256}$

H	Z	E
1	2	8
2	0	0
	4	0
	1	6
2	5	6

(· 2)

Beim Eintragen der verdoppelten H, Z und E in eine Stellentafel wird die schriftliche Addition vorbereitet.
Bei den nächsten beiden Zahlen wird der Rechenweg und das Übertragen in eine Stellentafel jeweils wiederholt.
Nachdem deutlich wird, dass bereits beim zehnten Bürger 1 000 Taler überschritten werden, vergleichen die Kinder mit ihren Schätzzahlen und ordnen ihre Zettel an der Tafel in drei Spalten ein:

Zu wenig Bürger geschätzt	Richtig geschätzt	Zu viel Bürger geschätzt

Sicherung

- Die Kinder tragen den halbschriftlichen Rechenweg mit Stellentafel zu jeder Aufgabe in ihr Merkheft ein (Lösungen an der Tafel zuklappen, außen nur die erste Aufgabe anschreiben).
- Partnerarbeit: Im Wechsel würfeln die Kinder und bilden aus den geworfenen Augen eine Zahl. Dann schreiben beide zu jedem Wurf die Stellentafel in ihr Heft, verdoppeln und vergleichen ihre Lösungen.

Rechenweg beim Halbieren

Zahlkarten an der Tafel:

250	570	331	690	846	473	942	764	639	287

Lehrerin: Ihr könnt nun dreistellige Zahlen verdoppeln. Heute sollen dreistellige Zahlen halbiert werden.
Aus jeder Gruppe soll ein Kind für seine Gruppe eine Zahl von der Tafel nehmen. Diese Kinder stellen sich vor der Tafel auf, die anderen betrachten die Zahlen. Je nachdem, ob ein Kind eine ungerade Zahl genommen hat oder ob die ungeraden Zahlen an der Tafel übrig bleiben, wird daran erinnert: Wir können nur gerade Zahlen mit der Einerziffer 0, 2, 4, 6 oder 8 halbieren.
Gruppenarbeit: Die Kinder übertragen den Weg vom Verdoppeln auf das Halbieren und zeichnen ihn auf ein Zeichenblatt.
Gruppen, die fertig sind, sammeln sich im Sitzkreis. Die Lehrerin stellt mündlich einfache Aufgaben zum Halbieren, z.B.: Wie heißt die Hälfte von 400, 300, 680, 740 ...
Anschließend stellt ein Kind jeder Gruppe den Weg vor und erläutert ihn an Hand des Zeichenblatts.

Tafelanschrift:

HZE-Zahlen halbieren

<u>764 : 2 = ?</u>

700 : 2 = 350

60 : 2 = 30

4 : 2 = 2

H	Z	E
7	6	4
3	5	0
	3	0
		2
3	8	2

: 2

Beschreiben des Rechenwegs: Die Zahl in H, Z und E zerlegen. Die H, Z und E getrennt halbieren.
Die Ergebnisse zusammenzählen.
Sicherung: Kopiervorlage 52

9.2 Multiplikation und Division mit 10 und 100

Material
Lehrerin: Ein Einerwürfel, ein Zehnerstab, Folie, Folie von Kopiervorlage 53; für jede Gruppe eine Aufgabenkarte (· 100),
Kinder: Kopiervorlage 53, ein Würfel, Spielfigur.

Multiplikation mit 10
Die Lehrerin legt auf die Folie einen Einerwürfel und einen Zehnerstab:

Zwergenschatz

Riesenschatz

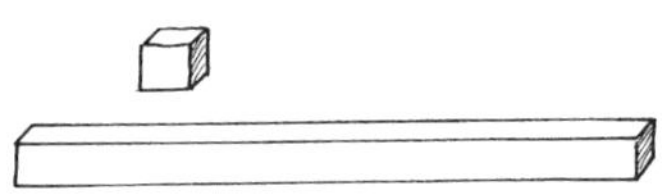

Anzahl der Schätze	Wert der Einerwürfel	Wert der Zehnerstangen
8	8 · 1 = 8	8 · 10 = 80
10		
12		
20		
25		
50		
65		
75		
99		
100		

H	Z	E
		8
	8	0

· 10

Arbeitsblatt KV 52

Name ______________________________	Datum ______________

HZE-Zahlen halbieren

H	Z	E	H	Z	E	H	Z	E	H	Z	E	H	Z	E	H	Z	E	H	Z	E
7	5	6	4	8	0	7	6	0	3	5	0	9	7	0	5	1	0	7	9	0
3	5	0																		
	2	5																		
		3																		
3	7	8																		

H	Z	E	H	Z	E	H	Z	E	H	Z	E	H	Z	E	H	Z	E	H	Z	E
2	4	8	6	8	2	4	6	6	8	2	4	6	3	4	2	8	6	4	2	6

H	Z	E	H	Z	E	H	Z	E	H	Z	E	H	Z	E	H	Z	E	H	Z	E
6	9	2	8	9	8	5	2	8	7	6	6	3	4	4	1	7	2	6	3	8

H	Z	E	H	Z	E	H	Z	E	H	Z	E	H	Z	E	H	Z	E	H	Z	E
9	8	4	4	9	6	5	7	4	1	3	4	9	7	8	5	5	6	3	3	8

Hake richtige Ergebnisse oben ab und streiche sie hier durch.

67	86	124	143	172	175	169	213	233	240	248	255	264	278
287	317	319	341	346	380	383	395	412	449	485	489	492	

Die Kinder vergleichen die beiden „Schätze":

- Der Zwergenschatz ist ein Einerwürfel, der Riesenschatz eine Zehnerstange.
- Ein Riesenschatz ist zehnmal so groß / so viel wert wie ein Zwergenschatz.
- Wenn der Zwerg acht Einer hat, hat der Riese acht Zehner.

Beim Eintragen in die Stellentafel erkennen die Kinder (Tafelanschrift):

Malnehmen mit 10

(Stellentafel s.o.)
Wenn ich 8 mit 10 malnehme, werden aus den Einern Zehner.
Die Einer rücken eine Stelle nach links.
Wenn ich 12 mit 10 malnehme, werden aus den Einern Zehner und aus den Zehnern Hunderter.
Alle Ziffern rücken eine Stelle nach links.

Gemeinsam wird zu etwa vier Beispielen gesprochen und gerechnet.
Eintrag ins Merkheft: Tafelanschrift und Stellentafel zu jedem Zahlenbeispiel

Multiplikation mit 100
Gruppenarbeit: Jede Gruppe erhält eine Aufgabenkarte (8 · 100, 5 · 100, 2 · 100, 10 · 100 ...), zeichnet auf ein Folienstück oder ein Zeichenblatt die entsprechende Stellentafel und überträgt die Regeln im Merkheft auf das Malnehmen mit 100.
Anschließend stellt jede Gruppe ihre Aufgabe und Stellentafel vor und erklärt die Regel.
Ein Beispiel wird mit der zugehörigen Regel an die Tafel geschrieben, die Kinder tragen es ins Merkheft ein.
Kopiervorlage 53: Spiel „Vorwärts oder rückwärts?" für zwei Kinder (Partnerkontrolle)
Die Lehrerin zeigt ein Beispiel auf einer Folie vom Spielplan: Ein Kind würfelt eine Vier, rückt vier Felder vor und kommt auf das Feld mit der weißen Aufgabe 10 · ? = 140. Nun sucht es das Feld mit der Zahl 14 und zieht dorthin. Dann würfelt es eine Zwei, zieht auf das graue Feld mit der Zahl 10 und muss nun das zugehörige weiße Feld mit der Aufgabe ? · 15 = 150 suchen. Dieses Mal muss das Kind also rückwärts ziehen. Auf das letzte Feld gelangt man entweder durch Würfeln oder durch Zuordnen 10 · 100 = 1 000.

Name ______________________________ | Datum ______________

Würfelspiel: Vorwärts oder rückwärts?

Würfle und rücke vor. Suche dann die passende Zahl im ☐ und stelle deine Figur in dieses Feld. Wenn du auf ein graues Feld kommst, musst du die passende Aufgabe dazu suchen. Zum Schluss musst du genau ins Ziel kommen.

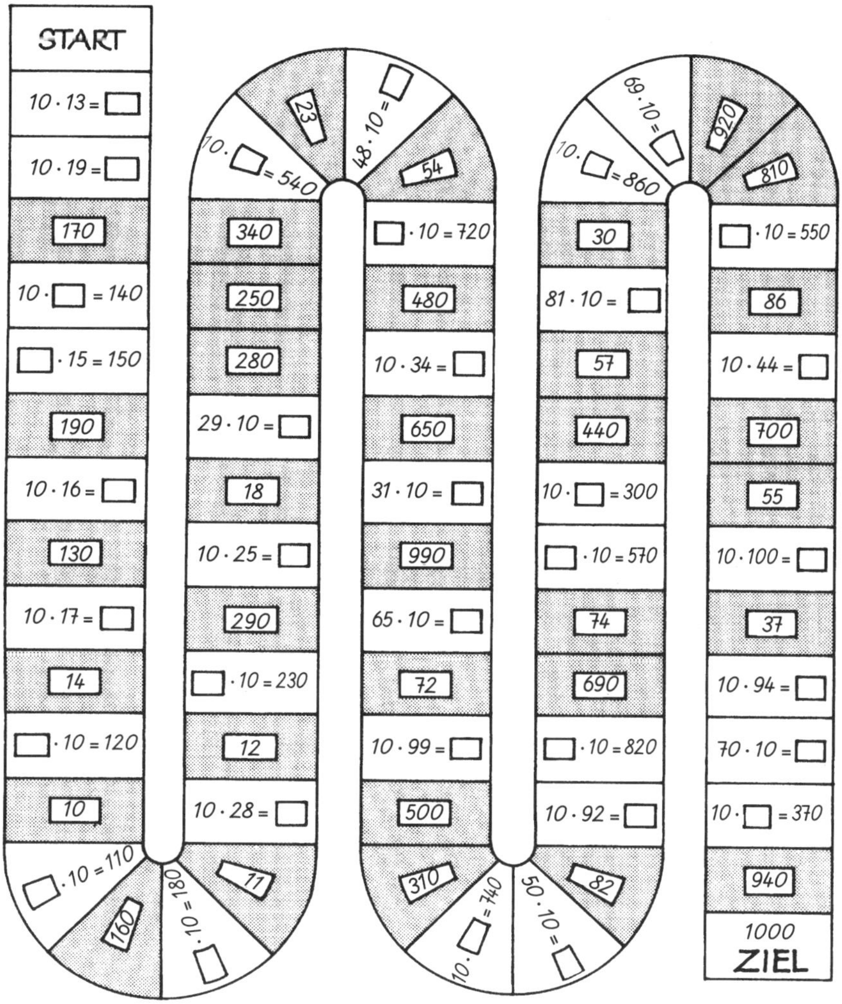

Division mit 10 und 100

Die Kinder wiederholen die Regeln zu Tafelanschrift 1, nennen die Umkehraufgaben und suchen in Partnerarbeit die Regeln beim Teilen durch 10.

Tafelanschrift 1:

mal 10

1 · 10 =	10	E → Z
10 · 10 =	100	Z → H
100 · 10 =	1000	H → T

Tafelanschrift 2:

geteilt durch 10

10 : 10 =	1	Z → E
100 : 10 =	10	H → Z
1000 : 10 =	100	T → H

Tafelanschrift: 3

T	H	Z	E	
		1	0	
				:10
			1	
	1	0	0	
				:10
		1	0	
1	0	0	0	
				:10
	1	0	0	

Während die Kinder jede Aufgabe erklären, schreibt die Lehrerin die Stellentafel an sowie Tafelanschrift 4:

Durch 10 teilen

Wenn ich 10 durch 10 teile, werden aus den Zehnern Einer.

Die Zehner rücken eine Stelle nach rechts.

Wenn ich 100 durch 10 teile, werden aus den Hundertern Zehner.

Wenn ich 1 000 durch 10 teile, werden aus den Tausendern Hunderter.

Alle Ziffern rücken eine Stelle nach rechts.

9.3 Das Zehnereinmaleins

Material

Kinder: Rechengeld, Kopiervorlagen 54, 55 sowie 49 (Deutschlandreise, S. 198);

Lehrerin: Wortkarten (Weg 1, Weg 2, Weg 3, Weg 4, Weg 5), Folie, Karten mit Tausch- und Umkehraufgaben;

für jede Gruppe: ein Tapetenstreifen, vergrößerte Zahlenhäuser (Kopiervorlage 54), ICE-Fahrpläne.

Hinführung: Das kleine Einmaleins

Die Kinder füllen die Einmaleinstabelle (Kopiervorlage 13, S. 69) aus. Nach 10 oder 15 Minuten wird gestoppt und nach dem Vergleich mit der Lösungsfolie gibt jedes Kind an, wie viele Aufgaben es in der vorgegebenen Zeit richtig gelöst hat.

Rechenwege bei Malaufgaben mit Vielfachen von 10

Tafelanschrift:

3 · 40 € = ?

In Partnerarbeit überlegen die Kinder mögliche Rechenwege und stellen jeden Weg auf einem DIN- A4-Blatt dar (mit Angabe der Namen). Wenn alle Kinder wenigstens einen Weg gefunden haben, legen sie ihr Blatt auf den Boden vor der Tafel. Gleiche Wege sollen in einer Spalte liegen. Die Lehrerin legt über jede Spalte eine Wortkarte (Weg 1, Weg 2 ...).
Auswertung im doppelten Sitzkreis vor der Tafel:
Die Kinder, die Weg 1 notiert haben, treten vor die Tafel, nehmen ihr Blatt und erläutern den Weg. Die anderen Kinder und die Lehrerin ergänzen ggf. die Erklärung und fassen den Weg für die Tafelanschrift nochmals zusammen. Analog wird jeder Weg besprochen.

Tafelanschrift:

Malaufgaben mit Zehnerzahlen

Weg 1 Legen oder Zeichnen: 20 € 20 € 20 € / 20 € 20 € 20 €

Weg 2 Plusaufgabe: 3 · 40 € = 40 € + 40 € + 40 €

Weg 3 Mit den Stellenwerten rechnen:
3 · 40 = 3 · 4 Zehner = 12 Zehner

Weg 4 Zuerst die kleine Aufgabe rechnen und das Ergebnis mal 10 nehmen: 3 · 4 = 12, also: 3 · 40 = 120

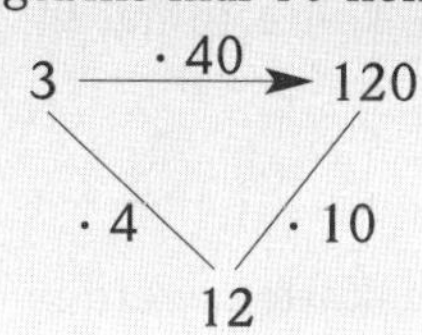

Weg 5 Die Vierzigerreihe: 40 80 120

Eintrag ins *Merkheft:* Jedes Kind schreibt alle Wege auf und rahmt den Weg ein, der ihm zusagt.
Arbeitsteilige Gruppenarbeit: Jede Gruppe schreibt zu einer anderen Reihe die kleinen Einmaleinszahlen und darunter die Zehnereinmaleinszahlen auf einen Tapetenstreifen, z.B.:

4	8	12	16	20	24	28	32	36	40
40	80	120	160	200	240	280	320	360	400

Die Tapetenstreifen werden der Reihe nach an eine Pinnwand gehängt.
Einzelarbeit: Die Kinder färben die Zehner-Einmaleins-Zahlen auf der Tausendertafel in ihrem Merkheft(vgl. Kap. 5.4, S. 129).

Folie zur Kontrolle:

Die 42 Zehner-Einmaleins-Zahlen

Im 1. Hunderter: 10, 20, 30, 40, 50, 60, 70, 80, 90,100
Im 2. Hunderter: 120 140, 150, 160, 180, 200
Im 3. Hunderter: 210, 240, 250, 270, 280, 300
Im 4. Hunderter: 320, 350, 360, 400
Im 5. Hunderter: 420, 450, 480, 490, 500
Im 6. Hunderter: 540, 560, 600
Im 7. Hunderter: 630, 640, 700
Im 8. Hunderter: 720, 800
Im 9. Hunderter: 810, 900
Im 10. Hunderter: 1000

Sicherung

- Gruppenarbeit: Reihum nennt ein Kind aus einer Reihe nach Wahl drei „kleine" Aufgaben. Alle Kinder der Gruppe schreiben dazu die Zehnermalaufgaben auf. Das ansagende Kind gibt zur Kontrolle die Lösungen an.
- *Kopiervorlage 54:* Die Gruppe wählt eine Zahl aus, schreibt sie in das leere Haus und sucht dazu Malaufgaben.

Tausch- und Umkehraufgaben

Die Lehrerin hat für je vier Kinder eine Aufgabenkarte vorbereitet, z.B.:

$9 \cdot 70 = ?$	$630 : 70 = ?$
$70 \cdot 9 = ?$	$630 : 9 = ?$

Die Karten werden an die Kinder verteilt, die sich dann in Vierergruppen zusammenfinden.

Rechenwege beim Teilen durch eine Zehnerzahl

Im Gespräch übertragen die Kinder geeignete Rechenwege von Malaufgaben auf das Teilen.

Arbeitsblatt KV 54

Zahlenhäuser

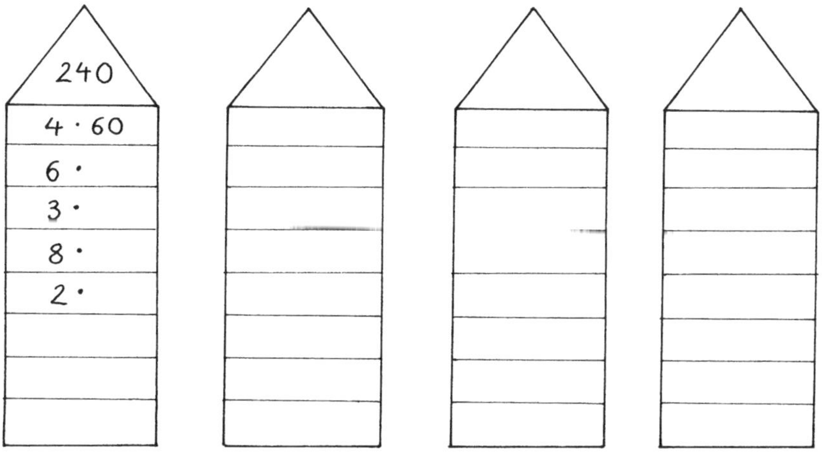

Tafelanschrift:

Geteiltaufgaben mit Zehnerzahlen

280 : 70 = ?

Stellenwerte: 28 Z : 7 Z = 4, denn 4 · 7 Z = 28 Z
Kleine Aufgabe: 28 : 7 = 4, denn 4 · 7 = 28

280 —: 70→ 4
: 10 ↘ 28 ↗ : 7

Sicherung

- Eintrag der Tafelanschrift ins *Merkheft*
- *Kopiervorlage 55* (siehe S. 214)

Teilen mit Rest

Tafelbild: (Bild eines Kindes, einer in der Klasse öfter verwendeten Figur oder des Rechenlöwen mit der Sprechblase) In nur 344 Minuten von Hamburg nach München!

Klassengespräch:

- Die Kinder nehmen Kopiervorlage 49 (siehe S. 198) „Deutschlandreise" zur Hand und suchen die beiden Städte.
  Hamburg liegt im Norden, München im Süden (Entfernung 785 km). Hinweis: Von der nördlichen Grenze Deutschlands bis zur südlichen sind es rund 1 000 km.

Name ______________________	Datum ______________

Malaufgaben und Geteiltaufgaben mit Zehnerzahlen

Riesenrechenschlange: 6 → ·30 → ☐ → :20 → ☐ → ·60 → ☐ → :90 → ☐ → ·40 → ☐ → :80 → ☐ → ·70 → ☐ → :30 → ☐ → ·60 → ☐ → :70 → ☐ → ·80 → ☐ → :60 → ☐ → ·50 → ☐ → :20 → ☐ → ·8 → ☐ → :40 → ☐ → ·30 → ☐ → :60 → ☐ → ·90 → ☐ → :30 → ☐ → ·60 → ☐ → :90 → ☐ → ·70 → ☐ → :40 → ☐ → ·60 → ☐ → :70 → 6

1 ⓐ Rechne zuerst die kleine Aufgabe und rechne dann mal 10.

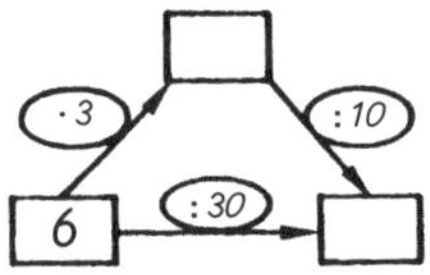

6 · 3 = ☐

6 · 3 Z = 18 Z = ☐

ⓑ Teile zuerst durch 10 und rechne dann die kleine Aufgabe.

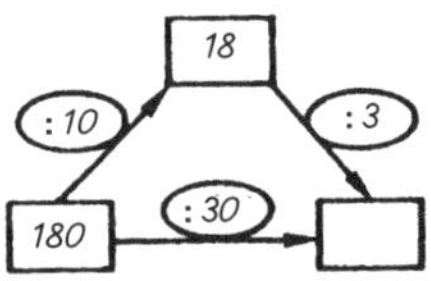

18 : 3 = ☐

18 Z : 3 Z = ☐

U ☐ · 3 Z = ☐

ⓒ Nun kannst du die Riesenrechenschlange lösen.

2 Tauschaufgaben und Umkehraufgaben

ⓐ 9 · 70 = ☐ U ☐ : 70 = 9

T

__________ U __________

ⓑ Rahme in der Riesenrechenschlange das Ergebnis von zehn schwierigen Aufgaben, die du dir schlecht merken kannst, grün ein. Schreibe zu diesen Aufgaben die verwandten Aufgaben auf.

3 Verbinde die Aufgaben mit dem gleichen Ergebnis.

560 : 80 =	540 : 60 =
720 : 80 =	400 : 50 =
640 : 80 =	490 : 70 =

- Womit könnte ... gefahren sein? Auto? Flugzeug? Zug? → Hier: ICE (InterCityExpress)
- Erfahrungen der Kinder über Zugfahrten
- Sind 344 Minuten für diese Strecke eine lange oder eine kurze Zeit?

Aus der letzten Frage ergibt sich als Problemstellung: Dazu müssen wir die Minuten in Stunden umrechnen.

Tafelanschrift:

344 min = ? h

In *Gruppenarbeit* suchen die Kinder nach Rechenwegen und stellen sie anschließend vor.
Im Klassengespräch wird als günstiger Rechenweg zusammengefasst:

- Wir müssen 344 durch 60 teilen.
- Dazu suchen wir in der 60er-Reihe (vgl. S. 210) die nächst kleinere Hunderter-Zehnerzahl, die sich durch 60 teilen lässt. Das ist 300. 300 : 60 = 5
- 44 ist nicht durch 60 teilbar und bleibt deshalb als Rest.

Tafelanschrift:

<u>344 min : 60 min = ?</u>
300 min : 60 min = 5
344 min : 60 min = 5 R 44

344 min = 5 h 44 min

Folie zur Anwendung

Wie viele Stunden und Minuten braucht der ICE für diese Strecken?
142 min von Würzburg nach München
206 min von Kassel nach München
136 min von Hamburg nach Kassel
245 min von Bremen nach Nürnberg
172 min von Kassel nach Augsburg

Die Kinder lösen die Aufgaben in Partnerarbeit.
Lösungen: 2 h 22 min – 3 h 26 min - 2 h 16 min – 4 h 5 min – 2 h 52 min

Vertiefung
Jede Gruppe erhält wenigstens einen ICE Fahrplan (Internet), wählt eine Strecke aus, berechnet aus Abfahrts- und Ankunftszeit die Fahrdauer in Minuten und schreibt dies analog der Folie auf eine Karteikarte (Lösung auf der Rückseite).
Die Karteikarten werden für Freiarbeit in einer Schachtel gesammelt.

10. Grundrisse und Lagepläne

Ziele und didaktische Hinweise

Zur Raumerfahrung und Raumvorstellung wurde im 2. Schuljahr ein Modell und Plan des Klassenzimmers entwickelt (vgl. *S. Regelein,* Der gesamte Mathematikunterricht im 2. Schuljahr).
Diese Arbeit wird nun in Verbindung mit dem Sachunterricht (Thema: Orientierung mit Kartenskizze und Karte im heimatlichen Raum) fortgeführt.

- Lesen von Grundrissen und Lageplänen
- Deuten von Symbolen in Lageplänen
- Erstellen von Lageskizzen (ohne Maßstab) mit Symbolen
- Nachvollziehen und Beschreiben von Wegen in Plänen
- Aufsuchen von Wegen nach bestimmten Kriterien
- Skizzieren von Wegen
- Beschreiben von Wegen aus der Vorstellung heraus

Bausteine für den Unterricht

10.1 Schatzsuche im Schulhaus

Material
Bodenbild und Plan sind je nach den örtlichen Gegebenheiten anzufertigen. Zum besseren Verständnis gehen wir hier jedoch von einem konkreten Beispiel aus.
Bodenbild: Großes Packpapier, Papierstreifen für die an die Schule grenzenden Straßen (mit den Straßennamen beschriftet), beschriftete Schachteln in geeigneter Form (auch selbst aus Tonpapier hergestellt) für die Gebäude (z.B. Turnhalle, Altbau, Neubau) und Papierstücke für Flächen (z.B. grünes Papier für Grünflächen, graues Papier für Asphaltflächen), mit den Gebäude- und Flächenbezeichnungen beschriftete Klebezettel (Post-its lassen sich nach dem Aufkleben umplatzieren) sowie zerschnittene oder kleinformatige Klebezettel; Orientierungsübungen im Schulhof und auf dem Plan: Für jede Gruppe eine „Laufkarte“ (s.u.) und ein Wollfaden (verschiedene Farben), für jedes Kind eine Spielfigur (verschiedene Farben); für je zwei Kinder ein Klemmbrett (vgl. Kap. 8.3);
Vorbereitung der Schatzsuche: Im Schulgelände für jede Gruppe einen „Schatz“ verstecken, z. B. ein Taschenbuch, ein kleines Kuscheltier, aktuelle Stickerbilder, ein kleines Knobelspiel ... (möglichst etwas, was die Kinder einer Gruppe gemeinsam nutzen können), für jede Gruppe eine „Schatz-

karte", ein zusammengefalteter Zettel mit dem Namen jedes Kindes; Arbeitsblatt für jedes Kind: Einfacher Plan des Schulgeländes.

Bodenbild des Schulgeländes

Günstiger als ein Sandkasten erscheint ein Bodenbild in der Mitte des Sitzkreises, da die Kinder im Sitzen das Bild von oben sehen und daran arbeiten können.

Die Lehrerin zeigt auf das leere Packpapier: Das soll das Grundstück unseres Schulgeländes sein, auf dem alle unsere Schulgebäude stehen und auch der Schulhof ist.

Sie legt die Schachteln und Papierstücke um das Packpapier herum: Baue in Gedanken alles darauf, was zu unserer Schule gehört.

Die Kinder äußern erste Meinungen, welche Gebäudeteile und Flächen an welchem Platz sein müssten, und zeigen dies auf dem Papier, z.B.: Hier könnte die Turnhalle stehen. Dabei kann bereits sich die Notwendigkeit ergeben, einen oder mehrere Fixpunkte für die Orientierung festzulegen, z.B. das Eingangstor zum Schulhof, das auf dem Plan eingezeichnet wird, sowie die Straßen ringsum das Schulgelände.

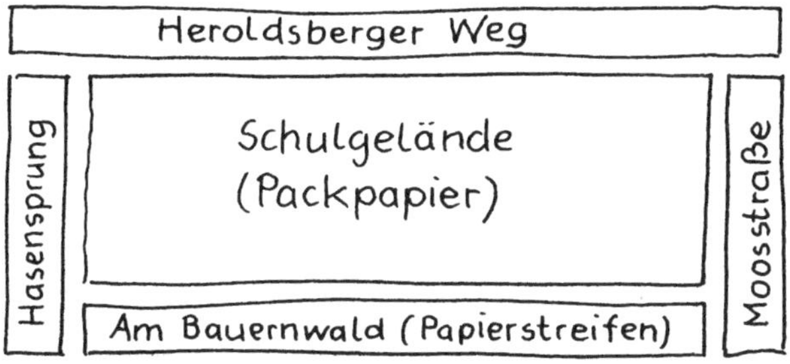

Probierphase: Dann legen die Kinder die Schachteln und Papierstücke darauf.

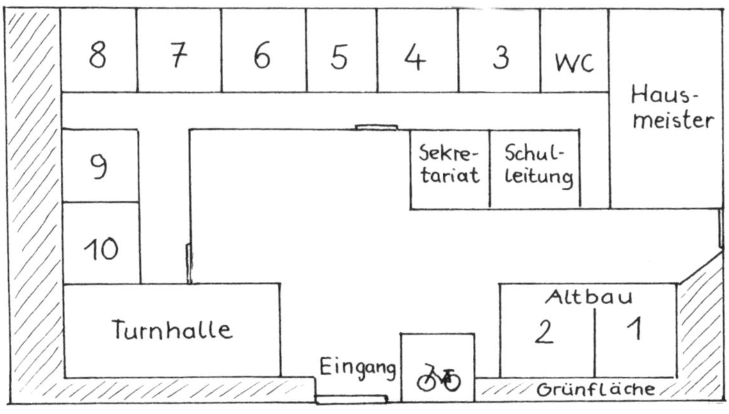

Lehrerin: Wie können wir überprüfen, ob ihr die Schule richtig nachgebaut habt? → Wir gehen in den Schulhof und überprüfen die Lage der Gebäude und Flächen.
Da man dazu den „bebauten Plan“ nicht mitnehmen kann, werden die Gebäude und Flächen durch entsprechende Klebezettel ersetzt. Nun legen die Kinder das Packpapier im Schulhof so hin, dass die festgelegten und wirklichen Fixpunkte übereinstimmen, überprüfen die Lage der angegebenen Gebäude und Flächen und korrigieren ggf. durch richtiges Anordnen der Klebezettel.
Orientierungsübungen im Schulhof:

- Die Kinder stellen sich ans Eingangstor. Was ist vor uns, rechts (Fahrradständer, Altbau ...) und links (Turnhalle ...) von uns zu sehen?
- Sie stellen sich an zwei, drei anderen Punkte und zählen auf, was vom veränderten Standort aus zu sehen ist.
- Jede Gruppe erhält eine „Laufkarte“ und einen Stift. Sie soll nach der Wegbeschreibung laufen und notieren, an welcher Stelle sie ankommt, z. B.:

Laufkarte 1	Laufkarte 2
Gehe vom Eingang etwa zehn Schritte geradeaus und dann nach rechts.	Gehe vom Eingang etwa zehn Schritte geradeaus und dann nach links.

Im Klassenzimmer wird der Plan erneut ausgelegt und die Gebäude und Flächen werden nun den Klebezetteln entsprechend richtig platziert.
Erklärung: Wir haben hier unser Schulgelände nachgebaut, natürlich viel kleiner als es in Wirklichkeit ist. Man nennt das ein *Modell.*

Anfertigen, Ausgestalten und Lesen eines Plans vom Schulgelände
Nacheinander zeigt und benennt ein Kind ein Gebäude oder eine Fläche, die Lehrerin umfährt den genannten Teil mit einem dicken Stift und entfernt es. So entsteht nach und nach ein Plan des Schulgeländes.
Vergleichen von Plan und Modell: Im Modell sieht man die Gebäude in der Höhe. Auf dem Plan sieht man nur die Bodenflächen der Gebäude, ihren Grundriss. Auch der Plan mit dem *Grundriss* ist viel kleiner als die Wirklichkeit.
Die Lehrerin teilt den Plan mit einem Zeigestock in eine rechte und linke Hälfte. Die Kinder zählen auf, welche Gebäude und Flächen in jeder Hälfte sind.
Gemeinsam wird überlegt, wie man in den Plan noch mehr Details zeichnen könnte, z.B. Bäume, Grünflächen, ggf. Sportgeräte, Wasserteich, Sitzgruppen,

Ballspielfläche ... (je nach den örtlichen Gegebenheiten). Im Gespräch wird geklärt: Für eine wirklichkeitsgetreue Darstellung der Dinge ist der Plan zu klein. Man könnte die Anfangsbuchstaben der Dinge an die entsprechende Stelle schreiben oder kleine Zeichen (Symbole) hinzeichnen. Damit auch andere Kinder den Plan verstehen, kann man einen Zettel beifügen mit der Erklärung der Zeichen.
Partnerarbeit: Die Kinder entwerfen zuerst auf dem Block geeignete Zeichen und zeichnen dann ihrer Meinung nach gelungene Zeichen auf zerschnittene Klebezettel (Vorgabe des kleinen Formats).
Im Sitzkreis stellen die Kinder ihre Zeichen vor, wählen aus den Vorschlägen aus und kleben geeignete Zeichen in den Plan. In der nächsten Freiarbeitsphase erstellt eine freiwillige Gruppe die Legende (Erklärung der Zeichen).
Die Gruppen nehmen nochmals ihre „Laufkarten". Ein Kind geht den Weg im Plan mit einer Spielfigur nach und legt den Weg mit einem Wollfaden.
Ausklang: Die Kinder überlegen, an welcher Stelle des Schulgeländes sie sich am liebsten aufhalten, und stellen den anderen ein entsprechendes „Rätsel", z.B.: Am liebsten bin ich in der linken Hälfte des Schulhofs unter dem großen Kastanienbaum. Ein anderes Kind zeigt die Stelle und trägt ein neues Rätsel vor, während der erste Sprecher seine Spielfigur an seiner Lieblingsstelle aufstellt.
Hausaufgabe für die Kinder: Den Grundriss des Kinderzimmers oder der eigenen Wohnung zeichnen.
Hausaufgabe für die Lehrerin: Den Plan des Schulgeländes auf ein Arbeitsblatt übertragen (ggf. auch DIN A3).
In der folgenden Stunde stellen die Kinder ihre Grundrisse vor.
Arbeitsblatt mit dem Plan des Schulgeländes
Die Lehrerin beschreibt einen Weg, den die Kinder mit dem Finger mitzeigen, z.B.: Ich gehe durch das Eingangstor, überquere den Schulhof, gehe durch die rechte Tür ins Schulhaus, gehe nach rechts und nochmals nach rechts. Wohin komme ich? (Hausmeister)
Die Kinder denken sich weitere Beschreibungen aus. Wer das richtige Ziel nennen kann, stellt das nächste „Rätsel".

Anfertigen von Detailplänen
Je nach Größe des Schulgebäudes fertigt die Lehrerin mit der Klasse Pläne vom Erdgeschoss an, von den Obergeschossen, der Turnhalle und weiteren Gebäudeteilen. Dazu wird der entsprechende Gebäudeteil jeweils gemeinsam aufgesucht und je zwei Kinder zeichnen in gegenseitiger Absprache auf ihrem Klemmbrett einen Plan. Im Klassenzimmer werden die Pläne im Sitzkreis miteinander verglichen und es wird ein zutreffender Plan ausgewählt. Ggf. zeich-

net die Lehrerin auf einem großen Blatt einen Plan nach den Äußerungen der Kinder.

Schatzsuche

Jede Gruppe erhält eine „Schatzkarte“ mit einer Anleitung, wie der Schatz zu finden ist, z.B.:

Die Gruppe zieht mit ihrer Schatzkarte los, folgt den Anweisungen und bringt ihren „Schatz“ ins Klassenzimmer. Dort tragen die Kinder ihren Weg auf dem Arbeitsblatt mit dem Plan des Schulgeländes (s.o.) mit einem Farbstift (z.B. rot) ein.

Bericht der Gruppen: Ein Kind jeder Gruppe beschreibt deren Weg. Die anderen Gruppen tragen diesen Weg auf dem Arbeitsblatt mit einer anderen Farbe ein.

Anwendung (Verbindung zu Deutsch): Jedes Kind schreibt für ein anderes einen netten Brief. Damit jedes Kind einen Brief erhält, ziehen die Kinder einen gefalteten Zettel mit dem Namen eines Kindes.

Dann gehen die Kinder den Weg zum ausgewählten Versteck ab, machen sich dabei Notizen zur Wegbeschreibung und verstecken den Brief. Anschließend schreiben sie die Wegbeschreibung auf (Schatzkarte), adressieren sie an das betreffende Kind (An ... von ...) und legen sie in eine Schachtel. Kinder, die ihre Schatzkarte abgelegt haben, sehen nach, ob für sie schon eine Schatzkarte in der Schachtel ist. Wenn ja, ziehen sie los, wenn nicht, müssen sie sich anderweitig beschäftigen. Wenn Kinder ihren Schatz nicht finden, gehen sie zusammen mit dem Schreiber die Wegbeschreibung durch und ergänzen ggf. weitere Erklärungen.

10.2 Mein Schulweg

Material

Lehrerin: Folie mit einem Plan des Schulviertels (Tipp: Ortsplan kopieren, Schulviertel ausschneiden und mit dem Kopierer vergrößern), Styroporplatte in der Größe eines vergrößerten Plans des Schulviertels, Plakat mit den offiziellen Kartenzeichen;

Für jedes Kind: Klemmbrett (vgl. Kap. 8.3, siehe S. 193), Arbeitsblatt: Plan des Schulviertels, Zahnstocher mit Papierfähnchen;

für jede Gruppe (mit teilweise gleichem Schulweg): vergrößerter Plan des Schulviertels;

für je zwei Kinder: ein geknickter Zeichenblockdeckel als Trennwand und zwei Spielfiguren.

Besprechen der vorbereitenden Hausaufgabe

Auftrag: Die Kinder sollen ihren Schulweg aufzeichnen (Klemmbrett), während sie ihn gehen.

Dabei sollen sie

- die Straßen aufschreiben, durch die sie gehen und die sie überqueren.
- auf markante Punkte achten und diese einzeichnen, z.B. Ampeln, Spielplatz, Park, Geschäfte, besondere Gebäude, besondere Naturgegebenheiten (Bach, Weiher ...), besondere Verkehrsführungen (Eisenbahn, Brücke ...).

Variante für Fahrschüler: Die Klasse geht gemeinsam durch das Schulviertel. Je eine Gruppe zeichnet eine Straße mit abgehenden Nebenstraßen. Ggf. begleiten Eltern die Gruppen (vgl. Kap. 8.3).

Auswerten der Schulwegskizzen und Vergleichen der Skizze mit einer Karte

Gruppenarbeit

Kinder, die zum Teil den gleichen Weg haben, finden sich zusammen. In der Mitte jeder Gruppe liegt ein vergrößerter Plan des Schulviertels, zusätzlich hat jedes Kind ein Arbeitsblatt mit dem Plan des Schulviertels. Reihum beschreibt je ein Kind von der Schule ausgehend einen Abschnitt, z.B. von einer Kreuzung zur nächsten, und zeigt den Weg im großen Plan. Die anderen zeichnen den Abschnitt in ihrem Plan mit Bleistift ein, vergleichen die Äußerungen mit ihrer Skizze und ergänzen ggf. von einem Kind übersehene Merkmale. Die Kinder tragen jeweils die Ergänzungen der anderen in ihrem Plan ein.

Auswertung in der Klasse

Das Kind in jeder Gruppe mit dem längsten Schulweg berichtet vor der Klasse und zeigt seinen Weg auf einer Folie mit dem Plan des Schulviertels, den die anderen Kinder auf ihrem Plan „mitgehen“. Dabei werden den individuellen die offiziellen Kartenzeichen auf einem Plakat zugeordnet.

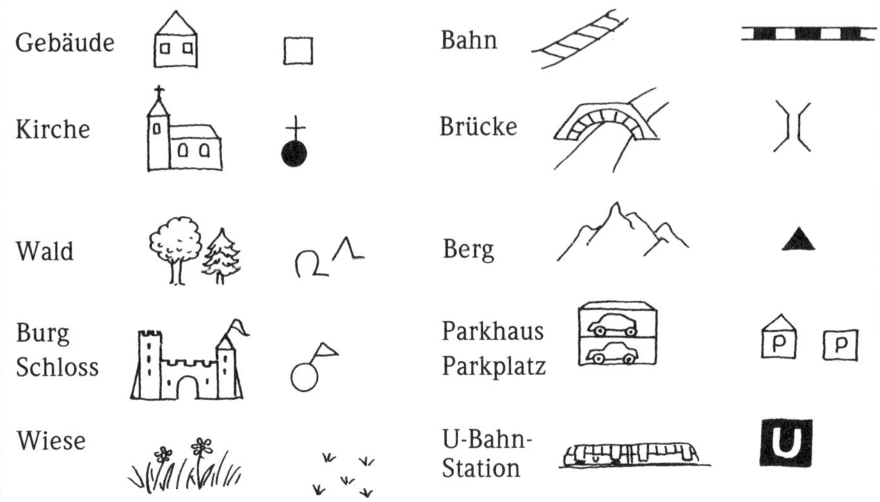

Beispiele für Kartenzeichen

links die individuellen, rechts die offiziellen Kartenzeichen

Partnerarbeit: Je zwei Kinder beschreiben sich gegenseitig ihren unterschiedlichen Schulweg. Der Zuhörer soll auf Ungenauigkeiten achten und ggf. um weitere Erklärung bitten.

Sicherung und Vertiefung

- Arbeitsblatt: Jedes Kind zeichnet seinen Schulweg im Plan rot ein, kennzeichnet seinen Plan auf der Vorderseite mit den Anfangsbuchstaben seines Vor- und Nachnamens.
- Dann basteln die Kinder ein Fähnchen (Zahnstocher und kleines Papierstück mit Vorname, Straße und Hausnummer) und stecken dies an die richtige Stelle auf einen großen, auf Styropor aufgeklebten Plan, der auf zwei zusammengestellten Schülertischen oder auf dem Boden ausliegt.
- Die Kinder zeichnen mit Hilfe ihrer Skizze und des Arbeitsblatts eine verbesserte Wegskizze und verwenden dabei die offiziellen Kartenzeichen.
- Sie beschreiben ihren Schulweg schriftlich und lassen dabei zur leichteren Korrektur jede zweite Zeile frei. – Kinder, die diese Aufgabe abgeschlossen haben, lesen sich in Gruppen ihre Wegbeschreibungen vor und verbessern sich bei diesen „Schreibkonferenzen" gegenseitig. Die Lehrerin überprüft die Entwürfe nochmals, die danach die Kinder in Reinschrift, auch am PC, schreiben (Name auf die Rückseite). Diese Wegbeschreibungen und die Schulwegpläne (s.o.) werden als Freiarbeitsmaterial ausgelegt:
  Die Leser ordnen Wegbeschreibung und Plan zu und kontrollieren mit Hilfe der Namen auf Vorder- und Rückseite.

- Zusatzaufgabe: Wer will, wählt im großen Plan das Fähnchen eines Kindes aus, das er gern besuchen würde, sucht den Weg von der eigenen Wohnung zu der dieses Kindes und zeichnet ihn auf seinem Arbeitsblatt in einer anderen Farbe ein.
- Verbindung zu Deutsch: Die Kinder schreiben einen Aufsatz zum Thema „Die Straße, in der ich wohne".

Aufsuchen von weiteren Straßen und Punkten in der Karte
Gemeinsam bearbeiten die Kinder am großen Plan des Schulviertels, auf einer Folie vom Plan und auf dem eigenen Arbeitsblatt mit dem Plan folgende Orientierungsaufgaben (Arbeitsblatt auf regionale Gegebenheiten abstimmen):

Kennst du dich in der Umgebung unserer Schule aus?

1 Setze bei deiner Schule einen gelben Punkt.
2 Fahre die Straßen um die Schule herum gelb nach.
3 Setze bei deiner Wohnung einen roten Punkt.
4 Male die Grünflächen grün an.
5 Male Gewässer blau an.
6 Wie heißt die längste Straße?
7 Wie heißt die kürzeste Straße?
8 Wie oft passt die kürzeste Straße ungefähr in die längste Straße?
9 Setze bei wichtigen Gebäuden (Kindergarten, Post, Kirche, Rathaus, Sehenswürdigkeiten ...) einen lila Punkt.
10 Wo gehst du besonders gerne hin? Setze dorthin einen rosa Punkt.

Trennwandspiel
Zwei Kinder haben ihr Arbeitsblatt mit dem Plan des Schulviertels vor sich, legen einen gemeinsamen Ausgangspunkt fest und stellen zwischen sich einen geknickten Zeichenblockdeckel als Trennwand. Kind ① wählt in Gedanken ein beliebiges Ziel aus, zieht mit seiner Spielfigur schrittweise dorthin und beschreibt seinem Partner leise seinen Weg. Wenn es „Angekommen." sagt, ist es am Ziel. Kind ② zieht jeweils mit seiner Figur entsprechend und nennt am Schluss das Ziel. Wenn es nicht mit dem von Kind ① übereinstimmt, suchen beide Kinder nach möglichen Ursachen.
Freiarbeit
Vorbereitung: Die Lehrerin markiert besondere Punkte in der Karte mit den Zahlen von 1 bis ... und selbst angefertigte Fotos von diesen Punkten auf der Rückseite analog. Die Kinder sollen die Fotos in der richtigen Reihenfolge auslegen und kontrollieren mit der Nummer auf der Rückseite.

11. Die schriftliche Addition

Ziele und didaktische Hinweise

- Beschreiben der Teilschritte bei der spaltenweisen Addition
- Verstehen, Begründen und Anwenden der schriftlichen Addition
- Genaues schriftliches Darstellen von Aufgaben
- Abschätzen von Ergebnissen durch Überschlagen

Die schriftliche Addition wird bewusst mit großem zeitlichen Abstand zu den halbschriftlichen Verfahren eingeführt, da die Rechenschritte sich grundsätzlich unterscheiden. Während beim halbschriftlichen Rechnen mit ganzen, zerlegten Zahlen gerechnet wird, wird bei den schriftlichen Verfahren mit den Stellenwerten, also mit einzelnen Ziffern, nach einem genauen Ablaufplan (zuerst die Einer, dann die Zehner, dann die Hunderter) gerechnet. Die schriftliche Addition ohne Übertrag fällt den Kindern in der Regel leicht. Deshalb werden den Kindern zu Anfang schwierigere Aufgaben mit Übertrag vorgestellt, um ihnen die Notwendigkeit des schriftlichen Rechnens als schnelles und sicheres, d.h. fehlerunanfälliges, Verfahren einsichtig zu machen. Damit sie jedoch den Denkschritt „Übertrag“ verstehen, werden zunächst Geldbeträge in der Stellentafel umgewandelt. Nach einer ersten Hinführung an den Ablaufplan beim schriftlichen Rechnen wird dann je nach den individuellen Fähigkeiten in kleinen Lernschritten mit steigendem Schwierigkeitsgrad geübt:

- Addieren von zwei Zahlen ohne Übertrag,
- Addieren von zwei Zahlen mit einem Übertrag, dann mit zwei Überträgen,
- Addieren von mehreren Zahlen mit Übertrag.

Denn der häufigste Fehler ist das „Vergessen“ des Übertrags, weshalb auch empfohlen wird, die „Merkzahl“ rot zu schreiben.
Die hier gewählte Sprechweise findet sich in neueren Rechenbüchern (z. B. *E. Wittmann* 1999, *S. Schütte* 2002). Wenn die Sprechweise im Rechenbuch, das in der Klasse verwendet wird, abweicht, sollte diese verwendet werden, damit die Kinder nicht durcheinanderkommen.

Bausteine für den Unterricht

11.1 Umwechseln von Geldbeträgen

Material
Lehrerin: Folien;
Kinder: Rechengeld;
für jede Gruppe: vier DIN A4-Blätter.

Umwechseln von Geldbeträgen in der Stellentafel

Lehrerin: An jedem Abend muss Frau Goldmann in der Sparkasse (auf der Bank) zählen und in den Computer eingeben, wie viel Geld sie in der Kasse hat. Hier ist ihre Übersicht über die letzte Woche.

Folie:

Montag			
T	H	Z	E
	6	37	12

Dienstag			
T	H	Z	E
	8	29	17

Mittwoch			
T	H	Z	E
	4	13	29

Donnerstag			
T	H	Z	E
	7	24	14

Freitag			
T	H	Z	E
	3	16	38

Die Kinder betrachten die Tabelle und stellen fest:

- In der 1. Zeile stehen die Wochentage.
- In der 2. Zeile die Stellenwerte.
- In der 3. Zeile hat Frau Goldmann eingetragen, wie viele H, Z und E sie gezählt hat.
- In die 4. Zeile muss sie wahrscheinlich hineinschreiben, wie viel Geld das zusammen ist.

Daraus ergibt sich die Problemstellung: Wie kann Frau Goldmann das ausrechnen?

Die Lehrerin geht auf die Vorschläge der Kinder ein, auch auf Irrwege, und fasst zusammen:

- Frau Goldmann muss zuerst die E betrachten und je zehn E in einen Z umwechseln.
- Dann muss sie die umgewechselten E zu den Z dazuzählen und nun je zehn Z in einen H umwechseln.
- Schließlich muss sie die umgewechselten Z zu den H dazuzählen und je zehn H in einen T umwechseln.

Gruppenarbeit: In jeder Gruppe legen die Kinder vier DIN-A4-Blätter aus und beschriften je ein Blatt mit E, Z, H, T. Dann legen sie den „Montags-Beitrag" darauf, also 12 E usw. und wechseln um. Alle zeichnen die Stellentafel von Montag in ihr Heft und tragen den umgewechselten Betrag ein.

Analog wird zu jedem weiteren Tag gelegt und geschrieben.

Lösung:

Montag			
T	H	Z	E
	6	37	12
	9	8	2

Dienstag			
T	H	Z	E
	8	29	17
1	1	0	7

Mittwoch			
T	H	Z	E
	4	13	29
	5	5	9

Donnerstag			
T	H	Z	E
	7	24	14
	9	5	4

Freitag			
T	H	Z	E
	3	16	38
	4	9	8

Gemeinsames Vergleichen der Lösungen: Am Dienstag hat sie am meisten Geld in der Kasse, am Freitag am wenigsten.

11.2 Einführung in die schriftliche Addition

Material

Lehrerin: Folie, Rechengeld;
Kinder: Rechengeld, ein Spielwürfel und eine lärmdämpfende Unterlage (z. B. Gästehandtuch);
für jede Gruppe: DIN-A4-Blatt mit einer Aufgabe, Spielanleitung.

Demonstration des Rechenweges

Tafelanschrift oder Folie: Wie viel Geld ist das zusammen?
Überschlag: 460 + 330 = 790

H	Z	E
4	5	6
+3	2	5
	1	
		1

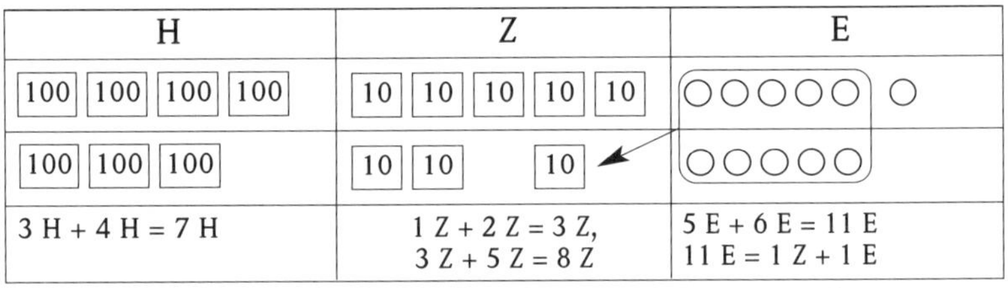

Lehrerin:

- Zuerst müssen wir immer überschlagen.
- Beim schriftlichen Zusammenzählen rechnen wir immer von unten nach oben.
- Wir beginnen immer „hinten“ bei den Einern.
- 5 E plus 6 E gleich 11 E müssen wir umwechseln. 11 E = 1 Z 1E.

Sie fasst das Rechengeld in der Einerspalte zusammen und zeichnet 1 Z in die Zehnerspalte.
In die Stellentafel schreiben wir bei den Einern 1 hin und in die Zehnerspalte tragen wir mit einem roten Stift 1 Z klein ein.

Tafelanschrift:

5 E + 6 E = 11 E	Ich schreibe 1 E und übertrage 1 Z.
1 Z + 2 Z = 3 Z, 3 Z + 5 Z = 8 Z	Ich schreibe 8 Z.
3 H + 4 H = 7 H	Ich schreibe 7 H.

Vergleich mit dem Überschlag 781 < 790

Partnerarbeit: Je zwei Kinder erklären sich nochmals gegenseitig den Weg und sprechen dazu.
Kontrolle: Die Klasse wiederholt den Weg im Chor.
Eintrag ins Merkheft: Die Kinder übertragen das Beispiel von der Tafel oder Folie (Stellentafel und Rechengeld) in ihr Heft.

Gruppenarbeit: Jede Gruppe erhält eine Aufgabe (auf einem DIN-A4-Blatt) und überträgt den Weg auf ihre Aufgabe. Reihum rechnet jeder einen Teilschritt. Anschließend erklärt ein Kind aus jeder Gruppe der Klasse den Weg.

435 + 247	236 + 318	349 + 126	305 + 568	455 + 329	134 + 628
682	554	475	873	784	762

Hinweis: Das neu erlernte Verfahren sollte nicht gleich nach der Einführung als Hausaufgabe gestellt werden, da nicht sicher ist, ob alle Kinder es schon selbstständig anwenden können.

Gewinnspiel
Jede Gruppe erhält die folgende Spielanleitung. Reihum liest sie je ein Kind vor. Anschließend spielen je zwei Kinder in der Gruppe das Spiel einmal vor, während die anderen aufpassen, ob regelkonform gespielt wird.
Aussprache und Klärung in der Klase nach dieser Erprobungsphase: Welche Punkte sind unklar? Welche Schwierigkeiten gab es?

Gewinnspiel

Jede Gruppe braucht das Rechengeld und drei DIN-A4-Blätter.
Jedes Paar braucht einen Würfel, eine Unterlage und den Block.

1) Alle Kinder einer Gruppe legen ihr Rechengeld in die Mitte der Gruppe und zwar alle H auf ein Blatt, alle Z auf ein Blatt und alle E auf ein Blatt.
2) Immer zwei Nachbarn spielen zusammen.
   Kind ① würfelt dreimal und schreibt die Zahlen auf den Block.
   Regel: Die größte Zahl sind die Einer.
   Dann würfelt Kind ② und schreibt seine Zahl auch auf.
3) Kind ① und ② zählen ihre beiden Zahlen zusammen und dürfen sich aus der Mitte so viel Geld nehmen.
4) Welches Paar in der Gruppe konnte den größeren Betrag nehmen? Dieses Paar hat gewonnen und kreist den Betrag auf dem Block ein.
5) Legt dann das Geld wieder zurück und beginnt eine neue Runde.
6) Das Paar, das zum Schluss die meisten Zahlen einkreisen konnte, gewinnt.

11.3 Üben der schriftlichen Addition

Material

Lehrerin: Je einige Zentimeterquadrate (Holzplättchen oder ausgeschnittene Quadrate aus Papier) für die H, geviertelte Zahnstocher für die Z und Linsen für die E; Kassenzettel mit Kommazahlen (Supermarkt, Summe < 10 €) für Freiarbeit;
für jede Gruppe: Sechs Quartette mit je vier Karten (Rechnung, Überschlag, bildliche Darstellung, Sprechweise);
für je zwei Kinder: Drei Würfel und eine lärmdämpfende Unterlage.

Schriftliche Additon ohne Übertrag

Tafelanschrift

	6	2	4	
+	1	5	3	

Partnerarbeit: Je zwei Kinder schreiben zusammen die Sprechweise auf den Block. Gemeinsame Kontrolle beim Vorrechnen an der Tafel. Dabei werden zugleich Regeln für den Hefteintrag zusammengestellt (Tafelanschrift, Merkplakat):

Schriftlich zusammenzählen

1) Zuerst überschlage ich das Ergebnis.
2) Ich schreibe die Ziffern genau untereinander, also E unter E, Z unter Z, H unter H.
3) Zwischen jeder Zahl bleibt eine Kästchenreihe frei.
4) Vor die letzte Zahl schreibe ich das Pluszeichen.
5) Nach der letzten Zahl ziehe ich mit dem Lineal einen Bleistiftstrich.
6) Ich rechne von unten nach oben.
7) Ich beginne mit den E.
8) Zum Schluss vergleiche ich das Ergebnis mit dem Überschlag.

Eintrag der Musteraufgabe ins Merkheft.
Sicherung : Lösen von Aufgaben aus dem Rechenbuch.

Schriftliche Addition mit Zehnerübertrag

Tafelanschrift:

	5	3	6
+	1	4	7

Gruppengespräch: Vielleicht erinnert sich in der Gruppe noch ein Kind an die Erklärung bei Kap. 11.2.

Äußerungen vor der Klasse: 6 E + 6 E = 12 E. Wir müssen 12 E in 1 Z 2 E umwechseln.

Analog zu Kap. 11.2 wird zur Aufgabe mit Rechengeld gelegt oder gezeichnet.

Ergänzen der Tafelanschrift:

Schriftlich zusammenzählen mit Übertrag

Ü 540 + 150 = 690

536	7 E + 6 E = 13 E, 13 E = 1 Z 3 E	Ich schreibe 3 E, übertrage 1 Z.
+ 147	1 Z + 4 Z + 3 Z = 8 Z	Ich schreibe 8 Z.
1	1 H + 5 H = 6 H	Ich scheibe 6 H.
683		

Ü 683 < 690

Eintrag der Musteraufgabe mit Zeichnung ins Merkheft.

Sicherung: Aufgaben aus dem Rechenbuch, Kopiervorlage 56 (Nr. 1 passt zur Nr. 2 k)

Schriftliche Addition mit Hunderterübertrag

Nachdem die Kinder die Darstellung des Übertrags beim Geld kennen, legt die Lehrerin auf dem Projektor H, Z und E nun aus Zentimeterquadraten (Holzplättchen oder ausgeschnittene Quadrate aus Papier), aus geviertelten Zahnstochern und Linsen. Sie Kinder erkennen, dass hier 10 Z in einen H umzuwechseln sind. Ein Kind rechnet vor, während die Lehrerin die Teilrechnungen zu jeder Stelle auf die Folie schreibt:

	H	Z	E
383	□□□	||||| |||	○○○
+ 452 1	□□□□ □	|||||	○○
835	1 H + 4 H + 3 H = 8 H	5 Z + 8 Z = 13 Z, 13 Z = 1 H 3 Z Ich schreibe 3 Z und übertrage 1 H.	2 E + 3 E = 5 E

Name ______________________________	Datum ______________

Schriftlich zusammenzählen mit Zehnerübertrag

1 Zu welcher Rechnung bei Nr. 2 passt diese Zeichnung? Rahme die passende Rechnung farbig ein. Rechne und schreibe zu jeder Stelle.

H	Z	E
100 100 100 100 100 100	10 10	○○○○○ ○○
100 100	10 10 10 10 10 10 10	○○○○○ ○○○○
		9 E + 7 E

2 Überschlage zuerst und vergleiche anschließend. Schreibe die kleine Merkzahl mit einem roten Stift.

a) 330 + 450 = 780 773 < 780	j)
b)	k)
c)	l)
d)	m)
e)	n)
f)	o)
g)	p)
h)	q)
i)	r)

a)	b)	c)	d)	e)	f)
327	536	135	328	438	138
+ 446	+ 255	+ 637	+ 547	+ 526	+ 748

g)	h)	i)	j)	k)	l)
738	407	315	449	627	189
+ 235	+ 487	+ 679	+ 346	+ 269	+ 808

m)	n)	o)	p)	q)	r)
708	506	303	409	667	109
+ 104	+ 386	+ 689	+ 306	+ 309	+ 708

Überprüfe, ob du richtig gerechnet hast, und streiche erreichte Ergebniszahlen durch.

715	772	773	791	795	812	817	875	886	892	894	896	964	973	976	992	994	997

Die Klasse wiederholt die Sprechweise im Chor und dann nochmals in Partnerarbeit.
Sicherung: Eintrag ins *Merkheft* (Merkziffer rot schreiben)

Schriftliche Addition mit zwei Überträgen

Tafelanschrift 1:

$$\begin{array}{r} 274 \\ \underline{+\,258} \end{array}$$

Tafelanschrift 2:

$$\begin{array}{r} 274 \\ +\,258 \\ \underline{{\scriptstyle 11}} \\ 532 \end{array}$$

Partnerarbeit: Die Kinder sprechen zu dieser Aufgabe, schreiben sie auf und zeichnen dazu auf ein Folienstück, entweder mit Rechengeld oder mit Quadraten, Strichen und Punkten.
Nacheinander wird jedes Folienstück auf dem Projektor gezeigt und begutachtet. Zwei richtige Darstellungen bleiben für den Eintrag ins *Merkheft* auf dem Projektor liegen.
Kurzes Gruppengespräch: Beim Übertrag gab es bisher immer nur kleine Einser. Gibt es auch kleine Zweier und Dreier? → Nein, nicht beim Zusammenzählen von zwei Zahlen. Denn immer wenn es 10 sind, wird umgewechselt.
Gruppenarbeit (und später Material für Freiarbeit): Jede Gruppe erhält vergrößerte Karten und ordnet je vier Karten einander zu: Rechnung, Überschlag, bildliche Darstellung und Sprechweise.
Anschließend nimmt jedes Kind ein Quartett und schreibt die Aufgabe mit Überschlag in sein Heft.

Karten:

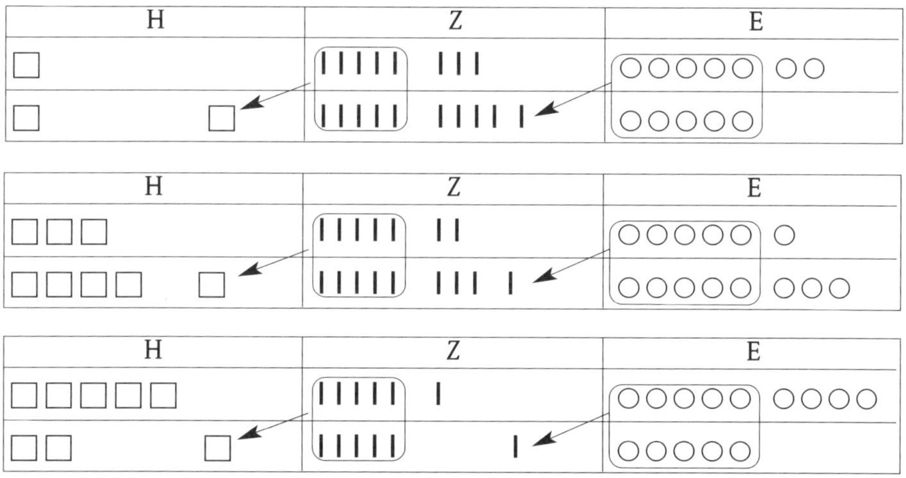

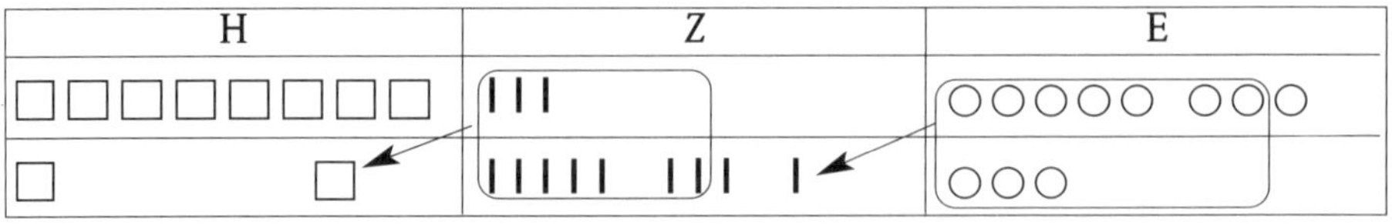

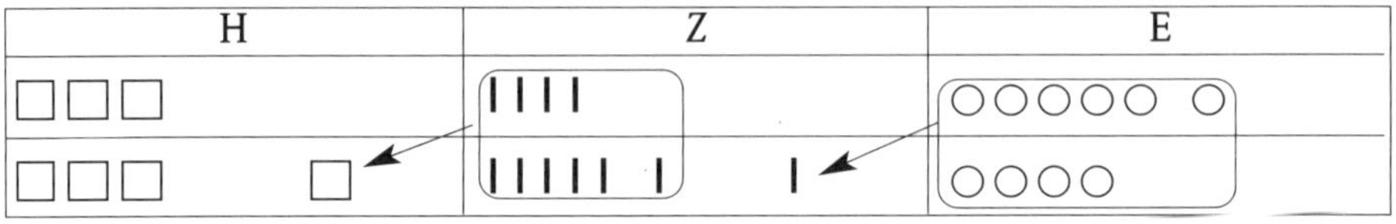

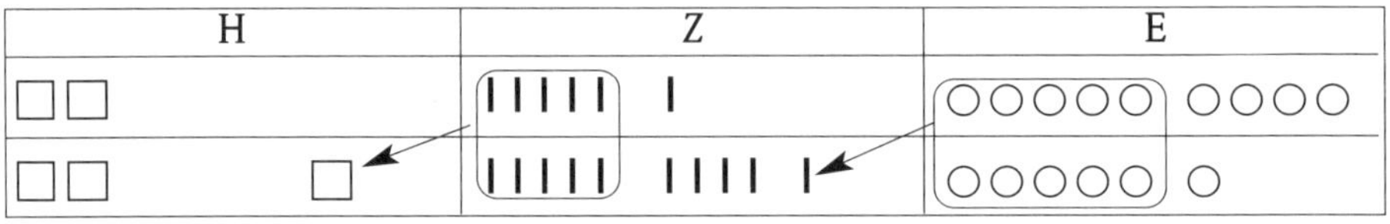

	H	Z	E
	1	8	7
+	1	9	5

	H	Z	E
	3	7	6
+	4	8	8

	H	Z	E
	5	6	9
+	2	5	5

	H	Z	E
	7	3	8
+	1	8	3

	H	Z	E
	3	4	6
+	3	6	4

	H	Z	E
	2	6	9
+	2	9	6

190 + 200 | 380 + 490 | 570 + 260 | 740 + 190 | 350 + 360 | 270 + 300

5 E + 7 E = 12 E
Ich schreibe 2 E und übertrage 1 Z.
10 Z + 8 Z = 18 Z
Ich schreibe 8 Z und übertrage 1 H.
2 H + 1 H = 3 H

8 E + 6 E = 14 E
Ich schreibe 4 E und übertrage 1 Z.
9 Z + 7 Z = 16 Z
Ich schreibe 6 Z und übertrage 1 H.
5 H + 3 H = 8 H

5 E + 9 E = 14 E
Ich schreibe 4 E und übertrage 1 Z.
6 Z + 6 Z = 12 Z
Ich schreibe 2 Z und übertrage 1 H.
6 H + 2 H = 8 H

3 E + 8 E = 11 E
Ich schreibe 1 E und übertrage 1 Z.
9 Z + 3 Z = 12 Z
Ich schreibe 2 Z und übertrage 1 H.
2 H + 7 H = 9 H

4 E + 6 E = 10 E
Ich schreibe 0 E und übertrage 1 Z.
7 Z + 4 Z = 11 Z
Ich schreibe 1 Z und übertrage 1 H.
4 H + 3 H = 7 H

6 E + 9 E = 15 E
Ich scheibe 5 E und übertrage 1 Z.
10 Z + 6 Z = 16 Z
Ich schreibe 6 Z und übertrage 1 H.
3 H + 2 H = 5 H

Addition von mehreren Zahlen

Je nach den Fähigkeiten der Kinder werden nun die Stellenbezeichnungen beim Sprechen weggelassen und jeweils nur noch die Ziffern genannt.

Tafelbild:

489	338	106	354	280	327	371	418	192	693

Lehrerin: Du sollst mit drei Zahlen möglichst nahe an 1 000 kommen. Wähle drei Zahlen aus, schreibe sie auf dem Block genau untereinander, überschlage und rechne.

Die Kinder berichten über ihre Lösungen und rechnen einige Beispiele an der Tafel vor:

354	371	489
280	418	418
+ 327	+ 192	+ 106
1 1	1 1	1 2
961	981	1013

Gespräch: Das Zusammenzählen von drei und mehr Zahlen geht genauso wie das Zusammenzählen von zwei Zahlen. Allerdings kann jetzt der Übertrag größer als 1 sein. Genaues Untereinanderschreiben ist besonders wichtig.

Partnerspiel: Wer kommt am nächsten an die 1 000? (nach *S. Schütte*, S. 79)

Die Lehrerin spielt das Spiel mit einem Kind vor, erklärt dabei die Regeln und schreibt die gewürfelten Zahlen an die Tafel.

Beide Kinder würfeln abwechselnd mit drei Würfeln und legen daraus eine HZE-Zahl, z. B. Kind ①:

Es legt aus den gewürfelten Zahlen 3, 6, 5 eine möglichst hohe Zahl, 653. Dann würfelt es nochmals, z. B. 1, 3, 2 und rechnet nun auf seinem Block: Mit der Zahl 321 käme es auf 974. Vielleicht käme es mit einem dritten Wurf noch näher an 1 000. Es wählt deshalb die Zahl 123 und würfelt nochmals, z. B. 4, 1, 2. Es rechnet auf dem Block 653 + 123 = 776. Mit 400 käme es über 1 000 und hätte damit verloren. Also bildet es die Zahl 214 und rechnet 776 + 214 = 990.

Nun ist Kind ② an der Reihe und würfelt ebenfalls entweder zwei- oder dreimal. Beide vergleichen ihr Ergebnis. Wer am nächsten bei 1 000 ist, kreist seine Zahl ein. Wer die meisten Zahlen einkreisen konnte, gewinnt.

„Tricks" beim schriftlichen Addieren
Geschicktes Addieren mehrerer Summanden

Tafelanschrift:

	1	2	(9)	
	1	4	6	
		8	(1)	
	2	3	4	
+		9	7	

Zuerst schreiben die Kinder den Überschlag auf den Block:
130 + 150 + 80 + 230 + 100 = 500 (H zusammenzählen) + 190 (Z zusammenzählen) = 690
Lehrerin: Rechenlöwen rechnen hier nicht von unten nach oben, sondern betrachten die Ziffern genau.
Gruppengespräch: Die Kinder sollen einen günstigen Rechenweg herausfinden.
Klassengespräch: Ich bilde bei den Einerziffern „Zehnerpaare" und rechne in dieser Reihenfolge:
9 + 1 (Ziffern einkreisen oder unterpunkten) = 10, 6 + 4 (Ziffern einkreisen oder unterpunkten) = 10, 20 + 7 = 27. Ich schreibe 7 und übertrage 2.
Oder zuerst: 6 + 4 = 10, 9 + 1 = 10 (genaues Ergebnis: 687, Vergleich mit dem Überschlag: 687 < 690)
Sicherung: Kopiervorlage 57 (siehe S. 236) Nr. 1
Vgl. Kap. 8.4 Deutschlandreise KV 49 (siehe S. 198): Berechnen von Strecken

Multiplikatives Zusammenfassen gleicher Ziffern

Tafelanschrift:

	1	5	8	
	1	5	8	
	1	5	8	
	1	5	8	
+	1	5	8	

Zuerst schreiben die Kinder den Überschlag auf den Block und werden dabei bereits auf die Multiplikation hingewiesen:
5 · 160 = ?, 5 · 100 = 500, 5 · 60 = 300, 500 + 300 = 800
Gruppengespräch: Auch hier gibt es einen besseren Weg als das Zusammenzählen von unten nach oben.
Klassengespräch:
Ich rechne 5 · 8 = 40. Ich schreibe 0 und übertrage 4.

5 · 5 = 25, 25 + 4 = 29. Ich schreibe 9 und übertrage 2.
5 · 1 = 5, 5 + 2 = 7. Ich schreibe 7.
Genaues Ergebnis: 790, Vergleich mit dem Überschlag: 790 < 800
Sicherung: Kopiervorlage 57 Nr. 2

Addieren von Kommazahlen
Lehrerin: Neulich wollte ich im Supermarkt nur schnell ein paar Äpfel kaufen. Doch eins, zwei, drei waren in meinem Einkaufskorb gleich fünf Sachen. An der Kasse kam ich ins Schwitzen. Ich hatte nämlich nur 10 € dabei.
Die Lehrerin diktiert den Kindern die Kommazahlen „ihres Kassenzettels“, die sie genau untereinander auf den Block schreiben, z. B.:

	1,	5	8	€
	0,	3	9	€
	2,	6	4	€
	3,	7	1	€
+	0,	8	2	€

Tafelanschrift zur Kontrolle der Zahlen
Partnerarbeit: Die Kinder überschlagen zuerst und berechnen dann die Summe.
Kontrolle an der Tafel:
Beim Überschlagen die Beträge in Cent umwandeln:
160 + 40 + 260 + 370 + 80 = 600 + 310 = 910
Umwandeln in eine Kommazahl: 9, 10 €
Klassengespräch über Rechenwege: Geschickt zusammenzählen und „Zehnerpaare“ suchen, also:
8 + 2 = 10, 9 + 1 = 10, 20 + 4 = 24. Ich schreibe 4 und übertrage 2. ...
Summe: 9, 14 €, Vergleich mit dem Überschlag: 9,14 € > 9,10 €
Bezug zur Sachsituation: 10 € reichen für den Einkauf.
Zusammenfassen: Das Zusammenzählen von Kommazahlen geht genauso wie das Zusammenzählen von Zahlen ohne Komma. Nach dem Komma müssen bei solchen Aufgaben mit Geld immer zwei Ziffern stehen.
Sicherung: Kassenzettel (Summe < 10 €) für Freiarbeit; Kopiervorlage 57 Nr. 3

Name ______________________________	Datum ______________

„Tricks“ beim schriftlichen Zusammenzählen

1 Überschlage auf dem Block.
Kreise bei den Einern und Zehnern jedes Zehnerpaar mit einer anderen Farbe ein. Schreibe die Merkzahlen mit einem roten Stift.

a)	b)	c)	d)	e)	f)
103	79	202	637	144	331
386	455	94	61	272	95
97	135	568	35	98	374
225	251	87	173	67	169
+ 114	+ 68	+ 46	+ 49	+ 336	+ 15

Überprüfe, ob du richtig gerechnet hast, und streiche erreichte Ergebniszahlen durch.

917	925	955	984	988	997

2 Überschlage auf dem Block.
Rechne in jeder Spalte eine Malaufgabe. Schreibe die Merkzahlen mit einem roten Stift.

a)	b)	c)	d)	e)	f)
139	187	164	146	198	173
139	187	164	146	198	173
139	187	164	146	198	173
139	187	164	146	198	173
+ 139	+ 187	+ 164	+ 146	+ 198	+ 173

Überprüfe, ob du richtig gerechnet hast, und streiche erreichte Ergebniszahlen durch.

695	730	820	865	935	990

3 Überschlage auf dem Block.
Zähle geschickt zusammen. Schreibe die Merkzahlen mit einem roten Stift.

a)	b)	c)	d)	e)	f)
0,62	1,97	5,64	0,81	2,08	0,23
1,35	2,34	1,72	6,43	1,65	1,20
2,11	0,73	0,97	0,69	1,95	0,67
5,39	0,87	1,46	1,57	2,98	1,63
+ 0,38	+ 3,16	+ 0,18	+ 0,26	+ 0,42	+ 6,23

Überprüfe, ob du richtig gerechnet hast, und streiche erreichte Ergebniszahlen durch.

9,07	9,08	9,76	9,85	9,96	9,97

11.4 Spielgeräte für die Pause (Sachsituation: Berechnen von Preisen)

Material
Für jede Gruppe: Ein Katalog mit Kleingeräten für Sport und Spiel (Viele Kataloge finden sich in der Schulleitung oder beim Sportwart), fünf Zeichenblätter.

Einstieg
Die Lehrerin zeigt die Kataloge: Mit welchen Spielgeräten würdet ihr gerne in der Pause spielen? (nach einer Idee aus *S. Schütte,* S. 92).

Informationsgewinnung in Gruppenarbeit
Jede Gruppe wählt aus einem Katalog bis zu fünf Geräte aus, schneidet die Bilder aus und klebt je ein Gerät mit Beschreibung und Preis auf ein Blatt. Befinden sich mehrere Wunschgeräte auf einer Katalogseite, kopiert die Lehrerin die Seite, so oft sie benötigt wird, und vergrößert sie ggf.
Gruppen die fertig sind, tauschen die Kataloge und suchen zum Preisvergleich ihre Wunschgeräte in einem anderen Katalog. Sie schneiden die Geräte mit Preis wiederum aus und kleben sie jeweils auf die bereits angefertigten „Wunschblätter" dazu.

Zusammenschau und übersichtliches Darstellen der Informationen
Gruppe ① heftet ihre Blätter nebeneinander an die Tafel und zählt ihre Wunschgeräte auf. Falls andere Gruppen die gleichen Geräte ausgewählt haben, befestigen sie ihre Blätter jeweils unter dem bereits genannten Gerät.
Anlegen eines Plakats, z. B.:

Gerät	Wie oft gewünscht	Preis 1	Preis 2	Preis 3	benötigte Anzahl	Gesamtpreis
1) Jonglierbälle						
2) Hüpfseile						
3) Wurfscheiben						
4) Indiaca-Tennis						
5) Disc-Boccia						
...						

Gruppe ① trägt in die Tabelle die Daten (Spalte 1 – 6) für ihre gewünschten Geräte ein und erläutert dabei, warum sie diese Geräte ausgewählt haben. Jeder Gruppenwunsch zählt dabei mit 1. Danach ergänzen die anderen Gruppen die Tabelle.
Je nach der gewünschten Anzahl werden drei oder vier Favoriten festgelegt.

Preisberechnungen

- Jede Gruppe berechnet für einen Favoriten aus dem günstigsten Einzelpreis den Gesamtpreis und trägt ihn in der Tabelle ein.
- Die Klasse berechnet den Gesamtpreis für die Favoriten.
- Je nach Situation der Schule legt die Lehrerin einen Preisrahmen fest: In der Klassenkasse sind 100 €. – Oder: Die Schulleitung/Der Elternbeirat/Der Förderverein gibt jeder Klasse 50 €.
  Das leitet zu folgenden Fragen über (Tafelanschrift):
  Reicht das Geld? Wie viel Geld muss unsere Klasse noch sammeln? Wie ändern wir unsere Wunschliste ab, damit das Geld reicht?

Zusammenstellen von Aufgaben für die Sachrechenkartei

Gruppenarbeit: Jede Gruppe stellt eine Aufgabe (oder auch mehrere) auf einer Karteikarte zusammen, auf der Vorderseite die Aufgabe mit dem aufgeklebten Gerät oder einer schmückenden Zeichnung, auf der Rückseite Frage, Rechnung mit Überschlag und Lösung, Antwort.
In Freiarbeit lösen die Kinder die Aufgaben der anderen Gruppen.

12. Symmetrische Figuren

Ziele und didaktische Hinweise

- Herstellen von symmetrischen Figuren beim Falten, Spiegeln, Legen, Zeichnen und der Arbeit am Geobrett
- Beschreiben der Eigenschaften von symmetrischen Figuren (gleiche Größe, gleiche Form, aber seitenverkehrte Lage des Spiegelbildes)
- Auffinden von Symmetrien in der Umwelt (Gebäude, Verkehrsschilder, Buchstaben)

Zuerst werden im Zusammenhang mit den Sachthemen „Auge – Seherlebnisse" und „Erkunden von Spiegelphänomenen" (vgl. dazu auch *Susanne Winter* u.a., Ganzheitlicher Sachunterricht im 3. Schuljahr, Oldenbourg Schulbuchverlag, München 2003) begriffliche Grundlagen (deckungsgleich, Spiegelbild) erarbeitet, um auch Kindern mit Wahrnehmungsschwächen Lernerfolg zu ermöglichen.

Spiegelbilder sowie Faltschnitte, Reiß- , Klecks- und Klappbilder bieten einen handelnden Zugang zur Achsensymmetrie (Verbindung zu den Fächern Kunst und Werken/Textiles Gestalten). Die Kinder erkennen dabei: Beide Teile einer symmetrischen Figur passen genau aufeinander. Wenn man sie aufeinander legt, deckt die eine Hälfte die andere zu. Beide Teile sind deckungsgleich. Die Faltlinie (Faltachse, Spiegelachse, Symmetrieachse) trennt die beiden deckungsgleichen Spiegelbilder, die die gleiche Form und die gleiche Größe haben, allerdings jedoch einander entgegengesetzt liegen. Symmetrische Figuren können eine oder mehr Symmetrieachsen haben.

Bausteine für den Unterricht

12.1 Deckungsgleiche Figuren erkennen

Material

Lehrerin: Die ausgeschnittenen Blumen von Kopiervorlage 58 (mindestens auf DIN A3 vergrößert) oder eine Folie von Kopiervorlage 58 (siehe S. 241);
Kinder: Ein Klebezettel (Post-it);
für jede Gruppe: Kopiervorlage 58 und 59, siehe S. 242 (mindestens auf DIN A3 vergrößert).

Einstieg

Mit dem Hinweis „Manchmal täuschen uns unsere Augen." erinnert die Lehrerin an optische Phänomene. Sie zeigt nur kurz entweder die vergrößerten,

auf verschieden farbiges Papier kopierten und ausgeschnittenen Blumen von Kopiervorlage 58 an der Tafel oder eine Folie von Kopiervorlage 58, bei der sie evtl. die Blumen und den Hintergrund in verschiedenen Farben angemalt hat: Welche von den sechs Blumen wurde aus dem Kreis ausgeschnitten? Schreibe die Nummer auf.
Dann klappt sie schnell die Tafel um oder schaltet den Projektor aus. Die Kinder schreiben die Nummer und ihren Namen auf einen Klebezettel und heften ihn an die Tafel.
Lehrerin: Wie können wir überprüfen, ob ihr die richtige Blume gefunden habt?
Mögliche Äußerungen der Kinder: Wir schneiden die Blumen aus und legen sie auf die Blume im Kreis. Die richtige Blume muss genau in den Umriss passen. – Wir legen die Folienbilder auf die Blume im Kreis. Die Umrisse müssen genau gleich sein.

Deckungsgleiche Figuren zuordnen
Gruppenarbeit: Reihum schneidet jedes Kind an den geraden Linien entlang eine Blume aus, reicht das Blatt seinem Nachbarn und schneidet seine Blume *genau* aus. (Kinder, die mit dem Ausschneiden fertig sind, ordnen die Klebezettel an der Tafel nach Nummern.) Danach legt nacheinander jedes Kind seine Blume in den Kreis.
Festhalten der Lösung: Blume 5 passt genau.
Die Lehrerin hält Blume 5 an der Tafel oder auf dem Projektor auf den Umriss im Kreis und erklärt dazu: Blume 5 passt genau in den Umriss. Sie deckt den Umriss genau zu. Blume 5 und die Blume im Kreis sind *deckungsgleich*.

Tafelanschrift:

Deckungsgleiche Figuren

Wenn zwei Figuren genau aufeinander passen und die eine die andere zudeckt, sind sie deckungsgleich.

Sicherung
Gruppenarbeit: Wie oben schneidet sich reihum jedes Kind einen Streifen von Kopiervorlage 59 ab, schneidet die drei Figuren genau aus, sucht die beiden deckungsgleichen Figuren durch Aufeinanderlegen heraus, klebt sie in das Merkheft und schreibt den Tafeltext dazu.

Welche Blume passt genau?

Welche beiden Figuren sind deckungsgleich?

12.2 Spiegelbilder

Material

Lehrerin: Kopiervorlage 60 (vergrößern, für jedes Kind nur ein Bild), siehe S. 244;
für jedes Kind ein Taschenspiegel (ohne Rahmen) oder eine Spiegelfliese (Baumarkt), Buchstabenkarten oder Holzbuchstaben (vom 1. Schuljahr ausleihen), einige Karteikarten, Karopapier.

Spiegelgeschichten

Brainstorming: Die Kinder sitzen im Sitzkreis, ein Kind hat einen Spiegel in der Hand und erzählt, was ihm zum Spiegel einfällt. Wenn es fertig ist, reicht es den Spiegel an das nächste Kind usf. Ein Kind, dem nichts einfällt, gibt den Spiegel gleich weiter.
Die Lehrerin notiert an der Tafel oder auf einem großen Blatt für den Unterricht wichtige Aussagen (vgl. Tafelanschrift).

Tafelanschrift 1, wenn die Kinder keine relevanten Aussagen machen:

Was stimmt?

Der Spiegel zeigt genau die Wirklichkeit.
Im Spiegel sehen wir alles verkehrt herum.

Spiegelversuche

Gruppenarbeit: Die Kinder sollen selbst herausfinden, wie sie überprüfen können, welcher Satz stimmt, und dies grafisch oder schriftlich festhalten.
Anschließend stellen die Gruppen ihre Vorschläge und Experimente vor und begründen so ihre Meinung. Dabei wird z.B. deutlich:
Wenn ich einen Bleistift mit der Spitze nach rechts lege und daneben (rechts oder links) einen Spiegel stelle, sehe ich im Spiegel die Spitze links.
Erkenntnis: Ein Spiegel zeigt die Dinge, wie sie wirklich sind, aber in umgekehrter Lage, seitenverkehrt.
Die Kinder vollziehen den „Bleistiftversuch" nach. Sie legen den Stift auch mit der Spitze nach oben und stellen den Spiegel oben hin. Nun ist die Spitze im Spiegelbild unten.
Sie führen weitere Versuche durch und beschreiben die wirkliche Lage und die Lage im Spiegelbild:

- Die Kinder legen Mittelfinger (links) und Zeigefinger (rechts) der linken Hand auf den Tisch und stellen mit der rechten Hand einen Spiegel daneben. Spiegelbild: Mittelfinger (rechts) und Zeigefinger (links).

Spiegelbilder

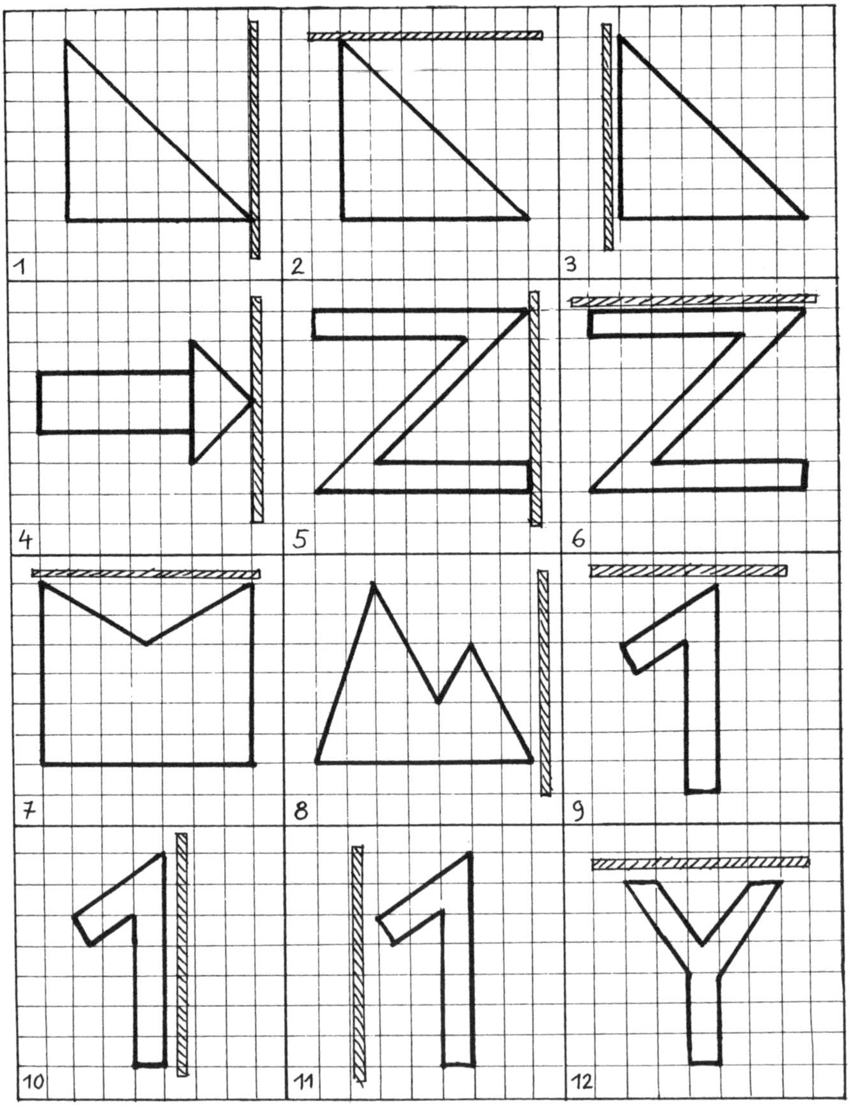

- Die Kinder legen den Buchstaben L vor sich und stellen den Spiegel einmal rechts daneben, einmal links und einmal oben und zeichnen jeweils das Spiegelbild.

Tafelanschrift 2 (Lückenwörter in Klammern):

Das Spiegelbild

Wenn ich einen Bleistift mit der Spitze nach rechts lege und rechts daneben einen Spiegel stelle, sehe ich im Spiegel die Spitze (links).
Wenn ich einen Bleistift mit der Spitze nach oben lege und oben an die Spitze einen Spiegel stelle, sehe ich im Spiegel die Spitze (unten).
Im Spiegel liegt der Bleistift also umgekehrt.

Die Kinder tragen Tafelanschrift 2 in ihr Merkheft ein und zeichnen passend dazu.

Spiegelkartei
Jedes Kind erhält ein Bild von Kopiervorlage 60, klebt es auf eine Karteikarte, hält seinen Spiegel an den dicken Strich, zeichnet das Spiegelbild auf Karopapier, vergleicht es mit der Lösung und klebt es auf eine zweite Karteikarte.

Lösungsblatt zu KV 60

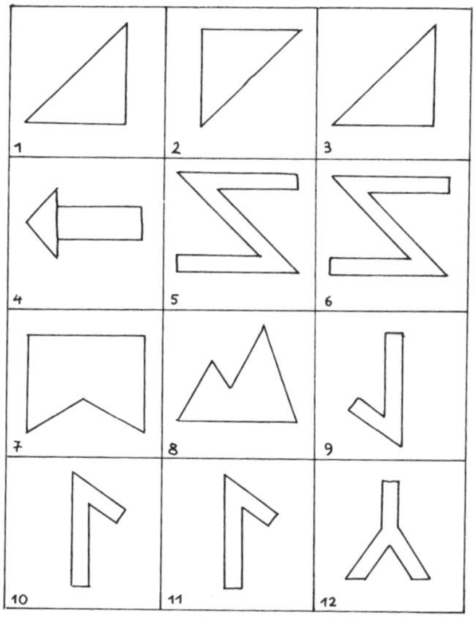

Wer fertig ist, holt sich ein weiteres Bild.
Die fertigen Karten können wie ein Memory-Spiel verwendet werden.
Alternative: Die Kinder zeichnen die Figuren in ihr Heft ab und daneben das Spiegelbild.

12.3 Einen Faltschnitt herstellen

Material
Lehrerin: Einige asymmetrische Figuren (s.u.) zur Demonstration, ein größerer Spiegel, Schaschlikstab mit einem Herz aus Papier (vgl. Abb. S. 247), vorbereitete Tafelanschrift, Wortkarten und Bilder für die Tafel (s.u.), Zettelblock; Kinder: Altpapier DIN A4, Tonpapier DIN A4 in verschiedenen Farben, Etiketten, Strohhalme.

Einstimmung und Problemstellung
Die Lehrerin kündigt an, mit der Klasse eine Karte zum Muttertag, eine Geburtstagskarte oder eine Begrüßungskarte für die künftigen Schulanfänger basteln zu wollen.
Sie zeigt einige asymmetrische Figuren aus Tonpapier an der Tafel:

Die Kinder stellen fest, dass die Figuren nicht „schön“, nicht gleichmäßig sind.

Versuche zur Problemlösung
Gruppenarbeit: Die Kinder überlegen, wie man ein gleichmäßiges Herz, eine gleichmäßige Blume, einen gleichmäßigen Schmetterling ... herstellen kann, und erproben ihre Ideen mit ausliegendem Altpapier.
Anschließend berichtet jede Gruppe.

Erarbeitung
Die Lehrerin greift den Vorschlag „Faltschnitt“ auf. Falls er von keiner Gruppe genannt wird, faltet sie selbst eine asymmetrische Figur in der Mitte und schneidet sie vor den Augen der Kinder so zu, dass sie symmetrisch wird.
Gemeinsam wird schrittweise das Herstellen eines Faltschnitts mit Altpapier eingeübt mit begleitendem Sprechen:

- Ich falte das DIN-A4-Blatt an der langen Seite genau Eck auf Eck zu einem „Buch“. Jede Hälfte deckt die andere zu, beide Hälften sind also deckungsgleich und gleich groß.
- Die Faltlinie teilt unser Papier in zwei gleich große Teile.

- Ich zeichne an die Faltlinie ein halbes Herz und schneide es aus. Beide Hälften des Herzes sind deckungsgleich.
- Ich klappe das Herz auf und sehe: Das Herz ist gleichmäßig. Die Erwachsenen sagen: Das Herz ist symmetrisch.

Die Lehrerin hält einen Spiegel an die Faltlinie ihres Herzes und spiegelt einmal die rechte und einmal die linke Seite: Im Spiegel erscheint das halbe Herz seitenverkehrt.

Sie schneidet das Herz an der Faltlinie durch und hält die zweite Hälfte in gleicher Lage an die erste Hälfte: So hätte die zweite Hälfte die gleiche Lage wie die erste. So ist es kein symmetrisches Herz.

Die Lehrerin dreht die zweite Hälfte um: Aber im Spiegel werden die Seiten verdreht. Die erste Hälfte und das Spiegelbild zusammen sind ein symmetrisches Herz.

Lehrerin: Die Faltlinie ist also auch unsere „Spiegellinie“, an die ich den Spiegel halten muss. Diese Linie heißt deshalb auch Spiegelachse. Da man mit dem Spiegel auch prüfen kann, ob eine Figur symmetrisch ist, nennt man diese Linie auch Symmetrieachse.

Zur Vertiefung des Begriffs „Achse“: Die Kinder beschreiben, was sie unter „Achse“ verstehen.

Die Lehrerin zeigt einen Schaschlikstab, um den sie locker ein Herz geklebt hat, und hält ihn senkrecht: Hier siehst du ein halbes Herz. Der Stab ist eine Achse. Um die Achse kann ich das halbe Herz auf die andere Seite drehen und herumklappen. Ich kann auch einen Spiegel an die Achse halten und so das Spiegelbild auf die andere Seite der Achse „zaubern“. Ich kann die Achse auch verschieden halten, senkrecht, waagerecht oder schräg. – Nun faltet die Lehrerin das locker geklebte Herz auf und klebt den Stab mit Klebeband fest: Der Stab ist die Symmetrieachse vom Herz.

Sie hält den Stab nochmals auf verschiedene Weise und die Kinder sprechen dazu: So ist die Symmetrieachse senkrecht. So ist die Symmetrieachse waagerecht. So ist die Symmetrieachse schräg.

Nacheinander faltet je ein Kind eine der asymmetrischen Figuren zur Hälfte, schneidet die Figur symmetrisch zurecht und zeigt und spricht dazu: Hier ist die Symmetrieachse. Hier ist das deckungsgleiche Spiegelbild. Es ist genau wie die erste Hälfte, aber seitenverkehrt.

Vorbereiteter Lückentext an der Tafel: Die Wörter in Klammern liegen als Wortkarten auf einem Tisch und werden nach Nennung durch die Kinder an der Seitentafel ungeordnet angebracht.

Symmetrische Figuren

So erhalte ich ein (symmetrisches) Herz:

1. Ich falte mein Papier genau zur (Hälfte).
2. Ich zeichne an die Faltlinie ein (halbes) Herz.
3. Ich schneide das (gefaltete) Herz aus.
   Beide Herzhälften sind (deckungsgleich).
4. Ich halte einen Spiegel an die (Faltlinie).
   Das Spiegelbild zeigt (seitenverkehrt) die andere Herzhälfte.
5. Das Herz ist symmetrisch und hat eine (Symmetrieachse).

Jede Gruppe erhält ein Bild und klebt ihr Bild zum passenden Satz an der Tafel.

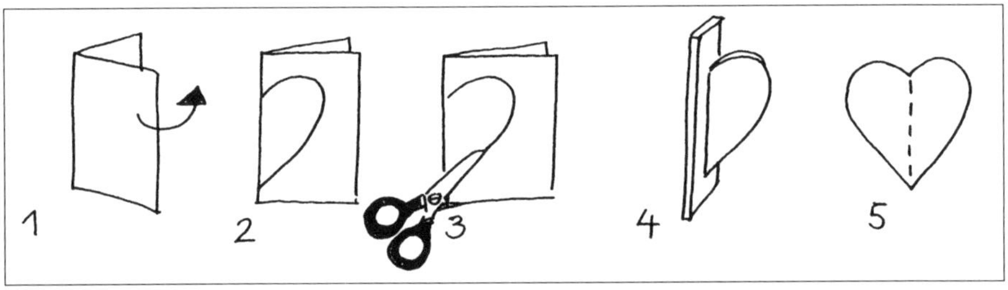

Sicherung

- Die Kinder schreiben den Text in ihr *Merkheft,* stellen aus kleinen Zetteln (Zettelblock) mehrere Faltherzen her, kleben sie analog den Bildern an der Tafel in das Heft und schreiben die passende Satznummer zu jedem Faltschritt.
- Sie stellen aus Tonpapier eine Karte mit einem symmetrischen Motiv her, beschriften und gestalten sie dem Anlass entsprechend (Verbindung zu Deutsch und Kunst).
  Tipp: Gelungene Werke der Kinder werden mit deren Einverständnis mit einem Farbkopierer kopiert und auf dem Schulfest verkauft.
- Sie überprüfen auf Kopiervorlage 60 mit einem Spiegel, welche Figuren symmetrisch sind (1, 2, 3, 4, 7, 12), zeichnen sie in ihr Heft ab, zeichnen mit dem Lineal die Symmetrieachse ein und schreiben jeweils „senkrechte/waagerechte/schräge Symmetrieachse“ dazu .

Symmetriesuche im Klassenzimmer
Die Kinder suchen symmetrische Gegenstände und kleben an den Gegenstand ein Etikett, auf das sie ein Herz mit Symmetrieachse zeichnen.

Symmetrie-Ausstellung
Auf einem Tisch sammeln die Kinder über längere Zeit symmetrische Gegenstände und Abbildungen und markieren die Symmetrieachse mit einem Strohhalm. Auch gelungene Hefteinträge werden ausgestellt. Außerdem bietet die Lehrerin zusätzliches Material und laminierte Aufgabenkarten für „Zwischendurch“ und für Freiarbeit an, z. B.:

Symmetrische Wörter	**Sinnvolle Vorwärts- und Rückwärts-Wörter**
OT | TO ~~BOB~~	☐ LEBEN ☐ NEBEL
Suche mit einem Spiegel die 17 symmetrischen Wörter. Streiche die anderen durch.	Schreibe das Rückwärts-Wort auf.
EHE EBBE BOX UHU TOT UHU ANNA KOCH OHO ELLE IMI ATA MAMA EI EICHE TOTO AHA OMO RADAR MAOAM PAPA	LIEB LOBEN LAGE NEBEN NEFFEN NENNEN NOT EHE RETTER EBBE RADAR TOR
Schreibe die symmetrischen Wörter in dein Heft und zeichne die Symmetrieachsen ein.	

Keine symmetrischen Wörter:
ANNA, MAMA, TOTO, RADAR, PAPA

12.4 Mein Geobrett – selbst gemacht

Material
Für ein Geobrett: Zugeschnittenes Brett 14 cm x 14 cm, etwa 9 mm dick, Karopapier 14 cm x 14 cm, Klebeband, 16 Tapezierstifte, Hammer, Gummiringe Größe 10 mm.
Wenigstens je zwei Kinder sollten zusammen ein Brett haben.
Ferner: Karteikarten, Spiegel, Strohhalme in zwei oder drei verschiedenen Längen (mit der Schere kürzen), Kopiervorlage 61(siehe S. 251).

Herstellung

- Mit Kreuzchen auf dem Karopapier die Stellen für die Nägel einzeichnen: Abstand vom Rand je 1 cm, Abstand zwischen den Nägeln jeweils 4 cm.
- Das Karopapier mit Klebeband auf das Brett kleben.
- Die Nägel mit dem Hammer an den markierten Stellen einschlagen.
- Das Karopapier entfernen.
  (nach *S. Schütte* 2002, S. 90)

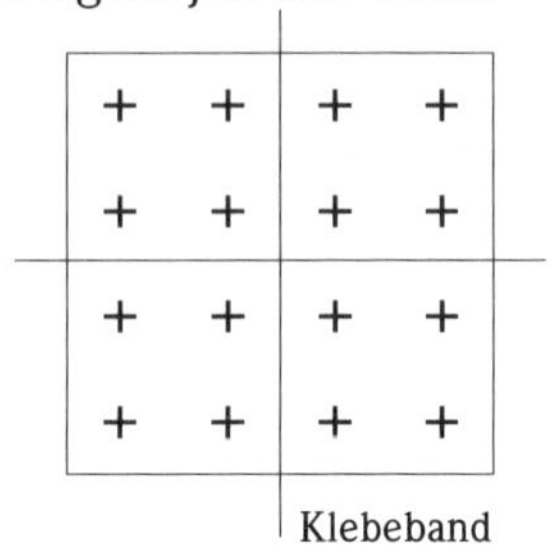

Lernmöglichkeiten

- Einzelarbeit: Je zwei Nachbarn erhalten einen senkrechten Streifen von Kopiervorlage 61 (am Strich in der Mitte auseinander geschnitten). Jedes Kind wählt eine Figur aus, spannt sie am Geobrett und zeichnet sie in sein Heft und direkt daran das Spiegelbild, sodass eine symmetrische Figur entsteht.
- Partnerarbeit: Die Kinder schneiden die Karten von Kopiervorlage 61 aus und legen das Domino.
- Partnerarbeit: Im Wechsel spannen die Kinder mit einem Gummiring eine beliebige Figur, zeichnen sie in ihr Heft, spiegeln sie einmal nach rechts und einmal nach oben und zeichnen die Spiegelbilder ebenfalls in ihr Heft.

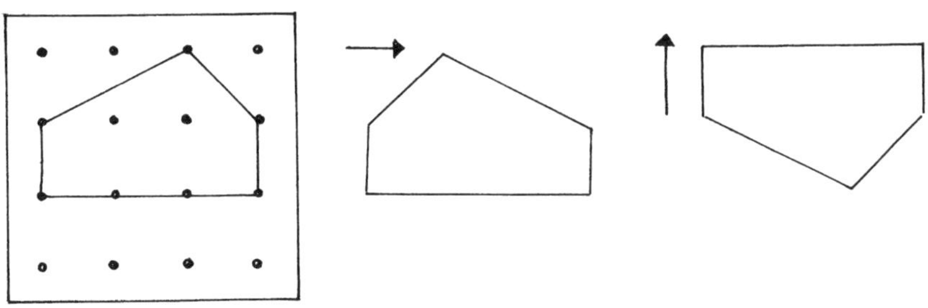

- Partnerarbeit: Kind ① legt aus langen und kurzen Strohhalmen eine symmetrische Figur, die Kind ② am Geobrett spannt.

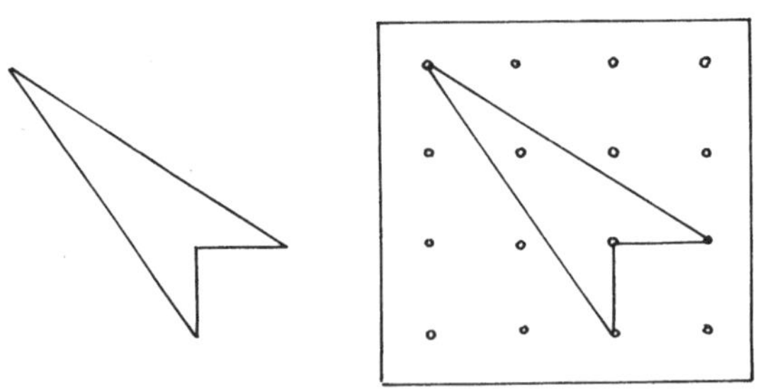

Spiegeldomino

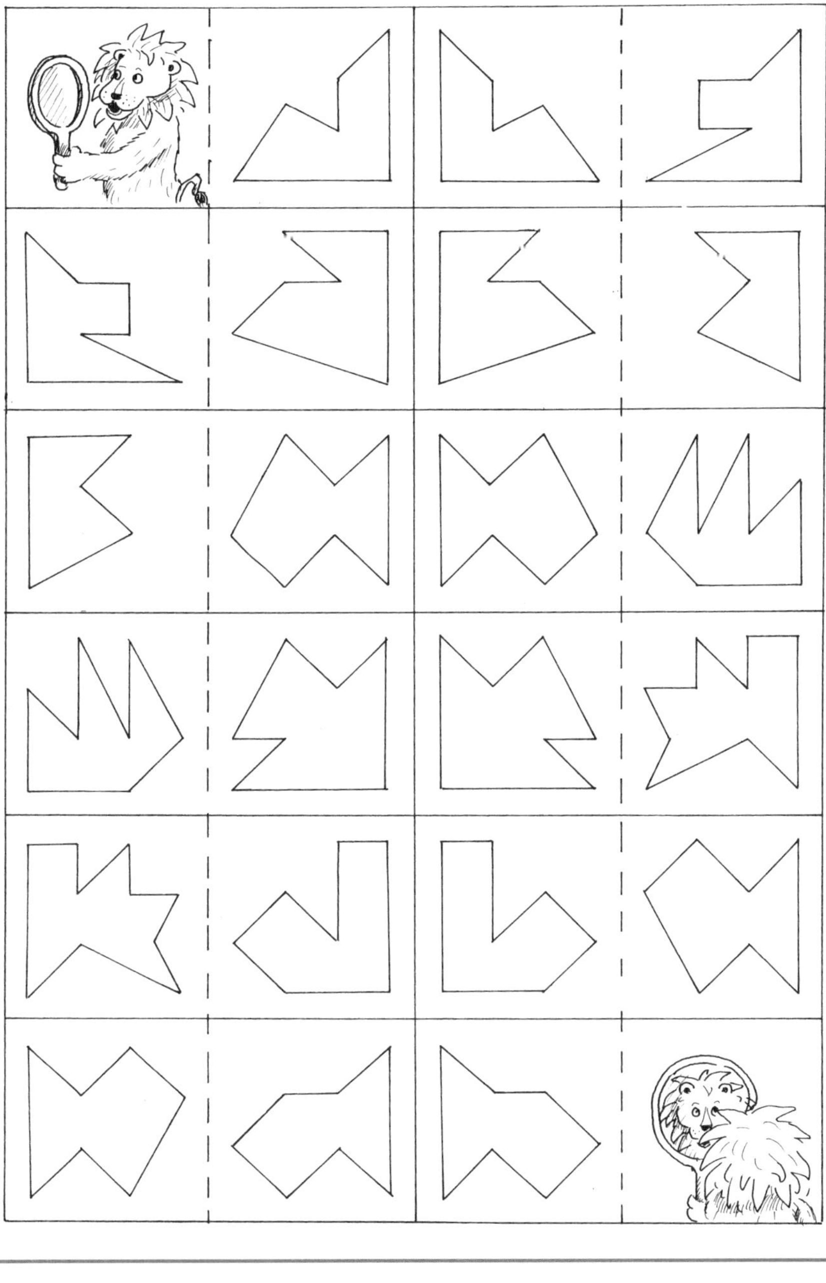

- Herstellen einer Kartei in Partnerarbeit: Im Wechsel spannen die Kinder mit einem (später auch mit zwei oder drei) Gummiringen eine beliebige Figur, prüfen mit einem Spiegel, ob sie symmetrisch ist, und legen ggf. einen Strohhalm als Symmetrieachse auf die Figur. Ein Kind zeichnet sie jeweils in sein Heft, das andere auf eine Karteikarte. Ins Heft wird die Anzahl der Ecken dazugeschrieben und ggf. die Symmetrieachse eingezeichnet.

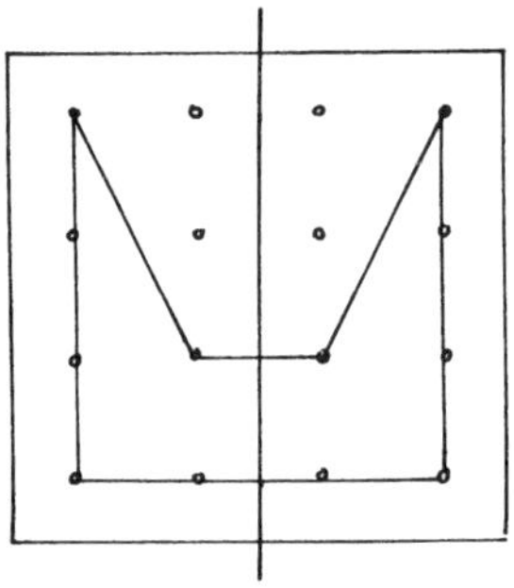

Die Karteikarten werden gesammelt und liefern anderen Kindern weitere Beispiele zum Nachlegen.
- Figuren nach Vorgabe spannen, z.B. geometrische Formen, Buchstaben (aus geraden Strichen), einfach geformte Gegenstände (Fahne, Stern, Krone, Schiff ...).

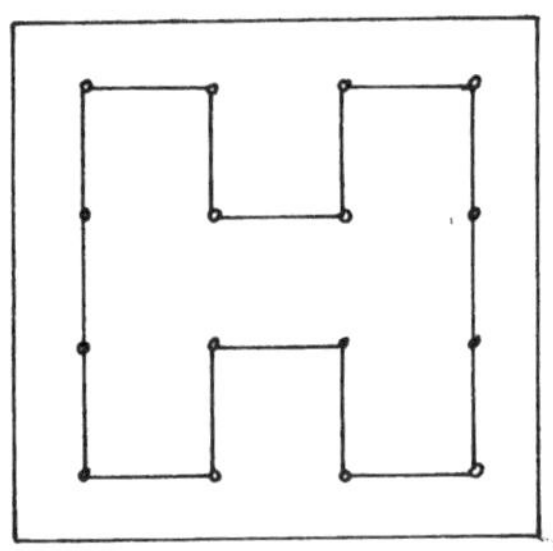

Hieran kann sich das Untersuchen von Buchstaben auf ihre Symmetrie hin anschließen.
Hefteintrag:
Symmetrische Buchstaben mit senkrechter Symmetrieachse:
A, M, T, U, V, W, Y
Symmetrische Buchstaben mit waagerechter Symmetrieachse:
B, C, D, E, I, K
Symmetrische Buchstaben mit senkrechter und waagerechter Symmetrieachse: H, O, X

12.5 Figuren mit mehr als einer Symmetrieachse

Material

Lehrerin: Schaschlikstab mit Papierherz (vgl. Kap.12.3), verschiedene symmetrische Figuren, großer Spiegel;
Kinder: Kleine Spiegel, Geobrett, Strohhalme, Zettelkasten.

Wiederholung

Die Lehrerin zeigt nochmals den Schaschlikstab mit dem angeklebten Herz und hält ihn auf verschiedene Weise, senkrecht, waagerecht oder schräg.
Die Kinder wiederholen: Der Stab ist die Symmetrieachse vom Herz. Die Symmetrieachse teilt das Herz in eine Hälfte und in das Spiegelbild der Hälfte. – So ist die Symmetrieachse senkrecht. So ist die Symmetrieachse waagerecht. So ist die Symmetrieachse schräg oder diagonal.

Problemstellung: Wie finden wir die Symmetrieachse einer Figur?

Tafelbild:

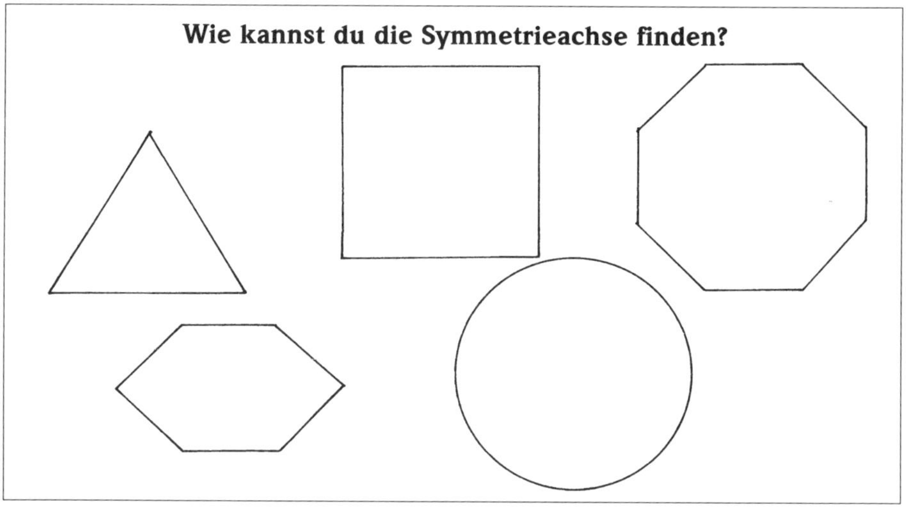

Gruppenarbeit: Jede Gruppe nimmt eine Figur, bestimmt durch Spiegeln und Falten eine Symmetrieachse und stellt das Ergebnis vor.
Entweder finden die Kinder selbst heraus, dass diese Figuren mehrere Symmetrieachsen haben, oder die Lehrerin faltet stumm eine Figur auf weitere Arten.

Erkenntnis und Tafelanschrift:

Beim Falten merke ich:
Es gibt Figuren, die mehrere Symmetrieachsen haben.
Ein Quadrat kann ich waagerecht, senkrecht und schräg zur Hälfte falten.
Also hat das Quadrat vier Symmetrieachsen.

Die Kinder schreiben zu jeder Figur an der Tafel die Anzahl der Symmetrieachsen dazu.
Beim Falten des Kreises stellen die Kinder fest, dass er „ganz viele" Symmetrieachsen hat.

Sicherung

- Hefteintrag: Die Kinder zeichnen auf kleinen Zetteln obige Figuren nach, falten sie, schneiden sie aus, kleben sie ins Heft und zeichnen die Symmetrieachsen ein. Anschließend schreiben sie die Tafelanschrift in ihr Heft.

Verbindung zum Sachunterricht: Überprüfen von Verkehrszeichen auf ihre Symmetrie.

13. Die schriftliche Subtraktion

Ziele und didaktische Hinweise

- Beschreiben der Teilschritte und des Ablaufplans bei der spaltenweisen Subtraktion
- Verstehen, Begründen und Anwenden des Abziehverfahrens
- Genaues schriftliches Darstellen von Aufgaben
- Abschätzen von Ergebnissen durch Überschlagen
- Überprüfen von Ergebnissen mit der Addition (Umkehraufgabe)
- Lösen von Gleichungen

Nahezu weltweit ist das hier geschilderte Abziehverfahren üblich, das nun auch in den deutschen Lehrplänen das bisherige Ergänzungsverfahren ablöst. (vgl. *H. Radatz/W. Schipper,* Freigabe des Verfahrens der schriftlichen Subtraktion. In: Die Grundschule Heft 3/1997. Westermann Verlag, Braunschweig 1997)

Wie bei der schriftlichen Addition wird auch bei der Subtraktion mit den Stellenwerten, also mit einzelnen Ziffern, nach einem genauen Ablaufplan gerechnet: Zuerst die Einer, dann die Zehner, dann die Hunderter. Wiederum ist der Übertrag eine häufige Fehlerquelle. Deshalb wird die Subtraktion in kleinen Lernschritten mit steigendem Schwierigkeitsgrad eingeführt:

- Subtrahieren ohne Übertrag,
- Subtrahieren mit einem Übertrag, danach mit zwei Überträgen.

Die Lehrerin beobachtet die Lernfortschritte der Kinder sorgfältig und lässt sich von einzelnen Kindern eine eingeführte Aufgabenart vorrechnen, bevor ein neuer Rechenweg vorgestellt wird.

Durch häufiges lautes Sprechen der Teilschritte im Chor und in der Gruppe sollen die Kinder allmählich zum „inneren“ Sprechen gelangen.

Anfangs wird das Entbündeln ausführlich notiert. Je nach den individuellen Fähigkeiten werden die Kinder schrittweise zur Endform geführt.

Bausteine für den Unterricht

13.1 Einführung in die schriftliche Subtraktion (ohne Übertrag)

Material

Lehrerin: Folie, Rechengeld;

Für je zwei Kinder: ein Spielwürfel, eine lärmdämpfende Unterlage (z.B. Gästehandtuch), Blatt mit Spielanleitung und Aufgaben;

für jede Gruppe: DIN-A4-Blatt mit einer Aufgabe.

Demonstration des Rechenweges

Tafelanschrift oder Folie: Wie viel Geld bleibt übrig?

Überschlag: 480 – 350 = 130

H	Z	E
4	7	9
–3	4	5

H	Z	E
100 100 100 100	10 10 10 10 10 10 10	○○○○○ ⌀⌀⌀⌀
4 H – 3 H = 1 H	7 Z – 4 Z = 3 Z	9 E – 5 E = 4 E

Lehrerin:

- Zuerst überschlagen wir wieder.
- Beim schriftlichen Abziehen rechnen wir von oben nach unten. (Pfeil)
- Über der ersten Zahl müssen wir eine Zeile frei lassen (für die späteren Überträge).
- Vor die zweite Zahl müssen wir beim Abziehen ein Minuszeichen schreiben.
- Wir beginnen wieder „hinten“ bei den Einern.
- 9 E minus 5 E gleich 4 E. – Sie streicht 5 E weg.

  Analog spricht sie bei Z und H und streicht entsprechend viele Z und H weg.

  Tafelanschrift:

  9 E - 5 E = 4 E Ich schreibe 4 E.
  7 Z - 4 Z = 3 Z Ich schreibe 3 Z.
  4 H - 3 H = 1 H Ich schreibe 1 H.
  Vergleich mit dem Überschlag: 134 > 130

Partnerarbeit: Je zwei Kinder erklären sich nochmals gegenseitig den Weg und sprechen dazu.

Kontrolle: Die Klasse wiederholt den Weg im Chor.

Eintrag ins Merkheft: Die Kinder übertragen das Beispiel von der Tafel oder Folie (Stellentafel und Rechengeld) in ihr Heft.

Gruppenarbeit: Jede Gruppe erhält eine Aufgabe (auf einem DIN-A4-Blatt) und überträgt den Weg auf ihre Aufgabe. Reihum rechnet jeder einen Teilschritt: Kind ① überschlägt, Kind ② zieht die E ab, Kind ③ die Z, Kind ④ die H und Kind ⑤ vergleicht den Überschlag mit dem Ergebnis.

Anschließend erklärt je ein Kind aus jeder Gruppe der Klasse den Weg. Dabei wird auch auf die Null an den verschiedenen Stellen eingegangen (0 – 0 = 0).

999 − 247	999 − 319	990 − 120	909 − 508	999 − 329	999 − 608

752	680	870	401	670	391

Würfelspiel für zwei Kinder

Jedes Paar erhält das folgende Blatt mit der Spielanleitung und den Aufgaben. Beide lesen die Spielanleitung nacheinander vor und rechnen dann.

Würfelspiel für zwei Kinder

1) Würfelt abwechselnd.
2) Wenn Kind ① eine Drei würfelt, rechnet es eine Aufgabe mit der Nr. 3 vor. Zuerst überschlägt es auf dem Block. Dann spricht es zur Aufgabe und schreibt das Ergebnis auf.
3) Dann ist Kind ② an der Reihe.
4) Es wird so lange gewürfelt, bis alle Aufgaben vorgerechnet sind.
5) Welches Paar hat zuerst alle Aufgaben gerechnet?

① 995	② 967	③ 788	④ 479	⑤ 698	⑥ 979
− 64	− 131	− 552	− 422	− 407	− 251

① 887	② 398	③ 596	④ 657	⑤ 973	⑥ 769
− 424	− 306	− 111	− 247	− 412	− 343

Überprüft, ob ihr richtig gerechnet habt, und streicht erreichte Ergebniszahlen durch.

57	92	236	291	410	426	463	485	561	728	836	931

Hinweis: Das neu erlernte Verfahren sollte nicht gleich nach der Einführung als Hausaufgabe gestellt werden, da nicht sicher ist, ob alle Kinder es schon selbstständig anwenden können.

13.2 Die schriftliche Subtraktion mit Überträgen

Material

Lehrerin: Folien, je einige Zentimeterquadrate (Holzplättchen oder ausgeschnittene Quadrate aus Papier) für die H, geviertelte Zahnstocher für die Z und Linsen für die E; Kopiervorlagen 62 und 63;

für jede Gruppe: sechs Quartette mit je vier Karten (Rechnung, Überschlag, bildliche Darstellung, Sprechweise) sowie ein Kontrollblatt.

Schriftliche Subtraktion mit Zehnerübertrag

Zuerst legt die Lehrerin entsprechend zur Aufgabe 2 H, 5 Z und 1 E.
Überschlag: 250 – 140 = 110
Beim Sprechen erkennen die Kinder: 1 E minus 8 E geht nicht.
Deshalb wechselt die Lehrerin 1 Z in 10 E um: Ich wechsle 1 Z in 10 E um und behalte 4 Z.
In der Stellentafel notiert sie das Entbündeln über der ersten Zahl.
Dann streicht sie die wegzunehmenden E, Z und H durch und spricht dazu.

Tafelanschrift oder Folie:

H	Z	E
	4	11
2	~~5~~	~~1~~
–1	3	8
1	1	3

H	Z	E
100 100	10 10 10 10 ~~10~~	○ (○○○○○ ○○○○○)
2 H – 1 H = 1 H Ich schreibe 1 H.	4 Z – 3 Z = 1 Z Ich schreibe 1 Z.	1 E minus 8 E geht nicht. Ich wechsle 1 Z in 10 E um und behalte 4 Z. 11 E – 8 E = 3 E Ich schreibe 3 E.

Vergleich mit dem Überschlag: 113 > 110
Die Kinder wiederholen die Sprechweise zuerst im Chor, dann sprechen sich je zwei Nachbarn im Wechsel vor.
Analog wird zu zwei weiteren Aufgaben gelegt, gemeinsam gerechnet und im Chor gesprochen :

H	Z	E
	4	13
4	~~5~~	~~3~~
–1	2	9
3	2	4

H	Z	E
	6	16
6	~~7~~	~~6~~
–4	6	9
2	0	7

Eintrag der drei Musteraufgaben mit Zeichnung und Sprechweise ins Merkheft.
Sicherung: Aufgaben aus dem Rechenbuch, Kopiervorlage 62 (Nr. 1 passt zu Nr. 2 1)

Name ______________________	Datum ______________

Schriftlich abziehen mit Zehnerübertrag

1 Zu welcher Rechnung bei Nr. 2 passt diese Zeichnung?
Rahme die passende Rechnung farbig ein. Rechne und schreibe zu jeder Stelle.

H	Z	E
100 100 100 100 ~~100~~ ~~100~~	10 10 10 10 ~~10~~ ~~10~~ ~~10~~ ~~10~~	ø ø ø ø ø ø ○○○○○ ○○○○ø
		6 E – 7 E geht nicht.

2 Überschlage zuerst und vergleiche dann. Schreibe die Zahlen nach dem Umwechseln mit einem roten Stift auf.

a) 870 – 60 = 810 814 < 810	g)
b)	h)
c)	i)
d)	j)
e)	k)
f)	l)

a) 8 7 2	b) 6 8 1	c) 7 5 2	d) 9 6 4	e) 5 9 3	f) 9 2 0
– 5 8	– 4 6 5	– 3 3 6	– 1 2 6	– 3 7 4	– 5 0 7

g) 8 8 5	h) 7 4 6	i) 6 3 7	j) 5 7 4	k) 9 5 0	l) 6 8 6
– 4 7 6	– 5 2 8	– 2 0 9	– 1 2 7	– 1 3 8	– 2 3 7

Überprüfe, ob du richtig gerechnet hast, und streiche erreichte Ergebniszahlen durch.

216	218	219	409	413	416	428	447	449	812	814	838

Überprüfen der Subtraktion mit der Umkehraufgabe

Tafelanschrift oder Folie:

	H	Z	E
452 − 322 130	□□□□	IIIII	○○

Die Lehrerin legt auf dem Projektor die Zahl 452 mit Zentimeterquadraten (Holzplättchen oder ausgeschnittene Quadrate aus Papier) für die H, geviertelten Zahnstochern für die Z und Linsen für die E oder zeichnet an die Tafel.
Ein Kind überschlägt (Tafelanschrift): 450 − 320 = 130
Ein anderes Kind nimmt zur Zahl 322 weg und spricht dazu.
Lehrerin: Bei Minusaufgaben machen Kinder häufig mehr Fehler als bei Plusaufgaben. Wir müssen die Minusaufgabe deshalb immer überprüfen.
Äußerungen der Kinder: Mit der Umkehraufgabe 322 + 130.
Lehrerin: Wir brauchen die Umkehraufgabe nicht extra anzuschreiben.
Äußerungen der Kinder: Wir rechnen von unten nach oben: 130 + 322. Wenn wir richtig gerechnet haben, erhalten wir die obere Zahl.
Oder: Wir decken die obere Zahl ab, zählen die beiden unteren Zahlen zusammen, schreiben das Ergebnis auf einen Zettel und vergleichen jetzt mit der oberen Zahl.
Ein Kind rechnet vor: 0 E + 2 E = 2 E ... Zum Zeichen der Kontrolle setzt es unter jede verwendete Ziffer einen kleinen Punkt.
Nun ersetzt die Lehrerin oben die Zahl 322 durch die Zahl 329. Wiederum überschlägt ein Kind, ein anderes rechnet vor, wechselt um und spricht dazu und ein drittes überprüft mit der Umkehraufgabe.
Zum Einüben der Arbeitstechnik spricht je ein Kind zu einer Aufgabe von Kopiervorlage 62 Nr.2 die Umkehraufgabe und addiert stellenweise, während alle Kinder jeweils die Punkte setzen.

Tafelanschrift oder Folie zur Sicherung:

Überschlage zuerst.
Hier hat der Rechenlöwe vier Fehler gemacht. Finde sie mit der Umkehraufgabe heraus. Schreibe die falschen Aufgaben richtig auf.

	a)	b)	c)	d)	e)	f)	g)
	880	880	880	880	880	880	880
	−354	−579	−613	−467	−228	−106	−735
	526	301	269	414	658	774	147
Richtig:			267	413	652		145

Schriftliche Subtraktion mit Hunderterübertrag

Die Kinder erkennen bei der folgenden Zeichnung (Tafel oder Folie), dass hier 10 Z in einen H umzuwechseln sind. Ein Kind überschlägt, ein anderes rechnet vor, während die Lehrerin die Teilrechnungen zu jeder Stelle aufschreibt:

	H	Z	E
3 15 – ~~4~~ ~~5~~ 6 – 2 7 3	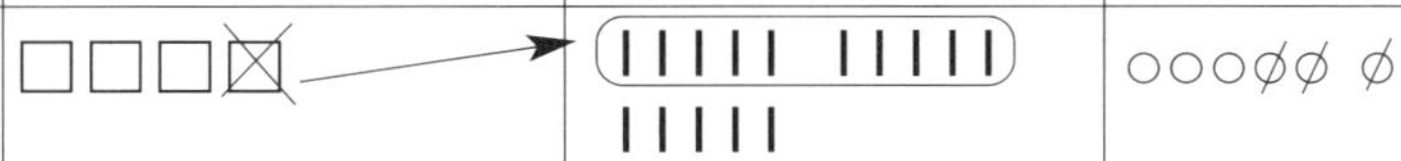		
	3 H – 2 H = 1 H Ich schreibe 1 H.	5 Z – 7 Z geht nicht. Ich wechsle 1 H in 10 Z um und behalte 3 H. 15 Z – 7 Z = 8 Z Ich schreibe 8 Z.	6 E – 3 E = 3 E Ich schreibe 3 E.

Nach dem Prüfen mit der Umkehraufgabe wiederholt die Klasse die Sprechweise im Chor und dann nochmals in Partnerarbeit.

Analog wird zu zwei weiteren Aufgaben gelegt, gemeinsam gerechnet und im Chor gesprochen :

H	Z	E
4	13	
~~5~~	~~3~~	7
–3	8	4
1	5	3

H	Z	E
2	12	
~~3~~	~~2~~	4
–1	6	3
1	6	1

Sicherung

- Eintrag der drei Musteraufgaben ins Merkheft (Entbündelung rot schreiben)
- Kopiervorlage 63 (siehe S. 262): Nr. 1 passt zu Nr. 2 c
  Hinweis zu Aufgabe Nr.2 e: An eine leere Hunderterstelle denken wir uns eine Null.

Name ______________________________	Datum ______________

Schriftlich abziehen mit Hunderterübertrag

(1) Zu welcher Rechnung bei Nr. 2 passt diese Zeichnung?
Rahme die passende Rechnung farbig ein.
Rechne und schreibe zu jeder Stelle.

H	Z	E
~~100~~ ~~100~~ ~~100~~ ~~100~~ ~~100~~ ~~100~~ ~~100~~	10 10 10 10 ~~10~~ ~~10~~ ~~10~~ ~~10~~ ~~10~~ ~~10~~	○ ○ ○ ○ ⌀ ⌀
		6 E – 2 E = ___ E

(2) Überschlage zuerst und vergleiche dann. Schreibe die Zahlen nach dem Umwechseln mit einem roten Stift auf.

a) 550 – 360 = 190	190	g)
b)		h)
c)		i)
d)		j)
e)		k)
f)		l)

a) 548 – 362	b) 834 – 461	c) 706 – 562	d) 925 – 480	e) 657 – 64	f) 414 – 243
g) 876 – 483	h) 728 – 546	i) 609 – 297	j) 527 – 174	k) 938 – 158	l) 639 – 284

Überprüfe, ob du richtig gerechnet hast, und streiche erreichte Ergebniszahlen durch.

144	171	182	186	312	353	355	373	393	445	593	780

Schriftliche Subtraktion mit zwei Überträgen 1000

Tafelanschrift 1:

$$\begin{array}{r} 474 \\ -298 \\ \hline \end{array}$$

Tafelanschrift 2:

$$\begin{array}{cccc} & & {\scriptstyle 6} & {\scriptstyle 14} \\ & 4 & \not{7} & \not{4} \\ - & 2 & 9 & 8 \\ \hline \end{array} \qquad \begin{array}{cccc} & {\scriptstyle 3} & {\scriptstyle 16} & {\scriptstyle 14} \\ & \not{4} & \not{7} & \not{4} \\ - & 2 & 9 & 8 \\ \hline \end{array}$$

Partnerarbeit: Die Kinder sprechen zu dieser Aufgabe, schreiben sie auf und zeichnen dazu auf ein Folienstück, entweder mit Rechengeld oder mit Quadraten, Strichen und Punkten.

Tafelanschrift 2: Erste und zweite Entbündelung werden mit verschiedenen Farben notiert.

Sprechen:

4 E– 8 E geht nicht.

Ich wechsle 1 Z in 10 E um und behalte 6 Z.

14 E – 8 E = 6 E   Ich schreibe 6 E.

6 Z – 9 Z geht nicht.

Ich wechsle 1 H in 10 Z um und behalte 3 H.

16 Z – 9 Z = 7 Z   Ich schreibe 7 Z.

3 H – 2 H = 1 H   Ich schreibe 1 H.

Nacheinander wird jedes Folienstück auf dem Projektor gezeigt und begutachtet. Zwei richtige Darstellungen bleiben für den Eintrag ins Merkheft auf dem Projektor liegen.

Gruppenarbeit (und später Material für Freiarbeit)

Jede Gruppe erhält vergrößerte Karten und ordnet je vier Karten einander zu: Rechnung, Überschlag, bildliche Darstellung und Sprechweise. Anschließend nimmt jedes Kind ein Quartett, liest die Sprechweise zu seiner Aufgabe vor, schreibt die Aufgabe mit Überschlag in sein Heft und überprüft mit der Umkehraufgabe. Wer alle sechs Aufgaben in sein Heft geschrieben hat, überprüft mit einem Kontrollblatt.

Kontrollblatt (gleiche Reihenfolge wie unten):

174	367	136	435	587	169

Karten:

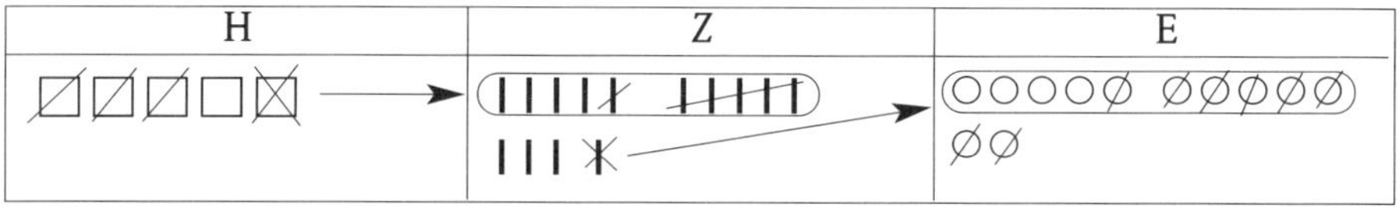

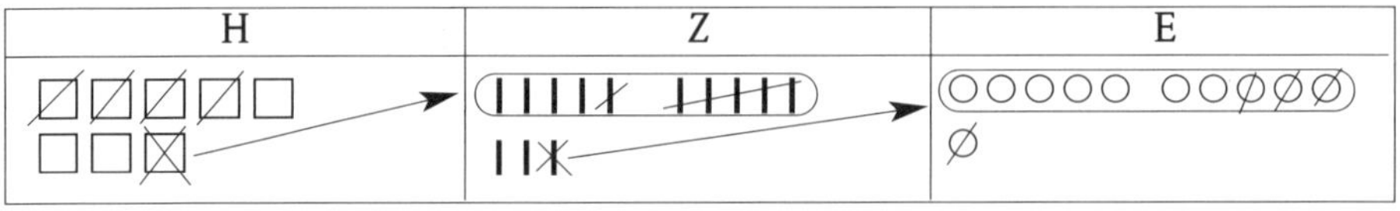

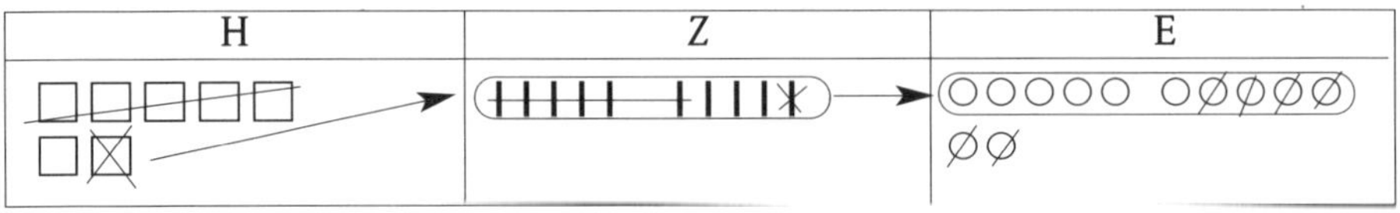

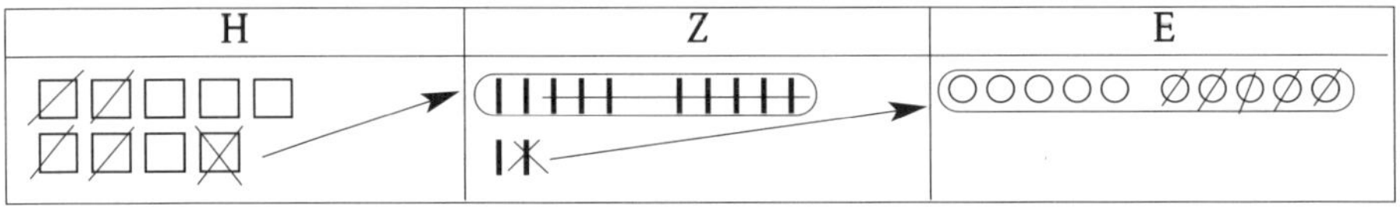

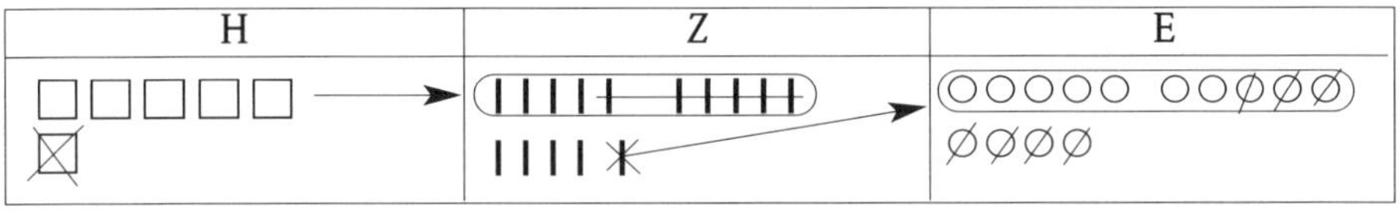

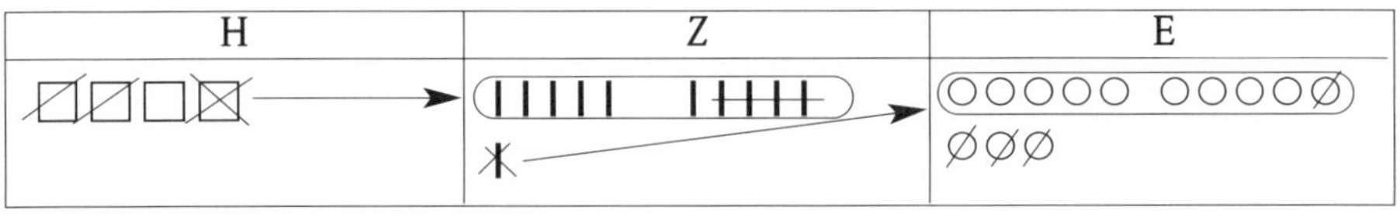

	H	Z	E
	5	4	2
–	3	6	8

540 – 370

	H	Z	E
	8	3	1
–	4	6	4

830 – 460

	H	Z	E
	7	0	2
–	5	6	6

700 – 570

	H	Z	E
	9	2	0
–	4	8	5

920 – 490

	H	Z	E
	6	5	4
–		6	7

650 – 70

	H	Z	E
	4	1	3
–	2	4	4

410 – 240

2 E – 8 E geht nicht.
Ich wechsle 1 Z in 10 E um und behalte 3 Z.
12 E – 8 E = 4 E
3 Z – 6 Z geht nicht.
Ich wechsle 1 H in 10 Z um und behalte 4 H.
13 Z – 6 Z = 7 Z
4 H – 3 H = 1 H

1 E – 4 E geht nicht.
Ich wechsle 1 Z in 10 E um und behalte 2 Z.
11 E – 4 E = 7 E
2 Z – 6 Z geht nicht.
Ich wechsle 1 H in 10 Z um und behalte 7 H.
12 Z – 6 Z = 6 Z
7 H – 3 H = 4 H

2 E – 6 E geht nicht. 0 Z Ich wechsle 1 H in 10 Z um und behalte 6 H. Von den 10 Z wechsle ich 1 Z in 10 E um und behalte 9 Z. 12 E – 6 E = 6 E 9 Z – 6 Z = 3 Z 6 H – 5 H = 1 H	0 E – 5 E geht nicht. Ich wechsle 1 Z in 10 E um und behalte 1 Z. 10 E – 5 E = 5 E 1 Z – 8 Z geht nicht. Ich wechsle 1 H in 10 Z um und behalte 8 H. 11 Z – 8 Z = 3 Z 8 H – 4 H = 4 H

4 E – 7 E geht nicht. Ich wechsle 1 Z in 10 E um und behalte 4 Z. 14 E – 7 E = 7 E 4 Z – 6 Z geht nicht. Ich wechsle 1 H in 10 Z um und behalte 5 H. 14 Z – 6 Z = 8 Z 5 H – 0 H = 5 H	3 E – 4 E geht nicht. Ich wechsle 1 Z in 10 E um und behalte 0 Z. 13 E – 4 E = 9 E 0 Z – 4 Z geht nicht. Ich wechsle 1 H in 10 Z um und behalte 3 H. 10 Z – 4 Z = 6 Z. 3 H – 2 H = 1 H

13.3 Aufgaben mit Nullzahlen, AHA-Zahlen und AAH-Zahlen

Material

Für jedes Kind fünf kleine Karteikarten sowie weitere Karten in einer Schachtel für Freiarbeit; Für je zwei Kinder drei Würfel und eine lärmdämpfende Unterlage;
Lehrerin: Großes Merkplakat.

Minusaufgaben mit der Null

Tafelanschrift:

Vier Fehler!

400	409	490	409	409	409
– 265	– 265	– 265	– 206	– 260	– 65
135	146	225	213	139	334

Richtig:					
	144		203	149	344

Partnerarbeit: Kind ① berechnet jede Minusaufgabe, Kind ② schreibt die Umkehraufgabe auf den Block und rechnet sie aus. Dann vergleichen beide ihre Ergebnisse.

Die Kinder geben bei jeder Aufgabe „richtig“ oder „falsch“ an und ggf. das richtige Ergebnis.
Gespräch: Worauf müssen wir beim Rechnen mit „Nullzahlen“ achten?

- Mit der Null muss man wie mit jeder Zahl rechnen, man darf sie nicht einfach übersehen.
- An eine leere Hunderterstelle denken wir uns eine Null.

Sicherung: Aus dem Rechenbuch Aufgaben mit der Null heraussuchen und im Heft rechnen.

Hinführung zur verkürzten Sprech- und Schreibweise
Je nach den Fähigkeiten der Kinder werden nun die Stellenbezeichnungen beim Sprechen weggelassen und jeweils nur noch die Ziffern genannt. Auch die Entbündelung wird schrittweise verkürzt und es werden nur die „behaltenen“ Stellenwerte notiert.

Tafelbild: Ziehe von 1000 ab.

484	383	616	535	282	727	171	898	929	696

Lösungen:
516 617 384 465 718 273 829 102 71 304
(Die Zahlen in der Tabelle für die nächste Stunde stehen lassen.)
Partnerarbeit: Jedes Kind wählt eine Zahl aus und rechnet seinem Partner vor, auch Überschlag und Umkehraufgabe.
Drei Kinder rechnen je ein Beispiel an der Tafel vor.
Die Lehrerin zeigt daran die verkürzte Sprech- und Schreibweise (Tafelanschrift) :

99	
~~1~~~~0~~~~0~~0	0 – 4 geht nicht; 1 herüber, bleiben 99; 10 – 4 = 6
– 484	9 – 8 = 1
516	9 – 4 = 5

Die Kinder sprechen nochmals im Chor und dann ihrem Partner vor.
Gemeinsam wird die verkürzte Sprech- und Schreibweise an den beiden weiteren Beispielen wiederholt.
Partnerarbeit: Jedes Kind wählt eine andere Zahl aus und rechnet seinem Partner vor (auch Überschlag und Umkehraufgabe), nach Wahl entweder mit verkürzter Sprechweise oder wie bisher.
Einzelarbeit: Die Kinder berechnen die weiteren Aufgaben.
Ein Kind, das zuerst fertig ist, schreibt seine Lösungszahlen an die Tafel (s.o.), sodass die anderen vergleichen können.

Partnerspiel: Wer kommt am nächsten an die Null? (vgl. Kap. 11.3)
Die Lehrerin spielt das Spiel mit einem Kind vor, erklärt dabei die Regeln und schreibt die gewürfelten Zahlen an die Tafel.
Beide Kinder würfeln abwechselnd mit drei Würfeln und legen daraus eine HZE-Zahl, die von 1 000 abzuziehen ist, z.B. Kind ①: Es legt aus den gewürfelten Zahlen 3, 6, 5 eine möglichst hohe Zahl, 653: 1 000 – 653 = 347. Dann würfelt es nochmals, z. B. 1, 3, 2 und rechnet nun auf seinem Block: Mit der Zahl 321 käme es auf 26. Vielleicht käme es mit einem dritten Wurf noch näher an 0. Es wählt deshalb die Zahl 123 (347 – 123 = 224) und würfelt nochmals, z. B. 4, 1, 2. Es rechnet
224 – 214 = 10.
Nun ist Kind ② an der Reihe und würfelt ebenfalls entweder zwei- oder dreimal. Beide vergleichen ihr Ergebnis. Wer am nächsten bei 0 ist, kreist seine Zahl ein. Gewonnen hat, wer die meisten Zahlen einkreisen konnte.

Entdeckungen an „AHA-Zahlen“
Die Lehrerin zeigt auf die Zahlen in der Tabelle (s.o.) 484 ...: Das sind besondere Zahlen.
Äußerungen der Kinder: Die Zahlen haben jeweils gleich viele H und E.
Wie viele solche „AHA-Zahlen“ gibt es wohl?
Gruppenarbeit: Die Kinder überlegen, wie sie dies herausfinden können, erproben ihre Ideen und schreiben sie auf.
Auswerten der Vorschläge im Klassengespräch (Tafelanschrift):

AHA-Zahlen zwischen 100 und 200
101
121 161
131 171
141 181
151 191 → 9 AHA-Zahlen
In jedem weiteren Hunderer gibt es ebenfalls 9 AHA-Zahlen.
Insgesamt bis 1 000 gibt es 9 · 9 = 81 AHA-Zahlen.

Die Kinder markieren die AHA-Zahlen in ihrem Tausenderbuch (vgl. Kap.5.4).
Tafelanschrift:

Minusaufgaben mit AHA-Zahlen	**Verkürzte Sprechweise**
848	8 – 4 = 4
– 484	4 – 8 geht nicht, 1 herüber, bleiben 7
	7 – 4 = 3

Ein Kind rechnet die Aufgabe vor: 848 – 484 = 364

Gruppenarbeit

Reihum nennt jedes Kind eine Minusaufgabe mit AHA-Zahlen und schreibt sie auf eine kleine Karteikarte. Keine Aufgabe soll in der Gruppe doppelt vorkommen. Nach fünf Runden hat jedes Kind fünf verschiedene Aufgaben notiert und rechnet sie aus (mit Umkehraufgabe zum Überprüfen).

Anschließend legen die Kinder ihre Karten in der Mitte des Tisches aus. Die Gruppe vergleicht die Ergebnisse und ordnet die Karten. → Manche Aufgaben haben die gleichen Ergebnisse.

Beispiel:

323	767	989	424	757	979	636	858	848	959
– 232	– 676	– 898	– 242	– 575	– 797	– 363	– 585	– 484	– 595
91	91	91	182	182	182	273	273	364	364

Sitzkreis: Die Lehrerin legt ein großes Merkplakat (Minusaufgaben mit AHA-Zahlen) in die Mitte. Die Gruppen legen ihre verschiedenen Aufgaben mit gleichem Ergebnis zusammen.

Gespräch: Zu jedem Ergebnis gibt es noch mehr Aufgaben. Wie kann man sie finden?

Beispiel: Ergebnisse mit der Einerziffer 4:

9 – 5 = 4, die AHA-Zahlen bestehen also aus den Ziffern 9 und 5 (s.o.).

8 – 4 = 4 (s.o.),

7 – 3 = 4 (737 – 373 = 364),

6 – 2 = 4 (626 – 262= 364),

5 – 1 = 4 (515 – 151= 364),

4 – 0 = 4 (404 – 040= 364) → Es gibt also fünf „AHA-Aufgaben“ mit dem Ergebnis 364.

Betrachten der aufgelegten Aufgaben und ggf. umordnen (s.u.):

- Die Ergebnisse 91, 182, 273 und 364 sind jeweils um 91 größer als das vorausgehende.
- Im ersten „Haus“ sind neun Aufgaben, im zweiten ... (jeweils eine weniger).
- Die H- und E-Stelle der ersten Zahl wird jeweils um 1 größer; die Z-Stelle ist jeweils um 1 kleiner als die H- und E-Stelle und wird ebenfalls um 1 größer.

Aufgabe für die nächsten Freiarbeitsstunden: Welche Aufgaben fehlen noch auf unserem Plakat?

Die Kinder schreiben sie auf kleine Karteikarten und kleben sie an der passenden Stelle auf.

Minusaufgaben mit AHA-Zahlen

91	182	273	364
101 - 010 91			
212 - 121 91	202 - 020 182		
323 - 232 91	313 - 131 182	303 - 030 273	
434 - 343 91	424 - 242 182	414 - 141 273	404 - 040 364
545 - 454 91	535 - 353 182	525 - 252 273	515 - 151 364
656 - 565 91	646 - 464 182	636 - 363 273	626 - 262 364
767 - 676 91	757 - 575 182	747 - 474 273	737 - 373 364
878 - 787 91	868 - 686 182	858 - 585 273	848 - 484 364
989 - 898 91	979 - 797 182	969 - 696 273	959 - 595 364

Entdeckungen an „AAH-Zahlen"

Tafelanschrift:

AHA-Zahlen	AAH- Zahlen?
(434	(443
343)	334)

Die Kinder nennen einige AHA-Zahlen, die die Lehrerin anschreibt (z.B. Zahlen in Klammern).

Wer kann nun AAH-Zahlen nennen?

Von den Kindern genannte Beispiele werden angeschrieben (z.B. 556, 665, 996 ...) oder begründend aussortiert. → AAH-Zahlen haben die gleiche H- und Z-Ziffer und eine unterschiedliche E-Stelle.

Gruppengespräch: Was könnt ihr an AHA-Zahlen und AAH-Zahlen alles entdecken?
Sammeln der Vorschläge an der Tafel, z. B.:

	+	–
AHA-Zahlen	434 + 343 = 777	434 – 343 = 91
AAH-Zahlen	443 + 334 = 777	443 – 334 = 109

Gruppenarbeit

- Die Kinder überprüfen, ob die Summe von AHA-Zahlen (bis 545 + 454) und AAH- Zahlen (bis 554 + 445) immer eine „Schnapszahl" ergibt.
- Sie probieren aus, ob und welche Regeln sich beim Abziehen von AAH-Zahlen erkennen lassen.

Auswerten an der Tafel, z.B.:

Unterschied 1 Ergebnis 109	Unterschied 2 Ergebnis 218	Unterschied 3 Ergebnis 327	Unterschied 4 Ergebnis 436	Unterschied 5 Ergebnis 545	Unterschied 6 Ergebnis 654	Unterschied 7 Ergebnis 763	Unterschied 8 Ergebnis 872
221 – 112	331 – 113	441 – 114	551 – 115				
332 – 223	442 – 224	552 – 225	662 – 226	661 – 116			
443 – 334	553 – 335	663 – 336	773 – 337	772 – 227	771 – 117		
...	...	...	...	883 – 338	882 – 228	881 – 118	
998 – 889	997 – 779	996 – 669	995 – 559	994 – 449	993 – 339	992 – 229	991 – 119

Mit Unterschied ist der Unterschied zwischen den Ziffern einer Zahl gemeint.
Betrachten der Ergebnisse: Unterschied 1/1 · 9 = 09, Unterschied 2/2 · 9 = 18, Unterschied 3/3 · 9 = 27 (Vielfache von neun)
Aufgabe für die nächsten Freiarbeitsstunden: Anfertigen eines Plakats

13.4 Wohin soll unser Ausflug gehen?

Die Vorbereitung eines Ausflugs oder gar eines Aufenthalts in einer Jugendherberge bieten vielfältige Anlässe zum lebensnahen, fächerverbindenden Lernen und auch zum Rechnen. Die folgenden Vorschläge können nur Möglichkeiten aufzeigen und sind auf die konkrete Klassensituation zu übertragen.

Auswahl des Ziels
Gruppenarbeit: Die Kinder stellen Vorschläge zusammen.
Hilfen: Wanderkarte der Umgebung, Prospekte, Informationen von anderen Klassen über deren Ausflug einholen ...
Jede Gruppe bringt ihre Vorschläge vor, entweder nur verbal oder auch auf Plakaten mit Informationsmaterial.
Tafelanschrift: Liste möglicher Ziele
Auswahl eines Ziels durch Anlegen einer Strichliste

Zusammenstellen der Kosten
Klassengespräch über Zeitplan, Beförderung, geplante Unternehmungen und Überschlagen der Kosten.
Mögliche Tafelanschrift:
Kosten für ein Kind

Fahrt		7,	5	0	€
Eintrittspreis		1,	5	0	€
...	+				€

Die Kinder berechnen die Gesamtkosten, die für jeden anfallen würden. Wenn sie zu hoch sind, werden ggf. gewünschte Unternehmungen gestrichen.
Verbindung mit Deutsch (formaler Brief): Die Kinder formulieren gemeinsam einen Elternbrief mit Rücklauf, z. B.:

Liebe Eltern,
die Klasse möchte am .... gerne einen Ausflug nach .... machen.
Für jedes Kind fallen folgende Kosten an:
Fahrt .... €
Eintritt .... €
...
Summe .... € (Begriff „Summe“ klären)
Bitte teilen Sie auf dem unteren Abschnitt mit, ob Sie die Kosten tragen können, und geben Sie ihn bitte bis ... zurück.
Mit freundlichen Grüßen
(Unterschriften der Klassensprecher und der Lehrerin)
☐ Ich übernehme die Kosten für mein Kind.
☐ Ich kann höchstens bis ... € bezahlen.
☐ Ich spende zusätzlich zu den Kosten für mein Kind ... € für die Klassenkasse.

Die Lehrerin wertet den Rücklauf aus und stellt fest, wie hoch die Fahrt zu bezuschussen ist.
Oder: Die Klasse sucht nach einer preiswerteren Möglichkeit.
Anlässe zum Rechnen:
- Vergleichen von Fahrtkosten, z.B. Bahn – Bus, Einzelfahrt - Sammelfahrt
- Berechnen der Gesamtkosten für die Fahrt
- Berechnen der Gesamtkosten für den Eintritt
  Beispiel für 25 Kinder:
  1,50 € · 10 + 1,50 € · 10 + (1,50 € · 10) : 2 = 15 € + 15 € + 7,50 €

Umgehen mit Geld

Vor Unterrichtsbeginn sammeln je zwei Kinder z.B. die Fahrtkosten ein und zwei andere die Eintrittskosten. Ein Kind kontrolliert dabei jeweils den bezahlten Betrag, das zweite trägt die Höhe in eine Liste ein. Danach liefern sie das Geld bei der Lehrerin ab und schreiben an die Tafel, wie viele Kinder bezahlt haben. Die Klasse rechnet aus, wie viel Geld jeweils eingegangen ist (nachzählen) und wie viel Geld noch fehlt.

Zeitplan und Rechenanlässe

Bestimmen von Zeitpunkten und Zeitspannen, z. B.:
Abmarsch von der Schule: 8.30 Uhr
Dauer des Weges von der Schule zum Bahnhof: ... min
Abfahrt des Zuges: ...
Ankunft am Zielort: ...
Fahrzeit?
Dauer der Wanderung zum Ziel: ...
Dauer des Aufenthalts im Wald, Museum, Schwimmbad: ...
Ankunft im Heimatort, in der Schule
Gesamtdauer des Ausflugs

Berechnen von Entfernungen, z. B.
von der Schule zum Bahnhof,
vom Heimatort zum Ausflugsort, von dort zum Ziel,
Gesamtentfernung

14. Die Gewichtsmaße

Ziele und didaktische Hinweise

- Wiegen von Gegenständen auf verschiedene Weise und Vergleichen der Ergebnisse
- Kennenlernen der Gewichtsmaße Gramm und Kilogramm (fakultativ Tonne)
- Entwickeln von Größenvorstellungen und Einprägen von Standardrepräsentanten zu einigen Gewichtsangaben
- Ablesen von Gewichtsangaben auf verschiedenen Skalen
- Schätzen von Gewichten
- Umwandeln von Gewichtsangaben

Das Gewicht eines Körpers ist die Kraft, mit der er nach dem Erdmittelpunkt hin von der Erde angezogen wird. Diese Kraft ist nicht überall exakt gleich. So zeigt ein Körper, dessen Masse (Stoffmenge) stets gleich bleibt, an den Polen ein etwas größeres Gewicht als am Äquator. Auf dem Mond ist die Anziehungskraft zwischen einer Masse und dem Mond gar nur ein Sechstel so groß wie auf der Erde, sodass wir auf dem Mond alle viel leichter wären.

Zum Wiegen wird eine Einheitsmasse verwendet. Das Gewicht des Urkilogrammstücks in Paris entspricht dem Gewicht von einem Liter reinen Wassers von 4° in Paris.

Den Vorgang des Wiegens und die standardisierten Maßeinheiten kennen die Kinder meist schon aus dem Alltag (eigenes Gewicht, Abwiegen von Obst im Supermarkt). Durch vielfältiges Handeln sollen diese subjektiven Erfahrungen in sachgerechte Vorstellungen münden:

Beim Heben und Wiegen in der Hand („Handwaage“) werden Gewichte direkt verglichen und Unterschiede abgeschätzt.

Beim Vergleichen von Gewichten mit willkürlichen, aber gleichartigen Maßeinheiten (z.B. Nägeln) erfahren die Kinder: Je schwerer ein Gegenstand ist, um so mehr „Gewichtssteine“ werden gebraucht.

Beim Wiegen von Gegenständen auf verschiedenen Waagen bilden sich Größenvorstellungen heraus.

14.1 Lernstationen zum Einführen in das Wiegen

Material
Lehrerin: Stationenmaterial s.u.
Kinder: Informationstext, Aufgabenblatt für jede Station

Einstieg
Tafelanschrift 1:

Fragen aus der Fragekiste

1) Warum kommt mein Ball, wenn ich ihn nach oben werfe, wieder zurück?
2) Warum laufe ich leichter einen Berg hinunter als hinauf?

Beim Gespräch im Sitzkreis hält der Sprecher während seiner Äußerung jeweils einen Ball in der Hand. Wenn er nichts mehr zu sagen weiß, gibt er ihn an seinen Nachbarn weiter.
Die Lehrerin fasst die Kinderäußerungen mündlich zusammen, ergänzt sie und gibt den Kindern einen vorbereiteten Informationstext, der gemeinsam gelesen wird:

Eine geheimnisvolle Kraft
Die Erde zieht alle Lebewesen und Gegenstände an, auch uns Menschen. Wenn ich Gegenstände in die Hand nehme, spüre ich, wie stark sie von der Erde angezogen werden. Leichte Dinge kann ich leicht heben. Schwere Sachen dagegen bringe ich kaum hoch. Wir spüren die Anziehungskraft der Erde als Gewicht.
Alle Lebewesen und Gegenstände haben deshalb ein Gewicht und wiegen mehr oder weniger.

Danach beantworten die Kinder obige Fragen unter Bezug auf den Text und suchen weitere Beispiele aus dem Alltag.

Lernen an Stationen
Damit die Schülertische benutzbar bleiben und die Stationen an mehreren Tagen aufgesucht werden können, verteilt die Lehrerin die Stationen im Klassenzimmer (Fensterbrett, Regal, Extratische, Stühle ...) und baut sie evtl. auch im Gang auf. An jeder Station fordert ein kleines Plakat (Zeichenblatt) mit einer Frage zum Nachdenken und Probieren auf.

Zunächst gehen die Kinder im Klassenzimmer herum, lesen die Plakate und stellen sich vor die Frage, die sie am meisten interessiert. Falls sich die Kinder an einer Station häufen, verteilen sie sich auf weniger frequentierte. An einer Station sollten höchstens sechs Kinder sein. An jeder Station liegen kopierte Aufgabenblätter aus. Die Kinder arbeiten an ihrer Station und füllen das Aufgabenblatt aus. Wenn sie fertig sind, räumen sie ihre Station wieder auf, setzen sich um einen leeren Schülertisch und sprechen über ihre Erfahrungen. Wenn eine andere Station frei wird, gehen sie dorthin.
Hinweis: Die Kinder müssen nicht alle Stationen an einem Tag durchlaufen. Gründliches Bearbeiten der gewählten Aufgaben ist wichtiger als Vollständigkeit.

Station 1:
Feststellen von groben Gewichtsunterschieden mit der „Handwaage“
Material: Zwei Schulbücher, z.B. Lese- und Rechenbuch

Kannst du Dinge mit deinen Händen wiegen?

- Strecke beide Arme weit vom Körper weg mit der flachen Hand nach oben.
- Dein Partner legt dir auf jede Hand ein anderes Buch.

Welches Buch ist schwerer? ____________________

Meine Antwort auf die Frage: ____________________

Station 2:
Gleichartige Gegenstände können ein verschiedenes Gewicht haben.
Material: Ein Kleiderbügel aus Holz mit zwei Haken (notfalls auch aus Draht mit zwei Einkerbungen), zwei Plastikbeutel, zwei gleiche Schnüre oder Gummiringe zum Anhängen, zwei Mäppchen, ein Klebepunkt

Ist jedes Mäppchen gleich schwer?

- Nimm zuerst dein Mäppchen in die eine Hand, danach das deines Partners in die andere und schätze: Gleich schwer oder nicht.
- Wenn du ein Mäppchen für schwerer hältst, klebe einen Klebepunkt darauf.
- Gib nun jedes Mäppchen in einen Plastikbeutel.
- Hänge einen Beutel an das rechte Ende der Bügelwaage und den anderen an das linke.
- Halte den Kleiderbügel am Aufhänger.

Was stellst du fest? ______________________

____

Meine Antwort auf die Frage: ______________________

- Wiederhole das Experiment auch mit anderen Dingen.

Station 3:
Relativieren der Vorstellung „Großes Volumen bedeutet großes Gewicht"
Material: Drei relativ kleine, aber schwere Dinge wie z.B. eine Packung Salz (500 g), ein Apfel, ein Marmeladenglas, ein Cremetöpfchen, ein Kristallväschen, eine Batterie ..., drei Gegenstände mit großem Volumen, aber geringem Gewicht wie z.B. ein großer Beutel mit Kartoffelchips, eine große leere Schachtel (z.B. von Frühstücksflocken), ein Beutel mit lockerer Watte ...

Sind große Dinge immer schwerer als kleine?

- Lege die großen Dinge auf die rechte Seite und die kleinen auf die linke.
- Strecke beide Arme weit vom Körper weg mit der flachen Hand nach oben.
- Dein Partner legt dir nun auf die eine Hand einen großen Gegenstand und auf die andere einen kleinen.
- Wiege mit der Handwaage.

Was stellst du fest? ____________________

Meine Antwort auf die Frage: ____________________

____

Station 4: Kennenlernen verschiedener Waagen und Üben des Ablesens
Material: Tisch mit verschiedenen Waagen (auch von den Kindern mitgebracht) und Wortkarten zum Zuordnen: Briefwaage (1) – Briefe (1), leichte Gegenstände (1); Küchenwaage (2) – Mehl (2), Zucker (2); Babywaage (3) – Baby (3), Päckchen (3); Personenwaage (4) – Menschen (4), Koffer (4); Balkenwaage (5) – Dinge in mittlerer Größe (5).
Zur Kontrolle: Unter jeder Waage ist ein Kärtchen mit einer Nummer, die zugehörigen Wortkarten haben die gleiche Nummer.

Was kann man mit diesen Waagen wiegen?

- Betrachte die verschiedenen Waagen genau.
- Lies die Wörter auf den Wortkarten.
- Lege die Wortkarten zu den passenden Waagen.
- So kannst du kontrollieren: Die Nummer unter jeder Waage ist die gleiche wie die auf den passenden Wortkarten.
- Wiege Dinge, deren Gewicht dich interessiert. Notiere in deinem Heft.

Station 5:

Je größer das Gewicht ist, um so mehr Gewichtssteine werden gebraucht.

Material: Balkenwaage, ein Tafelschwamm, ein Plastikbeutel für den nassen Schwamm, mehrere gleich große Nägel oder Schrauben, ein Plastikbeutel für die Nägel

Was ist schwerer, ein trockener oder ein nasser Schwamm?

- Lege den trockenen Schwamm auf die eine Schale der Waage.
- Fülle in einen Plastikbeutel einige Nägel und lege den Beutel auf die andere Schale.
- Gib so viele Nägel dazu oder nimm so viele Nägel heraus, bis die Waage im Gleichgewicht ist.
- Zähle die Nägel und schreibe die Zahl unten auf.
- Mach nun den Schwamm gut nass, stecke ihn in einen Plastikbeutel und lege ihn auf die Waage.
- Wie viele Nägel sind genauso schwer wie der nasse Schwamm?

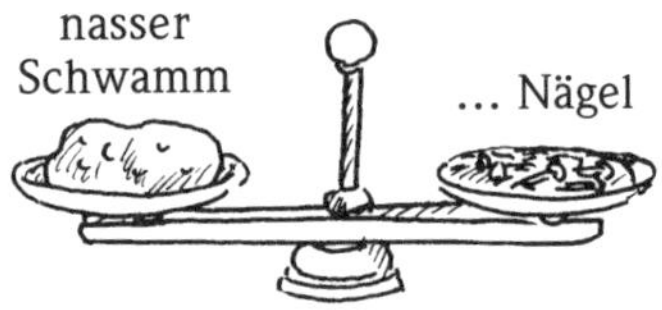

Meine Antwort auf die Frage: ______________________________

____

Station 6:
Verschiedene Dinge können gleich schwer sein.
Material: Ein Kleiderbügel aus Holz mit zwei Haken (notfalls auch aus Draht mit zwei Einkerbungen), zwei Plastikbeutel, zwei gleiche Schnüre oder Gummiringe zum Anhängen, Mäppchen mit Inhalt

Können verschiedene Dinge gleich schwer sein?

- Suche mit der „Handwaage" unter deinen Schulsachen zwei verschiedene Dinge, die etwa gleich schwer sind.
- Gib nun jedes Ding in einen Plastikbeutel.
- Hänge einen Beutel an das rechte Ende der Bügelwaage und den anderen an das linke.
- Halte den Kleiderbügel am Aufhänger und überprüfe das Gleichgewicht.

Was kannst du sehen? ______________________

____

Meine Antwort auf die Frage: ______________________

____

Gewichtige Fragen

1. Was weißt du über Gewichte und über das Wiegen?

2. Welche Gewichte würden dich interessieren?

3 Wie viel wiege ich? ……… Kilo
Die meisten Mädchen mit 8 Jahren wiegen etwa 26 Kilo,
die meisten Mädchen mit 9 Jahren wiegen etwa 29 Kilo.
Die meisten Jungen mit 8 Jahren wiegen etwa 27 Kilo,
die meisten Jungen mit 9 Jahren wiegen etwa 30 Kilo.

Rechne aus: Um wie viel wiegst du weniger oder mehr als die Kinder deines Alters?
Schreibe das Ergebnis neben die passende Zeile.

Schlussblitzlicht
Im Sitzkreis berichten die Kinder über ihre Erfahrungen und was sie Neues gelernt haben. So regen sie sich gegenseitig an, an den folgenden Tagen die nicht durchlaufenen Stationen aufzusuchen.

14.2 Rund um meine Schultasche

Material

Lehrerin: Einen Kilogrammstein oder ersatzweise 1 kg Mehl o. Ä., vorbereitetes Plakat zur Schultasche;
Kinder: Schulsachen, eine Karteikarte, farbiges Tonpapier, Informationstext; möglichst für jede Gruppe eine Balkenwaage und einen Kasten mit Gewichtssteinen.
Tipp: Waagen von den Nachbarschulen ausleihen. Sind weniger Waagen vorhanden, wiegt jeweils nur eine Gruppe und die anderen Kinder arbeiten entweder an den Stationen oder führen beliebige Arbeiten aus, bis die Waage frei wird.

Schätzübung

Jedes Kind legt etwa fünf beliebige Schulsachen vor sich auf den Tisch (z.B. Radiergummi, Bleistift, Klebestift, Schere, kleines Heft), ordnet sie in einer Reihe an von leicht nach schwer („Handwaage“) und schreibt die Namen der Dinge untereinander in sein Heft (Überschrift: Ich schätze und wiege).
Wer fertig ist, geht in der Gruppe und Klasse herum, betrachtet die Reihen der anderen Kinder und kann dabei ggf. auch auf offensichtliche „Fehler“ hinweisen. Es bleibt jedoch dem betroffenen Kind frei gestellt, ob es seine Reihe ändern will. Gespräche unter den Kindern erhöhen die Motivation.

Einweisung in den Gebrauch der Waage

In jeder Gruppe steht eine Balkenwaage und ein Kasten mit Gewichtssteinen.
Lehrerin: Heute wiegt man meist mit digitalen Waagen (Hinweis auf die Personenwaage auf dem Ausstellungstisch). Das geht ganz einfach: Man legt etwas auf die Waage und im Display erscheint das genaue Gewicht. Früher war das nicht so leicht. Früher hat mit solchen Waagen und mit Gewichtssteinen gewogen. Wer kann erklären, wie das Wiegen damals funktionierte?
Die Lehrerin fasst die Erklärungsversuche der Kinder zusammen und korrigiert sie ggf.: Auf die eine Schale lege ich den Gegenstand, den ich wiegen will. Auf die andere Seite lege ich die Gewichtssteine. Ich muss so viele Steine darauf legen, bis die Waage im Gleichgewicht ist. Wenn ich zu viele Steine darauf gelegt habe, muss ich Steine wegnehmen.
Versuch in der Gruppe: Die Kinder legen einen beliebigen Gegenstand auf die Waage und suchen die passenden Gewichtssteine. Danach berichtet jede Gruppe, welche Steine sie aufgelegt hat und wie viel der Gegenstand wiegt.
Anschließend nehmen die Kinder die Steine der Reihe nach in die Hand, lassen sie in der Gruppe herumgehen und vermuten, was etwa so schwer sein

könnte wie der jeweilige Stein, z. B.: Ich schätze, eine 1-Cent-Münze ist so schwer wie 1 g (vgl. dazu Kap. 5.3). – Die Lehrerin schreibt die genannten Dinge mit einem Fragezeichen an die Tafel.
Erkenntnis: Kleine Gewichte wiegen wir mit Gramm.

Tafelanschrift:

Was ist so schwer wie ...?

1-Cent-Münze? Steckwürfel? ... | 1-Cent-Münze? | Arbeitsblatt? Bleistift? | Radiergummi? | Füller? | Heft DIN A5? | ...

Kleine Gewichte wiegen wir mit Gramm.

Anwendung: Wiegen der Schulsachen in Gramm
Gruppenarbeit:

- Die Kinder wiegen nach, ob die Reihe ihrer fünf Schulsachen richtig angeordnet ist. Damit es an der Waage kein Gedränge gibt, wiegt jedes Kind der Reihe nach einen Gegenstand und nennt sein Gewicht. Alle, die den gleichen Gegenstand ausgelegt haben, notieren im Heft ebenfalls das Gewicht. Wenn ein Kind alle Gewichtsangaben notiert hat, hakt es bei richtigem Schätzen seine Reihe ab.
  Ergibt das Wiegen eine andere Reihenfolge, so nummeriert es die Gegenstände entsprechend.
- Die Kinder suchen unter ihren Schulsachen Repräsentanten für die Gewichtssteine (vgl. Tafelanschrift). Falsche Gegenstände an der Tafel werden gelöscht, bei richtigen wird das Fragezeichen gelöscht und weitere Gegenstände werden angeschrieben.
  Wenn an der Tafel für jedes Gewicht wenigstens ein Beispiel gefunden wurde, übertragen die Kinder die Tafelanschrift in ihr *Merkheft*.

Überblick über das Gewicht der Münzen:

1 Eurocent	2 Eurocent	5 Eurocent	10 Eurocent	20 Eurocent	50 Eurocent	1 Euro	2 Euro
2,3 g	3,0 g	3,9 g	4,1 g	5,7 g	7,8 g	7,5 g	8,5 g

Gramm und Kilogramm
Stummer Impuls: In der Mitte des Sitzkreises steht eine Waage mit Gewichtssatz und eine Schultasche.
Kinderäußerungen, z. B.: Die Schultasche ist schwer. Man braucht zum Wiegen einen Kilogrammstein.
Die Lehrerin reicht einen Kilogrammstein herum und die Kinder assoziieren dabei, was etwa so schwer wie 1 kg sein könnte.

Tafelanschrift:

> Große Gewichte wiegen wir mit Kilogramm.
> 1 000 g = 1 kg
>   500 g = ein halbes Kilo = 0,500 kg
> Was ist so schwer wie 1 kg?
> ... ? ... ? ... ?
> Meine Schultasche wiegt ...

Gruppenarbeit:
- Die Kinder überprüfen die Beispiele für 1 kg, berichtigen und ergänzen die Tafelanschrift.
- Anschließend wiegen sie ihre Schultasche und übertragen die Tafelanschrift in ihr Merkheft.

Das Gewicht der Schultasche und Gestalten eines Plakats
Die Lehrerin zeigt ein Plakat (auf dem noch viel Platz für die folgenden Beiträge der Kinder ist):

Ärzte warnen:
Die Schultaschen der Kinder sind viel zu schwer!
Das Gewicht einer Schultasche mal 10 muss kleiner als das Körpergewicht sein.

Gespräch und Erklärungen der Lehrerin: Warum sind schwere Schultaschen gefährlich? → Die Knochen der Kinder sind noch nicht so fest wie bei Erwachsenen. Werden sie zu sehr und einseitig belastet, wachsen sie „schief" und dies bereitet später Rückenbeschwerden. Besonders gefährlich ist es, die Schultasche in der Hand zu tragen. Bis zum 13. Lebensjahr sollten die Kinder sie unbedingt auf dem Rücken tragen.

Einzelarbeit:
Nach dem Muster an der Tafel schreiben die Kinder auf eine Karteikarte

Gewicht meiner Schultasche ☐ kg · 10 =	☐ kg
Mein Körpergewicht	☐ kg

mit ihrem Namen und ordnen ihre Karte an der Tafel ein:

Meine Schultasche darf höchstens 3 kg wiegen.

☺ Meine Schultasche ist ok.	Hilfe, meine Schultasche ist zu schwer. ☹

Gruppenarbeit:
Die Kinder schreiben am PC für die Hilfe-Gruppe Ratschläge, kleben das Papier auf buntes Tonpapier, gestalten es grafisch und kleben es nach Begutachtung durch die Klasse auf das große Plakat.
Beispiele: Nimm nur in die Schule mit, was du auch wirklich brauchst. – Nimm an jedem Abend deinen Stundenplan und packe genau nach Plan. – Hör genau auf die Lehrerin. Oft sagt sie, was man in der Schule lassen kann ...

Der Umwelt zuliebe: Papier sparen!

Auftrag an der Tafel:

1) Wiege deine gesamten Schulsachen aus Papier und Pappe, auch die, die in der Schule aufbewahrt werden.
2) Runde auf volle Kilogramm und schreibe dein Ergebnis auf.
3) Zählt die Ergebnisse in eurer Gruppe zusammen.

Kinder, die fertig sind, erhalten folgenden Informationstext:

Der Umwelt zuliebe: Papier sparen!

Um 1 kg weißes Papier herzustellen, braucht man viel Strom, Wasser und 2 kg Holz.
Ein großer Baumstamm wiegt etwa 200 kg. Ein Schüler verbraucht im Durchschnitt im Jahr 2,5 kg Papier. Für das Papier von 100 Schülern bräuchte man also mehr als zwei große Bäume.

Pauls Schulsachen aus Papier wiegen insgesamt 4 kg.
Dazu werden ... kg Holz gebraucht, so viel Strom, dass eine 60-Watt-Glühbirne damit fast eine Woche lang leuchten kann, und etwa 460 l Wasser, so viel wie ein Mensch drei Monate lang zum Trinken und Kochen benötigt.

- Wie viel wiegen die Schulsachen aus Papier in deiner Gruppe? Schreibe den Text von Paul passend für deine Gruppe auf ein Blatt.
- Zusatzaufgabe für Rechenlöwen: Schreibe den Text passend für deine Klasse auf ein Blatt.

Nach dem Vorlesen der Texte sammeln die Kinder Vorschläge zum Papiersparen, die die Lehrerin in Stichpunkten auf ein „Schmierpapier" schreibt und an die Tafel heftet, z.B.:

- Umweltschutzpapier verwenden (für 1 kg braucht man kein Holz, nur 1,2 kg Altpapier, 10 Liter Wasser und nur etwa den dritten Teil Strom)
- Hefte voll schreiben
- jede Seite voll schreiben
- Block vorne und hinten beschreiben
- missglückte Zeichnungen nicht gleich zerknüllen, sondern radieren oder auf der Rückseite nochmals beginnen

In jeder Gruppe wählt ein Kind einen anderen Stichpunkt aus, schreibt ihn als Satz auf ein Tonpapier und gestaltet das Blatt grafisch. Die Klasse wählt zu jedem Stichpunkt die beste Arbeit aus. Die Kinder kleben diese zusammen mit dem oberen Teil des vergrößerten Informationstextes auf ein Plakat und hängen es im Schulhaus aus.

14.3 Wie schwer ...?

Material

Lehrerin: Mindestens zwei Personenwaagen, eine Balken- und Küchenwaage.

Lebensmittelausstellung

Die Kinder tragen auf einem Tisch verschiedene, auch verpackte, Lebensmittel zusammen, ordnen sie nach gleichem Gewicht und schreiben Schilder mit den Gewichtsangaben.

Aktivitäten für Freiarbeit

- Die Kinder schreiben eine Liste mit den Gewichtsangaben in ihr Heft, geordnet von leicht nach schwer, z. B.: Teebeutel 10 g
Ei 70 g ...
- Sie wählen Lebensmittel aus, die zusammen 1 kg wiegen und schreiben die zugehörige Rechnung in ihr Heft.
- Sie rechnen aus, wie viele Packungen einer Sorte 1 kg wiegen, z.B. zwei Packungen Kaffee mit je 500 g, fünf Packungen Erdnüsse zu je 200 g ..., und schreiben die Rechnungen in ihr Heft.

- Sie denken sich in Partnerarbeit Sachaufgaben aus und schreiben sie für die Sachrechenkartei auf Karteikarten.

Rezept: Die Lehrerin wählt ein einfaches Kuchenrezept aus und schreibt die Zutaten mit Gewichtsangaben auf. Die Kinder rechnen aus, wie schwer der Teig ist. Um zu überprüfen, ob der Kuchen nach dem Backen schwerer oder leichter ist, wird ein Backtag eingelegt.
Analog: Gemüsetopf – Ist das Gemüse nach dem Kochen leichter oder schwerer (Wasserzugabe auswiegen)?

Kopiervorlage 64 (siehe S. 288 f.)

- Zur Selbstkontrolle die Rückseite der Karten z.B. mit dem ABC beschriften (A mit der letzten Karte beginnend).
- Mit den Kindern klären: Gewichtsangaben können schwanken (Alter, Art der Tiere), das sind ungefähre Gewichtsangaben.
- Die Kinder denken sich Sachaufgaben zu den Gewichtsangaben aus, z.B.: Wie viele Wellensittiche wiegen zusammen 1 kg? Wie viele Katzen wiegen zusammen 100 kg? Wie viele ... 1000 kg?
  Welches Tier wiegt so viel wie ein Schäferhund und ein Schimpanse zusammen?

Unser Klassengewicht – Die Tonne

Mit der Lehrerin abgesprochene Demonstration vor der Klasse:

- Zwei Personenwaagen, ein Kind stellt je einen Fuß auf eine Personenwaage und sagt: Ich wiege nur 14 kg.
- Ein Kind stellt sich auf eine Waage, ein zweites stellt von hinten seinen Fuß darauf: O je, ich wiege 40 kg.

Kurzes Gespräch über „richtiges" Wiegen. Anschließend wiegen die Kinder sich selbst und tragen – wenn sie es wollen (Übergewicht taktvoll behandeln) – ihr Gewicht in eine Liste an der Pinnwand oder Tür ein:

25 kg	Paula
26 kg	Hicran, Lukas
27 kg	...
...	

Wer fertig ist,

- schreibt die Namen von Kindern auf, die zusammen 100 kg wiegen.
- rechnet aus, wie viel alle Kinder zusammen wiegen.

An das Ergebnis anknüpfend stellt die Lehrerin als Gewichtsmaß für „ganz schwere Sachen" die Tonne vor.

Tafelanschrift:

1 Tonne = 1000 Kilogramm
1 t = 1000 kg

Gespräch:
- Wie viel fehlt vom Klassengewicht auf eine Tonne? Oder ist das Klassengewicht gar größer?
- Welche Dinge werden in Tonnen gewogen?
  Die Lehrerin schreibt passende, von den Kindern genannte Beispiele an die Tafel, z. B.:

Tonnengewichte			
rund 1 t	**bis 10 t**	**bis 100 t**	**bis 1000 t**
Pkw	Traktor 2 – 3 t	Wagen vom ICE 50 t	Airbus A 310 150 t
	Laster 1 – 10 t	Lok vom ICE 80 t	Boeing 747 370 t
	Bus rund 10 t		
Eisbär bis 1 t	Nilpferd, Nashorn 2 t	Saurier 80 t	Blauwal bis 160 t
Ochse rund 1 t	Menschenhai bis 3 t	Buckelwal 30 t	
Bison bis 1 t	Riesenhai bis 4 t	Pottwal bis 40 t	
	Elefant 4 – 6 t	Finnwal bis 80 t	
	Walhai bis 10 t	Grönlandwal bis 100 t	

Sicherung: Eintrag der Tafelanschrift ins *Merkheft*
Vertiefende Hausaufgabe
- Die Kinder erkundigen sich zum Erweitern ihres Schätzvermögens nach dem Gewicht ihrer Familienmitglieder (ohne weiteres Auswerten im Unterricht).
- Sie sehen mit den Eltern im Kfz-Schein nach, wie viel das Familienauto wiegt.
- Sie schneiden aus Zeitschriften zu den Tonnengewichten passende Bilder aus und kleben sie in ihr Merkheft oder sie malen dazu.
- Computerfreaks forschen im Internet nach weiteren Tonnengewichten.

Zusammenschau und Wiederholung: Kopiervorlage 65 (siehe S. 290)
Zu Nr. 2: Interview eines Busfahrers

Domino KV 64: Leichte und schwere Tiere

START	 Fliege	1g	 Regenwurm
2g	 Zwergmaus	10g	 Wellensittich
20g	 Frosch	30 g	 Goldhamster
60g	 Amsel	95 g	 Igel
250 g	 Eichhörnchen	400 g	 Taube
1 kg	 Meerschweinchen	1,500 kg	 Kaninchen
2 kg	 Katze	4 kg	 Dackel
5 kg	 Gans	6 kg	 Schwan

Domino KV 64: Leichte und schwere Tiere

10 kg	 Koalabär	14 kg	 Schäferhund
30 kg	 Reh	50 kg	 Schimpanse
70 kg	 Schwein	100 kg	 Löwe
200 kg	 Pony	250 kg	 Gorilla
270 kg	 Tiger	350 kg	 Pferd
500 kg	 Eisbär	700 kg	 Kuh
1000 kg = 1 t	 Nilpferd	2 t	 Elefant
4 t	 Dinosaurier	80 t	ENDE

Name ______________________ Datum ______________

Verschiedene Maßeinheiten

1 Welches Maß passt? Kreise ein.

2 Verteilt die Aufgaben in der Klasse, findet die Maßangaben heraus und schreibt sie auf.

1 
Höhe eines Schülertisches
Cent Euro mm cm m km g kg t

2 
Gewicht des Schulbusses
Cent Euro mm cm m km g kg t

3 
Preis einer Schultasche
Cent Euro mm cm m km g kg t

4 
Gewicht einer leeren Schultasche
Cent Euro mm cm m km g kg t

5 
Gewicht einer vollen Schultasche
Cent Euro mm cm m km g kg t

6 
Länge des Schulhauses
Cent Euro mm cm m km g kg t

7 
Dicke einer 1-Euro-Münze
Cent Euro mm cm m km g kg t

8 
Preis eines Brötchens
Cent Euro mm cm m km g kg t

9 
Gewicht einer Banane
Cent Euro mm cm m km g kg t

10 
Entfernung von Berlin nach München
Cent Euro mm cm m km g kg t

11 
Gewicht eines Pkw
Cent Euro mm cm m km g kg t

12 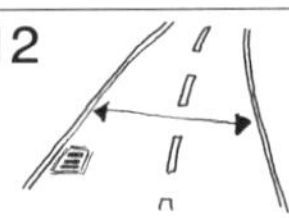
Breite einer Straße
Cent Euro mm cm m km g kg t

3 Wandle um.

1000 g =	10 mm =	1 m =
1000 kg =	100 cm =	1 € =
1000 m =	100 Ct =	1 kg =
1000 Ct =	1 t =	1 cm =

15. Rückblick und Ausblick

Bausteine für den Unterricht

1. Rückblick

Material
Ein großes leeres Plakat mit der Überschrift „Das haben wir im 3. Schuljahr in Mathematik gelernt", leere Wortkarten, ein Redestein oder -stab;
für jede Gruppe Blätter für den Entwurf und Zeichenblätter für die Reinschrift;
für jedes Kind fünf Kärtchen mit einem Fragezeichen.

Blitzlicht
Die Kinder sitzen im Kreis, das Plakat liegt in der Mitte. Die Kinder geben reihum einen Redestein weiter und äußern kurz, woran sie sich erinnern (Ich erinnere mich an ... Mir hat gefallen, als ...). Wer nichts weiß, gibt den Stein schweigend weiter.
Die Lehrerin macht sich dabei kurze Notizen.

Planen des Plakatinhalts
Durch Deuten auf das Plakat regt die Lehrerin die Kinder zu Äußerungen an, „was" man darauf schreiben oder zeichnen könnte. Zur Unterstützung kann sie einige treffende Beiträge aus dem Blitzlicht auf Wortkarten schreiben und diese auf das Plakat legen.
Im Gespräch wird geklärt:
- Es muss keinesfalls alles Gelernte auf dem Plakat sein.
- In Vierergruppen soll ein kleines Plakat erstellt werden, das auf das große geklebt wird.

Partnerarbeit: Die Kinder durchblättern zusammen ihre Hefte und Mappen. Jedes Kind wählt einen Inhalt aus, schreibt ihn als Stichpunkt auf ein Blatt mit seinem Namen und befestigt das Blatt an der Tafel. Beim Anordnen der Blätter mit gleichen Stichpunkten in einer Spalte ergeben sich Anlässe zum Erklären und Vergleichen der Inhalte.

Gestalten des Plakats
Jeweils vier Kinder mit gleicher Wahl finden sich in Gruppen zusammen und überlegen mit Hilfe ihrer Hefte und Mappen sowie des Rechenbuchs, wie sie ihren Inhalt darstellen. Auf Blättern erproben sie verschiedene Möglichkeiten und einigen sich auf eine Darstellung, die auf ein Zeichenblatt oder mehrere Blätter übertragen wird.

Kinder, die bei der Reinschrift nicht tätig sind, übertragen die ausgewählte Darstellung in ihr Heft.

Gemeinsames Betrachten des fertigen Plakats
Das fertige Plakat liegt vor dem halben Sitzkreis auf dem Boden. Jedes Kind betrachtet die Beiträge und soll auf die Darstellung, bei der ihm etwas unklar ist, eine Karte mit einem Fragezeichen legen.
Nacheinander wird jeder Beitrag begutachtet. Die entsprechende Gruppe setzt sich hinter ihren Beitrag und wird nun von den Kindern um Klärung gebeten, die dort ein Fragezeichen abgelegt haben. Dabei werden ggf. kleine Korrekturen vorgenommen oder es wird gemeinsam überlegt, wie man den Inhalt besser darstellen könnte. Skizzen an der Tafel oder auf einer Folie können dies verdeutlichen. Danach sollte die Gruppe ihren Beitrag neu gestalten.
An einem der letzten Schultage geht die Lehrerin mit der Klasse in das neue Klassenzimmer, nimmt das Plakat mit und befestigt es dort.

2. Ausblick: Die Zahlen über 1 000

Gespräch: Manche Kinder können schon mitteilen, dass im 4. Schuljahr bis 1 000 000 gerechnet wird.
Wo kannst du so große Zahlen finden?
Wer eine Aufgabe mit Zahlen über 1 000 rechnen kann, rechnet sie in der Gruppe oder vor der Klasse vor.

Spiel „Platztausch" mit Zahlen über 1 000 (vgl. Kap. 3.4, S. 79)

Sammelauftrag für die Ferien
Die Kinder sollen aus Zeitungen, Zeitschriften, Katalogen, Prospekten und weiterem Werbematerial „große Zahlen" heraussuchen, ausschneiden und in einer Prospekthülle sammeln, z.B. teure Gegenstände mit Preisen, Entfernungsangaben und Flugzeugdaten, Angaben zu Tierbeständen in Schutzgebieten u.Ä. Auch im Ferienort sollen sie danach Ausschau halten.

Literatur

Abele, Albrecht/Kalmbach, Herbert, Hrsg., Handbuch zur Grundschulmathematik. Anregungen und Beispiele zum Bildungsplan Baden-Württembergs. Band 1, 1. und 2. Schuljahr. Klett Schulbuchverlag, Stuttgart 1994

Akademie für Lehrerfortbildung Dillingen, Mathematik in der Grundschule. Akademiebericht Nr.198. Auer Verlag, Donauwörth 1992

Akademie für Lehrerfortbildung Dillingen, Rechenstörungen. Diagnose - Förderung - Materialien. Auer Verlag, Donauwörth 1995

Dolenc, Ruth, Spielerisches Lernen im Mathematikunterricht 3. Schuljahr (Kopiervorlagen). Oldenbourg Schulbuchverlag, München 1997

Falkner, Hans, Wie viele Pinguine passen in einen Fahrstuhl? Neues Sachrechnen in der Grundschule. Oldenbourg Schulbuchverlag, München 1999

Fricke, A./Besuden, H., Mathematik in der Grundschule 1. Lehrerband. Ernst Klett Schulbuchverlag, Stuttgart 1972

Gierlinger, Wolfgang, Hrsg. Zahlenzauber 2. Mathematikbuch für die neue Grundschule in Bayern. Oldenbourg Schulbuchverlag, München 2001

Hinrichs, Karen, Lernwerkstatt Mathematik. Oldenbourg Schulbuchverlag, München 2000

Leininger, Paul u.a., Nussknacker – Unser Rechenbuch Lehrerband 3.Schuljahr. Ernst Klett Grundschulverlag, Leipzig 1996

Radatz, Hendrik/Schipper, Wilhelm, Handbuch für den Mathematikunterricht an Grundschulen. Schroedel Verlag, Hannover 1983

Radatz, Hendrik/Rickmeyer, Knut, Handbuch für den Geometrieunterricht an Grundschulen. Schroedel Verlag, Hannover 1991

Regelein, Silvia, So läuft Ihr Mathematikunterricht. Der Ratgeber von A bis Z für den Mathematikunterricht in der Grundschule. Oldenbourg Schulbuchverlag, München 2001

Regelein, Silvia/ Wittassek, Edith, Der gesamte Mathematikunterricht im 2. Schuljahr. Oldenbourg Schulbuchverlag, München 2002

Staatsinstitut für Schulpädagogik und Bildungsforschung München: Handreichung zur Einführung des Lehrplans für die Grundschule. München 2001

Schütte, Sybille, Hrsg., Die Matheprofis 2. Ein Mathematikbuch für das 2. Schuljahr. Oldenbourg Schulbuchverlag, München 2001

Schütte, Sybille, Hrsg., Die Matheprofis 3. Ein Mathematikbuch für das 3. Schuljahr, Schülerbuch und Lehrerband. Oldenbourg Schulbuchverlag, München 2002

Wittmann, Erich/Müller, Gerhard, Handbuch produktiver Rechenübungen. Band 1: Vom Einspluseins zum Einmaleins. Ernst Klett Schulbuchverlag, Stuttgart 1993

Wittmann, Erich/Müller, Gerhard, Handbuch produktiver Rechenübungen. Band 2: Vom halbschriftlichen Rechnen zum schriftlichen Rechnen. Ernst Klett Schulbuchverlag, Stuttgart 1992

Wittmann, Erich u.a., Das Zahlenbuch, Mathematik im 3. Schuljahr, Lehrerband. Ernst Klett Schulbuchverlag, Stuttgart 1999

Die Autorinnen

Silvia Regelein, Schulleiterin einer Grund- und Teilhauptschule in Nürnberg. Lange Zeit betraut mit der praktischen Ausbildung von Lehramtsstudenten und in der Lehrerfortbildung tätig. Zahlreiche Veröffentlichungen vor allem im Oldenbourg Schulbuchverlag in den Bereichen Mathematik, Deutsch und Lernspiele.

Margit Hagen, Schulleiterin einer Grundschule in Nürnberg. Viele Jahre als Praktikumslehrerin mit der praktischen Ausbildung von Lehramtsstudenten betraut. Veröffentlichungen im Oldenbourg Schulbuchverlag im Bereich Mathematik.